严鹏 ▼ 著

工业文化
视角

Business History and
Entrepreneurship

An Industrial Cultural
Perspective

中国出版集团
东方出版中心

企业史
与企业家精神

图书在版编目（CIP）数据

企业史与企业家精神：工业文化视角 / 严鹏著. —
上海：东方出版中心, 2024.2
　　ISBN 978-7-5473-2340-3

　　Ⅰ.①企… Ⅱ.①严… Ⅲ.①企业家－企业精神－研
究－中国 Ⅳ.①F279.23

　　中国国家版本馆CIP数据核字（2024）第023164号

企业史与企业家精神：工业文化视角

著　　者　严　鹏
责任编辑　刘　鑫
装帧设计　青研工作室

出 版 人　陈义望
出版发行　东方出版中心
地　　址　上海市仙霞路345号
邮政编码　200336
电　　话　021-62417400
印 刷 者　上海盛通时代印刷有限公司

开　　本　710mm×1000mm　1/16
印　　张　22.25
字　　数　276千字
版　　次　2024年3月第1版
印　　次　2024年3月第1次印刷
定　　价　78.00元

前　言

　　现代经济是一个由各种企业构成的体系，企业虽然不是唯一的经济行为主体，却是现代经济活动最重要的参与者和组织者。18世纪中叶首先发端于英国的工业革命是现代工业社会与传统农业社会的分水岭，在工业社会里，创新（innovation）是一种常态，是推动工业经济不断发展的动力。如果说工业社会的主导性价值观可以被称为工业文化（Industrial Culture），那么，创新就是工业文化的重要内容。企业作为现代经济最重要的行为主体，也必然是最重要的创新主体。由于工业革命早期阶段的企业经营者通常对企业的创新起到举足轻重的作用，创新的动力又被一些学者称为企业家精神（entrepreneurship）。随着现代经济的不断演化，企业家精神的内涵亦不断丰富。本书将以工业文化为视角，对企业史与企业家精神进行基本的介绍。企业史（Business History）是一种从历史角度研究企业并有志于指导企业经营管理的专门学问，跨越了历史学、管理学、经济学等学科，其背后则少不了纷繁复杂乃至彼此对立的经济理论与企业理论。本书并不打算进行面面俱到的理论介绍，而是力图为读者提供一种演化与创新视角的企业史与企业家精神入门读物。

　　自2014年以来，我就在华中师范大学为历史学专业的本科生与研究生开设中国近现代经济史、中国工业史、企业史与企业家精神理论、经济史的理论与方法等课程，深感历史专业的学生需要学习一些基本的经济学、管理学理论，才能更好地认识与理解经济史与企业史。2019

年,我和我的研究生刘玥一起研读了日本学者宫本又郎、冈部桂史与平野恭平合著的企业史入门教科书,感到日本的企业史是一个涵盖了研究、教学、普及与宣传的完整的知识体系,遂有意撰写一本类似的教材,以利于今后的教学。这也就是本书的缘起。本书正文共分六章,内容分别为:企业与企业家精神概论、企业史上的重要篇章、演化经济学概论、创新理论简介、企业的竞争与企业文化、企业史的钱德勒范式。为了适应教学实际,本书在设计时即注重控制篇幅与规模,这样也便于对企业史与企业家精神感兴趣的读者以之作为入门读物使用。本书附录为六篇企业史论文,所涉主题涵盖了中国现代企业的开端与延续、近代中国企业的管理与文化、近代中国企业的市场竞争策略、计划经济体制下中国行业演化的特殊性、改革开放与企业家精神、中国企业对世界科技前沿的追赶等内容,是认识中国企业史与企业家精神的较好案例,可供感兴趣的读者参考。

　　与书斋里的学问不同,企业史自诞生之初,就存在着为企业服务的现实功能,这一点在未来也不会改变。在撰写这本教材的过程中,我回想起大学毕业后曾在上海为某企业咨询公司做一个涉及企业组织与企业文化的兼职项目,那是我第一次近距离对企业理论与实践的双向互动进行观察,受益良多。学习与研究企业史,必须时时牢记理论与实践、书本与现实之间的距离。我要感谢所有在我的研究与教学中给予了支持的企业,也希望我的工作能更好地为企业与社会的共同发展起到一点添砖加瓦的作用。这本书既是一个阶段性的总结,又是一个新的起点。

目　录

第一章　企业与企业家精神概论

　　企业是现代经济最基本的行为主体,企业家引领着企业从事创新与竞争,推动着经济发展。在这样一种理论图景中,企业家精神是企业家发挥自身职能的机制。然而,企业家精神并非不证自明的概念,近代以来的学者对企业家精神的理解亦不相同,有的学者甚至否认企业家精神的存在。企业、企业家与企业家精神,是一组联系密切的概念,但在不同的语境下有着不同的含义。因此,本章将先介绍企业与企业家精神的基本界定,再展开论述相关研究领域里几种基本的学术传统,如科斯(Ronald Coase)的企业理论、奈特(Frank Knight)对企业家与不确定性的分析,以及熊彼特(Joseph A. Schumpeter)关于企业家精神与创新的研究。当代世界对企业、企业家与企业家精神的理解,仍然受这些学者深邃思想的影响。

一、企业与企业家精神的界定

　　在中文里,企业是一个外来词语。《辞海》第六版对企业的定义是:"从事商品和劳务的生产经营,独立核算的经济组织。如工业企业、农业企业、商业企业等。"[1] 与企业相关的词条包括:企业本位论、企业财产保险、企业财务、企业承包、企业纯收入、企业的性质、企业登记法、

---

[1]　辞海编辑委员会:《辞海》(第六版彩图本),上海辞书出版社2009年,第1778页。

企业定价、企业动力学、企业法、企业法人、企业规模、企业合并、企业环境、企业活力、企业集团、企业家道德、企业兼并、企业经营机制、企业经营战略、企业领导、企业文化等。有趣的是，这一版《辞海》虽然已经是21世纪之后修订的版本了，却并未包含"企业家"与"企业家精神"这两个中国社会常用的词。比较接近的词条是企业家道德，指："作为'企业家'应具有的精神气质、道德品质和应遵守的道德规范的总称。是'企业家'这一特殊角色的道德要求。主要有：不畏风险、勇于创新，尽心事业、敢担责任，自尊自律、重诺守信，自强不息、不怕挫折，服务社会、乐于奉献等。"[1]从给企业家一词加上引号来看，该词条的撰写者或许不认为"企业家"是一个有确定含义的词语。

　　企业一词对应的英文是enterprise，它与"企业家"对应的英文entrepreneur有密切关系，并衍生出"企业家精神"对应的entrepreneurship一词。这两个词与欧洲大陆而非英国的渊源更深。西班牙经济学家德索托（Jesús Huerta de Soto）指出，entrepreneurship在词源学上与enterprise一词的原始含义完全一致。法语、英语里的entrepreneur和西班牙语empresa都源于拉丁语动词in prehendo-endi-ensum，意思是"去发现、去看、去感知、去认识和去俘获"。他据此认为企业（enterprise）被视为"行为"（action）是一种古老的思想，并势必与一种"进取"（enterprising）的态度联系在一起，这也与其拉丁语词源的含义相吻合。[2]德索托从企业家精神的角度去解释企业，使企业的含义超越了对一种客观的组织的描述，赋予了其主观的价值评判。这里要注意的是，英文business一词，在中文里一般被译为"商业"，但有时也译为"企业"。所以，作为一门学问的Business History有时也被译为"商业史"。然而，在中文里，商业一般指的是与农业、工业不同的涉

---

[1]　辞海编辑委员会：《辞海》(第六版彩图本)，第1778页。
[2]　赫苏斯·韦尔塔·德索托：《奥地利学派：市场秩序与企业家创造性》，朱海就译，浙江大学出版社2010年，第19—20页。

及商品流通的一种产业或部门，而英文的business和Business History都没有局限于这种产业或部门，因此，将Business History译为"企业史"更加妥帖，而business的具体译法则应视语境而异。具有欧洲文化背景的美国经济学家凡勃仑（Thorstein Veblen）在20世纪初出版过一本探讨企业理论的著作，中译本将书名译为《企业论》，而英文书名为 *The Theory of Business Enterprise*，同时包含了business和enterprise这两个词，并以前者修饰后者，暗示了"企业"的含义应落脚于enterprise一词。在这本书里，凡勃仑主要探讨"资本主义体系"或"现代工业体系"里的企业，开宗明义即曰："现代文明的物质基础是工业体系，而使它活跃起来的主导力量是企业。"[1]凡勃仑将追求利润和机械化视为现代工业体系的基本特征，在这一体系内："企业的动机是金钱上的利益，它的方法实质上是买和卖，它的目的和通常的结果是财富的积累。"[2]对这种企业来说，企业家既按企业的原则行事，又在企业发展中起着中心作用："在工业领域中带头的、对工业事项起着远大的、强制性指导作用的那些人，他们的活动，其目的却是在于投资利润，是处于企业的原则和要求的指导之下的。企业家，特别是具有广泛自决权的企业家，已成为工业中的控制力量，这是因为通过投资和市场机构，他控制了工厂和操作，决定着其余分子的步调和动向。"[3]凡勃仑所描述的企业较好理解，就是一种通过市场买卖追求利润和积累财富的组织，而他笔下的企业家就是企业的经营者。

　　1946年，管理学的开创者之一彼得·德鲁克（Peter F. Drucker）在美国出版了《公司的概念》（*Concept of the Corporation*）一书，此处的corporation被译为"公司"是没有什么争议的，在通常情况下，这个词也被用来指代企业。德鲁克这本书写于资本主义世界接连遭遇经济大

[1]　凡勃仑:《企业论》,蔡受百译,商务印书馆2012年,第3页。
[2]　凡勃仑:《企业论》,第16页。
[3]　凡勃仑:《企业论》,第4页。

危机和世界大战的灾难之时，其主题为探讨"自由企业"的命运。德鲁克写道："自由企业这一概念已广为人知，它意味着人们进一步接受了推动和控制工商业行为的因素——利润，它意味着消费者自主决定他想要什么，价格则是由市场供求所决定的而不是由政治力量所决定。最后，自由企业的概念也意味着人们接受私有、自主经营企业，接受他们生产和销售有利可图的商品参与市场竞争。"[1] 尽管德鲁克是在为美国资本主义辩护，但他提到的所有权、利润、价格与市场竞争，确实构成了市场经济条件下企业运行的基本要素。德鲁克指出了，企业或者公司，在本质上就是一种组织："当我们说公司是一个组织的时候，我们说的是，像任何一个机构，它是一个为了共同的目标将人们的努力集合起来的工具。"[2] 企业与企业管理的问题，在很多时候就是组织的问题，这也决定了企业管理的原则在很多时候也适用于其他类型的组织机构。在1950年出版的《新社会》(*The New Society: The Anatomy of Industrial Order*)中，德鲁克使用了工业企业(industrial enterprise)这一概念，并提及这个概念与他使用过的corporation的区别："工业企业是一种相当自治性的组织。它有其自身的运行规律及原理。它不是国家的创造物，它的权力也不是来自其股东或其他所有者的授权。事实上，在几乎所有国家里，企业的控制权和所有权几乎完全分离……尽管企业很重要，地位十分突出，它仍然是一种崭新的现象，它甚至连一个被人们普遍接受和理解的专门名称都没有…… '公司'(corporation)一词是我在我最近出版的书籍中使用的称谓，但这个词只有在美国才能得到很好的理解。而且，即使在美国，这个词也只有十分狭窄的法律含义，例如，它不包括原子能委员会这样的巨型垄断企业。本书采用的'工业企业'一词……不是一个常用的词。"[3] 德鲁克出生于奥地利，1937年

---

[1] 彼得·德鲁克：《公司的概念》，慕凤丽译，机械工业出版社2014年，第3页。

[2] 彼得·德鲁克：《公司的概念》，第17页。

[3] 彼得·德鲁克：《新社会》，石晓军等译，机械工业出版社2009年，第28—29页。

移民美国,他与奥地利的不少文化精英过从甚密,这不可避免会影响他的经济观与企业观。德鲁克所分析的企业,主要还是19世纪末20世纪初美国兴起的大型工业企业,他认为工业企业"作为一种新生组织",主要有三个特点:"(1)从规模上来说,它必须'大'。(2)从它对社会结构的影响来说,工业企业催生了两类新的阶层——一类是以工业企业的高层管理者及工会领导为代表的新统治阶层,一类是由技术骨干、专家、领班、会计师及中层管理者组成的新的中间阶层。这个阶层尽管也享有相当的权力和巨大的社会声望,但他们受雇于人,具有依附性和从属性的特点。(3)从它履行的社会职能来看,它首先是一个经济组织,但同时又是政府性的和社会性的组织。"[1]德鲁克是从政治学与社会学进入企业管理领域的,这使他格外强调企业的社会性。值得注意的是,德鲁克认为现代工业企业不应表现出"前工业化的人格化特征"。[2]德鲁克年轻时曾与社会学家、经济史学家卡尔·波兰尼(Karl Polanyi)相互砥砺,他高度评价了波兰尼提出的"经济整合的社会原则"。[3]在其早期著作中,德鲁克也试图挖掘作为经济组织的企业所包含的非经济属性,并为人类社会的大转型提供思路。

有一本英文教材 *Understanding Business*,译成中文后书名叫《认识商业》,但是在教材正文中,译者又根据语境,将 business 译为企业,并给出了"企业"与相关概念的定义:"企业(business)是任何通过提供商品和服务来获得利润的实体。为某个区域的人们提供所需的商品、工作和服务,才能获得这部分利润。商品(goods)是指有形的产品,例如计算机、食品、衣服、汽车和用具;服务(service)则是无形的产品,即无法抓取在手里的产品,比如教育、医疗、保险、娱乐及旅

---

[1]　彼得·德鲁克:《新社会》,第39页。
[2]　彼得·德鲁克:《新社会》,第263页。
[3]　彼得·德鲁克:《旁观者:管理大师德鲁克回忆录》,廖月娟译,机械工业出版社2009年,第130页。

游。"[1] 从将 business 界定为"实体"来看，在这一语境中，该词被译为企业是恰当的。毕竟，《辞海》对企业的定义落脚于"生产经营"者和"经济组织"，两者都是经济生活中的实体。《认识商业》是一本侧重创业实践的入门级教材，书后附有重要词汇的解释，收录了 business、entrepreneur、entrepreneurship 等词语。译者将 entrepreneur 译为"企业家"，含义是："投入时间与金钱进行创建与管理企业的人。"相应地，entrepreneurship 被译为"企业家精神"，含义是："接受创业与经营企业的风险的精神。"[2] 这些解释，符合日常生活中人们使用企业家与企业家精神这两个词语时赋予它们的意思。不过，从学术与理论的角度说，企业家精神还有着更深刻的内涵，不同学者的认识与理解也不尽相同。

1910年，中国近代思想家梁启超发表了《敬告国中之谈实业者》一文，写道："今国中人士所奔走呼号以言振兴实业者，质而言之，则振兴新式之企业而已。（企业二字乃生计学上一术语，译德文之 Unternehmung、法文之 Enterprise，英人虽最长于企业，然学问上此观念不甚明了，故无确当之语。）"[3] 所谓"生计学"，是梁启超对经济学（economics）的早期翻译。梁启超关于企业的知识，当来自旅居日本时接触到的日文信息。从上述引文可见，清朝末年的中国人已经知晓企业一词的基本内涵，并认识到 enterprise 一词具有欧陆渊源，与资本主义经济霸权英国反倒关系不密切。

实际上，"Entrepreneurship"在管理学里已经成为一门独立的学科，中文一般译为"创业学"或"创业"。例如，有一本美国工商管理教材 *Entrepreneurship: Successfully Launching New Ventures* 就被译为《创业学：成功创建新企业》。当然，这里又引出了企业一词的另一英文对应词 venture，鉴于其通常指承担风险的企业，此处就不过多咬文

[1]　威廉·尼克尔斯等：《认识商业》，陈智凯等译，世界图书出版公司2016年，第30页。
[2]　威廉·尼克尔斯等：《认识商业》，第529页。
[3]　梁启超：《饮冰室合集》第7册，中华书局2015年，第2009页。

嚼字了。创业需要企业家精神,这种一词两译倒也有其合理性。从中文的角度说,"创业"一词比"企业家精神"一词更加日常化,也贴合创业活动的实践性,相反,企业家精神听起来就颇具几分抽象理论的玄妙。不过,这种一词两译,也反映了管理学与经济学的分野。在19世纪末20世纪初,企业家精神原本是经济学家参与讨论的话题,但在第二次世界大战之后,企业家精神被西方主流经济学剥离了,只有被视为"异端"的奥地利学派和追随熊彼特的经济学家还热衷于强调企业家精神。相反,企业家精神在商学院(Business School)里开始融入管理学、市场营销、金融与会计学中。[1]管理学大师德鲁克曾指出:"在所有主要的现代经济学家中,只有熊彼特关注企业家及其对经济的影响力。每一个经济学家都知道企业家的重要性和影响力。但是,对经济学家而言,企业家精神是'经济以外的事物'(mate-economic),它对经济有着深刻的影响,并塑造着经济,但其本身却不是经济的一部分。"[2]这番话用来评价新古典主流经济学是恰如其分的。实际上,德鲁克的管理学名著《公司的概念》出版后,经济学顶级权威期刊《美国经济评论》(*American Economics Review*)就发表评论,对这本书感到困惑,称其不是"微观经济学",并批评该书"对所谓的定价理论和稀有资源的分配问题,没有提出过人的见解"。[3]这种学科间的壁垒虽然随着时间推移已不那么森严,却仍然存在。因此,在中国,经济学语境里的**entrepreneurship**仍被译为企业家精神,管理学语境下的该词则通常被译为创业、创业学、创业精神等,两个学科的关注点也有区别。

　　前述《创业学:成功创建新企业》的中译本将**entrepreneur**译为"创业者"而非企业家,称该词最初是用来指称在买卖双方之间承担风险或

---

[1]　尼古莱·福斯、彼得·克莱因:《企业家的企业理论:研究企业的新视角》,朱海就等译,中国社会科学出版社2020年,第6—7页。

[2]　彼得·德鲁克:《创新与企业家精神》,蔡文燕译,机械工业出版社2013年,第12页。

[3]　彼得·德鲁克:《旁观者:管理大师德鲁克回忆录》,第258页。

任务的人。创业者必须把金钱、人员、商业模式、策略和承担风险的能力等资源整合起来，从而将发明创造转化为切实可行的买卖。该中译本将entrepreneurship译为"创业"，给出的定义是："在不考虑当前控制的资源的情况下，个人为了开发未来的商品和服务寻求机会的过程。"或者更简单地说："创业就是将创意转化为生意的艺术。"[1]管理学所理解的企业家精神大抵如是。德鲁克在20世纪80年代解释过这种界定有着美国文化的特殊背景："在美国，企业家往往被定义为创办自己的全新小型企业的人。最近盛行于美国商学院的'企业家精神'课程，实际上就是从30年前的'如何建立自己的小企业'的课程发展过来的。在许多方面，两者并无显著的差别。"[2]实际上，有的美国创业学教材干脆不纠缠于概念的界定，直接手把手教学生创业的流程。表1-1为一本创业学教材列出的创业领导力的范式，可以说是对企业家精神的一种实践性的细化了。

表1-1：创业领导力的范式

创 业 领 导 者	
自我意识	具有现实主义者的态度，而不是自以为全知全能
性情诚实	值得信赖：一诺千金，说到做到，承认有所不知
领跑者	精力充沛，富有紧迫感
勇气	能做出艰难的决定：制定宏大目标并为之拼搏
沟通技能	能与创业团队、市场和其他机构进行有效的沟通
创 业 团 队	
组织风格	创业领导者和创业团队将各自的技能融合在一起，从而在共同参与的环境中实现合作

---

[1]　布鲁斯·巴林杰、杜安·爱尔兰：《创业学：成功创建新企业（第6版）》，杜颖译，中国人民大学出版社2022年，第5页。

[2]　彼得·德鲁克：《创新与企业家精神》，第18—19页。

续　表

创 业 团 队	
伦理行为	严格遵守商业道德
忠诚	始终做到或超越所承诺的责任与义务
专注	对长期的创业战略目标保持专注,但允许战术方式的多样性
绩效/回报	建立较高的绩效标准,卓越的绩效能得到公平公正的回报
适应能力	能对快速变化的产品或技术周期做出反应
外部环境影响	
利益相关者的需求	满足组织的需求,同时满足企业所服务的其他群体的利益
以往经验	能够运用各种以前的丰富经验
咨询指导	寻求和利用他人的能力
问题解决	出现新问题能够快速解决或优先考虑
价值创造	高度重视为投资者、客户、员工和其他利益相关者创造长期价值
技能重点	市场技能比技术技能更重要

资料来源:斯蒂芬·斯皮内利、罗伯特·亚当斯:《创业学:21世纪的企业家精神(第10版)》,蒂蒙斯创业学研习社译,机械工业出版社2022年,第41页。

目前,经济学家已经越来越关注企业家精神,但经济学与管理学对于企业家精神的界定与关注点,仍然存在着较大差异。总体来说,将企业家精神理解为创新、创业的思想动力与才能,是一种较广泛的共识。

二、企业的性质与市场经济

现代企业同市场经济和竞争紧密相系。凡勃仑谓:"现代企业的性质是竞争的，也是好胜的，企业的趋向掌握在专心一志以竞争方式经营业务的那些人的手里……自从工业革命以来，企业竞争已成为国际性的，已扩大到所谓世界市场的范围。"[1]现代企业的性质必须在市场经济中加以理解。

在英文中，还有一个经常被翻译为企业的词语是firm，尽管该词也会被译为"公司"或"厂商"。实际上，美国经济学家罗纳德·科斯在1937年发表的关于企业性质的经典研究（*The Nature of the Firm*），使用的就是firm一词。不过，科斯使用了entrepreneur一词，该词在其著作的中译本中被译为企业家。

科斯尝试解释人们为什么会成立企业。他将市场与企业视为两种不同的经济活动机制："在企业之外，价格变动指导生产，而生产由市场上的一系列交易来协调。在企业之内，消除了这些市场交易，取代充斥交易的复杂市场结构的是企业家，也就是指挥生产的协调者。显然这是另一种协调生产的方法。"[2]在他的思考中，价格机制非常关键。市场依靠价格机制运转，这是常识。但是，即使在市场经济中，也存在着不需要价格机制干预就能完成的生产要素之间的协调。例如，一家百货商场中不同部门楼内位置的分配可能由权威掌握而不是由价格决定；又如，一个棉纺织业的织布商可以凭借信用租赁电力、店铺，并获取织布机和纱线。在这些情况下，价格机制被替代了。科斯由此出发构建理论："我认为，可以假设企业的显著特征就是替代价格机制。"[3]经济学重视成本与收益的比较，科斯也运用这种思维进行推论。他称："建立企业是有利可图的主要原因似乎是利用价格机制是有成本的。通过价格机制'组织'生产活动的最明显的成本就是发现相关价格的成本……确实，当企业存

---

[1] 凡勃仑：《企业论》，第191页。
[2] 奥利弗·威廉姆森、西德尼·温特编：《企业的性质》，姚海鑫等译，商务印书馆2010年，第27页。
[3] 奥利弗·威廉姆森、西德尼·温特编：《企业的性质》，第27页。

在时,合约不会被取消,但却大大减少了。某一生产要素(或它的所有者)不必与企业内部同他合作的一些生产要素签订一系列的合约。"[1] 如果以一种不那么抽象的方式来理解科斯的推论,可以假设,一个商人要出售棉布,可以直接从织布的农民那里收购成品拿去市场贩卖,也可以购买织布机和雇用农民来织布,再到市场出售,在后一种情况下,这个商人建立了企业。那么,这个商人建立企业对他有什么好处呢? 好处也许是他不必和一家家织布的农民打交道,降低了分散收购布匹的时间、精力成本;又或者他过去要就布匹的收购价格与农民讨价还价,但现在他可以直接根据自己的计算来付给农民(现在成了工人)工资,并尽可能使布匹的定价有最大的利润空间;还有可能,过去他无法控制布匹的产量与质量,但现在,这些问题不再是他无法左右的市场风险了,变成了他自己的企业内部的事。于是,这个商人的营生虽然始终是卖布,但他建立企业与不建立企业,所能控制的生产要素和指挥这些生产要素进行生产的方式,完全不同。这个例子没有那么精确,只是直观地帮助非经济学的读者以一种不那么抽象的方式来理解科斯的理论。科斯自己的总结是:"比方说市场的运行需要成本,而组成组织,并让某些权威人士(如'企业家')支配其资源,如此便可节省若干市场成本。企业家必须做到以低成本行使其职能,因为他可以用低于市场交易的价格获得生产要素。如果他做不到,一般也能再回公开市场。"[2]

　　科斯在进行其推导时,涉及企业的规模扩张问题,包括横向的联合与纵向的一体化。一体化(integration)或纵向一体化(vertical integration)是企业扩张的一种方式,涉及企业对产业链上下游环节的控制。在科斯生活的时代,美国早已诞生了一系列大企业,这些企业或者横向兼并同类企业,或者纵向一体化来构筑内部的产业链,成为垄断

---

[1]　奥利弗·威廉姆森、西德尼·温特编:《企业的性质》,第29页。
[2]　奥利弗·威廉姆森、西德尼·温特编:《企业的性质》,第30页。

巨兽。美国经济学家对企业问题的关注，离不开这种历史与现实的经验现象。而不管是一体化还是别的规模扩张形式，其动机都与企业建立的原因一脉相承，是企业建立的逻辑在不同层面与阶段的扩展。在开始推论时，科斯就指出了纵向一体化是一种替代价格的机制。[1]随着推论的深入，他解释了企业联合与一体化的含义："当原先由两个或多个企业家来组织的交易由一个企业家组织时，联合就产生了。当原先由各个企业家在市场中进行的交易被组织起来统一进行时，一体化就出现了。"[2]根据科斯的理论，企业的兼并联合与纵向一体化，都出于降低交易成本的动机。事实上，在纵向一体化中，企业确实是在以内部控制的产业链来替代外部的市场交易。

总之，科斯指出交易成本决定着企业的边界："在边缘点上，企业内部组织交易的成本，或者与另一企业组织此交易的成本相等，或者与价格机制'组织'此交易的成本相等。"[3]这一理论解释了人们会在何种情形下组建企业，而在何种情形下到企业之外的市场中去配置资源。用科斯后来的话说："通过企业的存在而产生的收益的源泉……来自交易成本的减少。但是被节省下来的主要交易成本，是由于在企业内部生产要素间的相互协作，否则就会在市场交易中发生。正是这些成本与经营一家企业所发生的成本的比较，决定了建立一家企业是否会赢利。"[4]企业是获取利润的组织，当收益大于成本时利润才会产生。科斯的交易成本理论分析了企业创建与成立的理由。这一理论是高度抽象的，它指向了企业与市场交会的均衡点，是一个一般性的模型。

尽管科斯的研究是纯理论的，但他的名作参考了经济史学家厄舍（Abbott Payson Usher）的著作《英国工业史导论》（*Introduction to the*

---

[1] 奥利弗·威廉姆森、西德尼·温特编：《企业的性质》，第27页。
[2] 奥利弗·威廉姆森、西德尼·温特编：《企业的性质》，第35页。
[3] 奥利弗·威廉姆森、西德尼·温特编：《企业的性质》，第41—42页。
[4] 奥利弗·威廉姆森、西德尼·温特编：《企业的性质》，第85页。

Industrial History of England）。从某种意义上说，厄舍这本出版于1920年的著作也接近于企业史，至少，企业史学家格拉斯（Norman Scott Brien Gras）为其撰写过书评。厄舍的研究为科斯提供了交易成本存在的部分经验证据。[1]这表明，即使是纯理论研究，也能够从企业史研究成果中受益。事实上，科斯的成果的形式具有高度抽象性，但在完成那篇作品前，他进行了大量关于企业一体化的调研。例如，他在一封信中这样描述对于福特汽车公司的调研："一个男人来见我……我和此人简短地谈了一体化问题。顺便说一下，提问时我颇具律师的技巧，我能让他们说出成本情况，而他们并未意识到自己已经说了什么。当然我是在不要具体统计数字的情况下了解到成本情况。我想要的只是从适合一体化理论的观点中得到启示的陈述……我确实获得了有关福特公司与其供应商关系的极为有趣的观点。明天我打算了解硬币的另一面——我将参观福特公司的一个供应商，当然，福特公司不知道我的计划。"[2]对研究企业来说，科斯的方法是合适的。

值得一提的是，稍晚于科斯，德鲁克在撰写其名著《公司的概念》时，对美国通用汽车公司进行了详尽的调研。与科斯不同，德鲁克的调研出自通用汽车公司高管的邀约。不过，当这本著作出版后，因曾执掌该公司的斯隆（Alfred Sloan）等人对书中观点不满，这本畅销书反而在通用汽车公司遇冷，并一度成为某种禁忌。实际上，为了反驳德鲁克，斯隆还专门写了一本回忆录《我在通用汽车的岁月》（*My Years with General Motors*），以内部人所书写的企业史含蓄地否定德鲁克这个旁观者的记录。德鲁克称赞了斯隆的自传："我一直认为它是描述大公司或者任何大组织内部所发生事件最出色的一本书，这些事件包括：真正的决策是怎样做出来的？处于高位的大组织的领导人如何分配其时

---

[1] 奥利弗·威廉姆森、西德尼·温特编：《企业的性质》，第29页。
[2] 奥利弗·威廉姆森、西德尼·温特编：《企业的性质》，第62—63页。

间？以及他们到底是怎样表现的，等等。"[1]不过，德鲁克也指出，斯隆刻意隐瞒了自己花大量时间参与的政治、教育等领域的社会活动，这是因为："斯隆认为公司仅仅在自己的领域内有发言权，也就是执行其经济职能。"[2]德鲁克与斯隆的分歧实际上涉及企业性质的问题了，而他们以旁观者和内部人身份各自留下的企业历史记录，对后人研究企业史来说亦各有优劣。德鲁克与科斯同企业打交道的经历，均反映了学者研究企业与企业史不得不顾忌企业自身的态度，而这种态度往往会极大地影响到研究资料的搜集与研究成果的公开。

科斯的企业理论又被译为厂商理论，在目前的西方经济学教材的中译本里，译者对firm通常既译为企业，又译为厂商，或者在行文中较为随意地使用这两个词。例如，在美国经济学家萨缪尔森（Paul A. Samuelson）的经典教材《经济学》第17版中译本的专业术语表里，收录了"Firm（business firm）"一词，解释为"厂商（企业）"，具体内容为："经济体系中基本的私人生产单位。它雇用劳动，购买其他投入品，以制造和销售商品。"[3]这一定义与前文关于企业的定义大同小异。由于firm并非"企业家"与"企业家精神"的词源，称其为厂商并无不可，但其实际内涵与通常所说的企业亦无区别。由于企业家精神在西方主流经济学的理论中并不占有重要位置，下文在介绍主流经济学的观点时，将使用厂商而非企业一词。

从主流经济学理论的角度说，厂商与市场经济有着密切的关系。现代经济学的大厦建立在稀缺（scarcity）这一概念的基础上。稀缺指的是，相对于人的需求，现实的资源总是有限的。唯其如此，人们要对如何利用资源进行生产和分配作出选择，不同的选择对于需求的满足是不同

---

[1]　彼得·德鲁克：《公司的概念》，第243页。

[2]　彼得·德鲁克：《公司的概念》，第244页。

[3]　保罗·萨缪尔森、威廉·诺德豪斯：《经济学（第17版）》，萧琛主译，人民邮电出版社2004年，第616页。

的。经济学研究的正是这种选择。自人类社会诞生以来，人类创造了各种应对资源稀缺性的制度和机制，以满足社会的需求，其中就包括市场经济（market economy）。主流经济学将市场经济定义为一种主要由个人和私人厂商决定生产和消费的经济制度，价格、盈亏、激励等一整套机制在市场经济中发挥作用，厂商采用成本最低的技术生产利润最高的产品，消费则取决于个人如何决策去花费他们的收入。[1]一些经济学家会将此处的个人置换为家庭。市场经济作为一种体系，由生产要素在厂商和家庭之间的循环来维持运转。家庭为厂商提供劳动力，厂商利用劳动力和原材料来生产产品，产品在市场上售出后，厂商付给劳动力工资，家庭用这些工资购买厂商生产的产品，进行消费。当然，这种循环能够实现，依赖的是市场经济中存在众多厂商与众多家庭。在这样一个体系中，厂商所起的作用主要就是投入生产要素进行生产。可以想见的是，在非市场经济中，人们也可以缔结类似于上述厂商的组织，投入生产要素，生产供给社会消费的产品。从厂商的角度看，市场经济与非市场经济的区别，主要在于投入生产要素进行生产的方式，以及由此带来的效率差异。表1-2为西尔特（Richard Cyert）与马奇（James March）建立的厂商产量决策的过程模型，从中可以窥见厂商在竞争性的市场中的一般行为模式。厂商总在决策，而预测是决策的前提。

表1-2：厂商产量决策的过程模型

1	预测： 竞争者的反应	作为过去观测到的实际反应的函数，计算时期t中推测的变化项目。
2	预测： 需求	保持观察到的需求曲线的斜率不变，但是使其通过市场上最近现实的需求点。
3	估计： 平均单位成本	这一时期的成本曲线与上期相同。如果连续两次实现利润目标，则平均成本增加。

---

[1] 保罗·萨缪尔森、威廉·诺德豪斯：《经济学（第17版）》，第5页。

续　表

4	设定目标：利润目标	将利润目标设定为过去各期获得的实际利润的函数。
5	评估：考察备选方案	评估处于预测区域内的备选方案。如果满足目标的备选方案是可行的，则企业执行步骤9。如果不可行，则企业执行步骤6。
6	再考察：成本预测	搜寻使成本降低。执行步骤5。如果在此处评估后能够做出决策，则企业执行步骤9。如果不能做出决策，则企业执行步骤7。
7	再考察：需求预测	搜寻后，企业提出对需求的预测。执行步骤5。如果评估后能够做出决策，则企业执行步骤9。如果不能做出决策，则企业执行步骤8。
8	再考察：利润目标	将利润目标降至与经过步骤6和步骤7之后修正的预测区域内的最优备选方案一致的水平。
9	决策：决定产量	在初始的预测区域内选择备选方案以满足初始目标，在修正的预测区域内选择备选方案以满足初始目标，或在修正的预测区域内选择备选方案以满足降低了的目标。

资料来源：理查德·西尔特、詹姆斯·马奇：《企业行为理论（第二版）》，李强译，中国人民大学出版社2008年，第91页。

提到现代西方主流经济学，就必须提及，这门学问建立了理性而自利的"经济人"（Homo economicus）的人性假设，以此作为经济分析的基础。一本经济学教科书这样解释"经济人"："人们斤斤计较、缺乏道德、只受自利倾向的控制，这个假设被称为Homo economicus，即'经济人'假设。说人们受自利倾向的控制，意思是他们只考虑他们的行为对自己的利害，而不是考虑别人的利害。经济学中真正激进的思想之一是下述思想：在正确的法律和制度约束下，个人的自私自利动机能够被引导来为公共利益服务。"[1]这种"经济人"模型就是西方主流

---

[1]　塞缪尔·鲍尔斯等：《理解资本主义：竞争、统制与变革》，孟捷等译，中国人民大学出版社2010年，第29页。

经济学的微观基础,也是厂商和个人或家庭在市场经济中行为的基础。厂商以最小成本获取最大利润就是一种典型的"经济人"行为。毫无疑问,"经济人"模型有其合理性,但至少在某些经济学家看来,"企业家"有别于"经济人"。

三、不确定性世界里的企业家

据考证,"企业家"(entrepreneur)一词最早出现于18世纪的爱尔兰籍商人理查德·坎蒂隆(Richard Cantilion)讨论经济学的著作中。坎蒂隆将企业家视为承担由市场商品价格波动导致的风险的人,这一理念后来被20世纪的美国经济学家弗兰克·奈特进行了优化。

坎蒂隆的生平模糊不清,可能生于1680年至1690年间,是一名富商,曾长期活动于法国,后于1734年被仆人谋杀于伦敦的宅第中。他的著作《商业性质概论》最初用法语印行于1755年,到了1759年才有英译本。坎蒂隆的观点曾经被现代经济学的创始人亚当·斯密(Adam Smith)在《国富论》中引用过,但直到19世纪后期,他的价值才重新被经济思想史学者发现。坎蒂隆在《商业性质概论》里开宗明义写道:"土地是所有财富由以产生的源泉或质料。人的劳动是生产它的形式:财富自身不是别的,只是维持生活方便生活和使生活富裕的资料。"[1]经济学家杰文斯(W. S. Jevons)称这句话"拨响了经济科学的琴弦"。[2]坎蒂隆被认为具有重农学派的思想,不过,他关于制造业和贸易的观点,符合15—18世纪流行于欧洲的重商主义的主流论点。重商主义是近代早期欧洲各国在竞争中发展起来的一套政策体系和相应的观念体系,对统治者来说,其主旨在于富国强兵,具体的政策手段则包

---

[1] 理查德·坎蒂隆:《商业性质概论》,余永定等译,商务印书馆1986年,第3页。

[2] 理查德·坎蒂隆:《商业性质概论》,第162页。

括培育制造业和鼓励出口等。在工业革命前，重商主义已经高度强调制造业的重要性，营造适宜工业发展的社会文化氛围，因此堪称现代工业文化（Industrial Culture）的母体。坎蒂隆著作的某些部分具有明显的重商主义色彩。他认为农业劳动的价值低于手工业劳动的价值，并用日常经验举例论证："在英国的大多数行业中，学徒期为7年。由于学一门手艺要丧失许多年的劳动时间，如果手工业者挣的钱不比农夫多，一个农夫是绝不会让他的儿子去学手艺的。"他提出劳动创造国家财富的论点，并如同典型的重商主义者那样将国家财富与国家安全结合起来考虑："决定国家相对强弱的关键似乎是这些国家在每年消费后所余的储备，例如棉布、亚麻、谷物等的库存，国家要靠这些东西应付灾年和战争。"他像同时代的重商主义者那样视黄金和白银为国家真实的财富，但指出这些财富要通过劳动尤其是制造业去创造："如果黄金和白银是靠人民的劳动，即包含很少土地产物的制造品和其他物品从国外吸引来的，它就将以一种有益的和实质性的方法使该国变富。"而要发展本国制造业，就要采取正反两方面的手段："要想增加本国制造品在国外的消费量，就必须通过在国内的大量消费使它们的质量得到改善并使之具有更大价值。减少一切外国制造品的流入，给国内居民提供充分的就业机会是非常必要的。"[1]

　　从重商主义的逻辑出发，坎蒂隆鼓吹英国应该限制同印度的贸易，减少用贵金属购买印度的制造业产品："印度人的制成品，如丝织品、印花布和薄纱织物等，尽管经过18个月的海上航运，在英国的售价却非常低廉……我们每年向他们输出现金，使他们的财富增加而我们的财富减少。欧洲消费印度制成品的结果，只能是减少我们的货币和制造业的工作。"[2]这种观点，在坎蒂隆的时代非常普遍。除了

---

[1]　理查德·坎蒂隆：《商业性质概论》，第10、42—43、44页。
[2]　理查德·坎蒂隆：《商业性质概论》，第110—111页。

与亚洲的印度、中国竞争，当时的欧洲国家相互之间也进行着激烈的商业竞争，并不惜为此兵戎相见。这种军事与经济竞争一体化的现象，是重商主义的重要特征。坎蒂隆对于英国压制荷兰的重商主义政策是支持的："英国为了防止荷兰凭借费用低廉加强海上优势，从而损害它的利益，已下禁令：任何国家向英国输出的商品，必须是它们自己生产的，而不能是其他国家的商品。这样，荷兰无法充当英国的运输商，英国人就加强了自己的海运业。虽然他们的海运费用超过荷兰，但国外货物的财富使这些费用变得不太大。"[1]实际上，对比亚当·斯密在《国富论》里赞美英国打压荷兰的调门，坎蒂隆这段话相当温和了。

经济思想史学家认为坎蒂隆对于现代经济学的形成有很大贡献，此处要强调的只是他最早使用entrepreneur一词。坎蒂隆著作中译本的译者指出了entrepreneur一词一般译为"企业家"，但译者选择翻译为"业主"（后文中的引文将改为"企业家"），这大概因为生活于工业革命之前的坎蒂隆眼中的entrepreneur与现代中国学者眼中的企业家还是有所区别的。坎蒂隆基于18世纪欧洲各国一般的社会结构，区分了不同的阶层："除君主和土地所有者之外，任何人都不能独立生活。其他所有阶级和居民不是被雇佣者就是企业家。"[2]因此，与后世熊彼特对企业家的界定不同，坎蒂隆所说的企业家就是字面意义上的各行各业的经营者。这些坎蒂隆式企业家并非土地所有者，也不是靠工资生活的雇用劳动者，但也不完全是后来马克思所分析的资产阶级，涵盖面比较广。

不过，坎蒂隆对企业家的共性特点有所提炼，那就是，企业家必须"冒风险"。他提出了一个命题："在欧洲，货物和商品的流通和交

---

[1] 理查德·坎蒂隆：《商业性质概论》，第113页。
[2] 理查德·坎蒂隆：《商业性质概论》，第22页。

换以及它们的生产是由企业家进行的，而且还须冒风险。"这些企业家包括租地农场主、商人、制造商等。坎蒂隆指出，在当时欧洲的市场经济下，企业家们的工作和生活就是冒险："这类企业家包括羊毛和谷物批发商、面包师、屠户、各类制造商和商人，他们买进乡间产品和原料进行加工，然后再按居民的需要逐渐将它们转卖出去。这些企业家永远不知道，在他们的城市里，需求将会有多大，也不知道他们的主顾的光顾将会维持多长时间，因为他们的对手会千方百计地同他们争夺主顾。所有这一切，在这些企业家中间造成了极大的不确定性，因而在他们之中每天都有人陷于破产。"[1]市场、竞争、风险，这些现代经济学的主题，已经被商人坎蒂隆敏锐地关注到了。于是，他揭示了即使是现代学者也会认同的企业家的共性："他们都生活在不确定性中。"[2]正是由于经济生活具有不确定性，企业家精神才具有价值，创新也才有逻辑上的可能性。从这个意义上说，坎蒂隆使用"企业家"一词，并非对于"商人"等词语的简单替代，而是隐藏着深刻思想洞见的。

　　在坎蒂隆之后，法国经济学家萨伊（Jean-Baptiste Say）是谈论企业家较多的19世纪早期经济学家。萨伊是以亚当·斯密学说的解释者与通俗化普及者自居的。与坎蒂隆相仿，萨伊在构建其经济学理论时，对劳动与职业进行了分类："一般的情况是：一个人研究规律和自然趋势，这个人就是哲学家或科学家；另一个人把前者的知识应用于创造有用的产品，这个人或是农场主，或是工厂主，或是商人；又一个人在前两人的指挥监督下提供执行的力量，这个人就是工人。"[3]毫无疑问，企业家属于第二类人。萨伊也指出了企业家的冒险性，认为"冒

---

[1] 理查德·坎蒂隆：《商业性质概论》，第24—26页。

[2] 理查德·坎蒂隆：《商业性质概论》，第27页。

[3] 萨伊：《政治经济学概论——财富的生产、分配和消费》，陈福生等译，商务印书馆1963年，第83页。

险家需要兼有那些往往不可得兼的品质与技能,即判断力、坚毅、常识和专业知识"。[1]这可以视为对企业家精神的一种分析。萨伊尝试论证冒风险的企业家与其所获回报之间的关系:"冒险家所需要的这些智能与才能使冒险事业竞争者的人数受到限制。不但如此,这种事业总带有一定程度的风险。尽管搞得那样的好,还有失败的机会。冒险家可能由于非自己的过失而倾家荡产,并在一定程度上丧失名誉,这是限制竞争者数目的另一个原因,也是冒险家的生产力得到那样高报酬的原因。"[2]萨伊还特别强调企业家通过"试验"而获得成功的情形:"在极个别情况下,大胆的试验,几乎包可成功。在欧洲人最近发现绕行好望角和美洲大陆的航线以后,他们的世界突然扩大到东方和西方……这两半球的可以娱心悦目的新物品是那样的多,以至冒险家只要不惮航行,定可满载而归,获得巨利。"[3]这种"试验"也是需要冒险的。

　　20世纪早期,美国经济学家奈特发展了企业家与风险的理论。在《企业的性质》里,科斯对奈特的名著《风险、不确定性与利润》(*Risk, Uncertainty and Profit*)引述甚多,从中可以看到企业与企业家精神研究的学术史脉络。与科斯一样,奈特进行的是抽象的纯理论研究,但他看到了企业在历史中发生变化所带来的经济学理论更新的必要性。奈特在研究利润理论时,指出:"当英国古典经济学家们开始著书立说时,也就是在18世纪后期及19世纪早期,公司这种组织形式还无足轻重,只限于少数银行和贸易公司。经济生活中当然也会有一些收取利息的借贷行为。但是,使用自有资本雇用劳动,从他人那里租入土地,还是产业的主导形式。管理的职能集中在资本家身上……在早期的这种条件下,人们将企业经理的收入与资本所有权联系在一起,也是顺理成章

---

[1]　萨伊:《政治经济学概论——财富的生产、分配和消费》,第409页。
[2]　萨伊:《政治经济学概论——财富的生产、分配和消费》,第409页。
[3]　萨伊:《政治经济学概论——财富的生产、分配和消费》,第88页。

的事。"[1] 到了奈特的时代，企业发展的条件已经发生了变化，他自然要进行新的理论探索了。实际上，奈特曾将德国经济学家、社会学家马克斯·韦伯（Max Weber）关于经济通史的教材译为英文，足见其对于历史的态度。

受德国经济学家的影响，奈特关注风险、投机与企业家精神之间的关系，并从信念与知识出发构筑其理论："我们生活在一个变动不居、幻化不定的世界……最关键之处在于，任何行动都离不开个人信念。个人的信念多少都会言之有据，多少都蕴含着某种价值，所赖者，既非完全无知，也非无所不知，而是部分知识。"[2] 简言之，只有在需要依据信念与知识进行决策和采取行动的情境中，企业家精神才有立足之地。而企业家的决策与行动发生于不确定性的世界中。奈特的创见在于他区分了风险（risk）与不确定性（uncertainty）："我们用'风险'这个术语表示能够度量的不确定性，而用'不确定性'表示不可度量的不确定性……对于风险而言，一组事件的结果的分布是可知的（要么通过先验计算，要么由对过去经验的统计获得）。正是在这个方面，不确定性不同于风险。不确定性的情况往往独具个性，不可能形成一组事件。"[3] 这种区分非常重要，因为它可以区分具有惯例性的冒险和具有开创性的冒险。例如，一个年轻人进入一个成熟产业创业，确实冒着巨大的风险，很可能会失败，但他能够依靠大量既成知识去创办与经营企业，其成与败皆具有较强的可分析性，也就具有较高的可预测性。但是，一个企业要将一种全新的技术投入并不存在已知消费者的市场，其面对的未知因素就更多，也就真正面临着奈特所谓的不确定性了。对此，奈特指出："不确定性事关两个方面：一是，人们一无所知；二是，人

---

[1]　弗兰克·奈特：《风险、不确定性与利润》，郭武军等译，华夏出版社2013年，第19页。

[2]　弗兰克·奈特：《风险、不确定性与利润》，第149页。

[3]　弗兰克·奈特：《风险、不确定性与利润》，第172页。

们采取行动,更多的是依靠信念,而不是知识。"[1]依靠信念而非知识采取行动的行动者,不具备标准的"经济人"的理性计算能力,但这在真实世界中极为常见。也正是由于世界存在着不确定性,不同于"经济人"的企业家才有了存在的可能性:"不确定性存在的事实导致社会组织出现两个最重要的特点。第一个特点是,商品生产是为了市场……第二个特点是,生产者要进行预测……在经济舞台上,一个全新的角色粉墨登场了,这就是企业家。"[2]企业家必须冒险:"那些信心十足、勇于冒险的人'承担'风险,或者由他们向那些疑虑重重、缩手缩脚的人做出'保证',保证后者能够获得确定的收入,以获得对实际资源的安排……我们根本无法将信心和冒险精神分开。这两种禀赋近于同出而异名,殊途而同归。"[3]依据这种观点,企业家精神可以被视为在不确定性世界里承担风险的冒险精神。但企业家为了成功应对不确定性,还需要一些具体的才能。

奈特建立的企业家模型不同于"经济人"模型,在冒险等方面,奈特式企业家与坎蒂隆式企业家一脉相承,但奈特明智地区分了风险与不确定性,避免了日常用语中的某些含混。实际上,也正是由于不确定性的存在,企业家的创新才有了意义。

四、企业家精神与创新

当代西方主流经济学教科书对企业家精神的理解,仍然包含了坎蒂隆式企业家定义的内核。例如,被广泛使用的萨缪尔森的教科书写道:"促进经济发展的关键任务之一,是培养起一种企业家精神。一个国家如果不具备一批乐于承担风险、勇于开办新工厂、采纳新技术并敢

---

[1]　弗兰克·奈特:《风险、不确定性与利润》,第196页。

[2]　弗兰克·奈特:《风险、不确定性与利润》,第196页。

[3]　弗兰克·奈特:《风险、不确定性与利润》,第197页。

于引进新式经营理念的企业家或管理人员，就不可能走上繁荣丰裕之路。"[1]在这里，承担风险仍然是企业家的基本特质之一。也只有在承担风险的前提下，企业家才能够进行创新（innovation），进而推动国家的经济发展。不过，在英语世界里，有关"企业家精神"的流行观念建立在约瑟夫·熊彼特的英雄视角（heroic vision）之上。[2]企业家、企业家精神、创新和经济发展，这几个概念之间存在着一种逻辑关系，而将这种关系揭示出来并使其广为人知的经济学家正是熊彼特。

1883年，熊彼特出生于奥匈帝国一个纺织业工厂主家庭，1901年开始在维也纳大学学习，师从经济学的奥地利学派，但他本人不算奥地利学派经济学家，[3]有学者甚至将其视为历史学派的一员。[4]第一次世界大战后，熊彼特一度出任奥地利的财政部部长，后又担任一家私营银行的行长，该银行破产后，熊彼特于1925年重返学术界。起初，熊彼特拟赴日本任大学客座教授，后接受了德国波恩大学的教职，但与日本学界仍保持着密切联系，这也使熊彼特在日本有着长期的影响力。1932年，熊彼特移居美国，到哈佛大学任职，直至1950年逝世。熊彼特的一生既坎坷又不乏浪漫色彩，这大概使他建立的企业家模型有别于理性枯燥的"经济人"模型。

1911年，熊彼特的名著《经济发展理论》以德文出版，他的企业家理论主要也包含于这本书中。熊彼特假定了一种"循环流转"的经济生活状态，在这种状态中，"生活年复一年地基本上同样地在渠道中流动着——就像血液在生物有机体中循环一样"，而经济发展则意味着循环流转被打破，出现了"自发的和间断的变化"[5]。从宏观层面看，

[1]　保罗·萨缪尔森、威廉·诺德豪斯：《经济学（第17版）》，第478页。
[2]　Mark Casson, Bernard Yeung, Anuradha Basu and Nigel Wadeson edit: *The Oxford Handbook of Entrepreneurship*, Oxford: Oxford University Press, 2006, p.3.
[3]　赫苏斯·韦尔塔·德索托：《奥地利学派：市场秩序与企业家创造性》，第72页。
[4]　Bo Sandelin: *A Short History of Economic Thought*, New York: Routledge, 2008, p.72.
[5]　约瑟夫·熊彼特：《经济发展理论》，何畏等译，商务印书馆2015年，第73—74页。

工业革命就是打破农业社会循环流转的一次大发展，但熊彼特更看到了工业革命自身还在不断革命，工业社会内部的循环流转也被不停打破，而这就是"创新"。熊彼特举出了5种创新的形式，包括："（1）采用一种新的产品……（2）采用一种新的生产方法……（3）开辟一个新的市场……（4）掠取或控制原材料或半制成品的一种新的供应来源……（5）实现任何一种工业的新的组织……"[1]这就基本上涵盖了工业经济的产品创新、技术创新、工艺创新、营销创新、组织创新等。依靠这些创新，工业革命既打破了农业社会的循环流转，又不断更新着工业社会自身的循环流转。

熊彼特指出，负责完成创新使命的人，就是企业家。他写道："我们把新组合的实现称为'企业'；把职能是实现新组合的人们称为'企业家'。"[2]这就比坎蒂隆式企业家的内涵丰富了很多，将创新而非单纯的承担风险视为了企业家的根本。当然，要创新，就肯定要承担风险。他以游泳的比喻解释了企业家必须冒险才能创新："虽然他在自己熟悉的循环流转中是顺着潮流游泳，如果他想要改变这种循环流转的渠道，他就是在逆着潮流游泳。从前的助力现在变成了阻力。过去熟知的数据，现在变成了未知数。超出了例行事务的范围以后，许多人就不能再前进一步，而其余的人也只能用高度变动无常的方式去进行。"[3]要逆着潮流游泳，首先需要的就是敢冒风险的勇气。

熊彼特所定义的企业家，"并不是一种职业"，"也不是一种持久的状况"，所以"并不形成一个从专门意义上讲的社会阶级"[4]。他的意思是，一个资本家或一个企业经营管理者，即使经营有道或富可敌国，只要没有干过前述五种创新活动中的任何一种，就称不上打破了循环流

---

[1]　约瑟夫·熊彼特：《经济发展理论》，第76页。
[2]　约瑟夫·熊彼特：《经济发展理论》，第85页。
[3]　约瑟夫·熊彼特：《经济发展理论》，第91页。
[4]　约瑟夫·熊彼特：《经济发展理论》，第89页。

转，也就不能被称为企业家。熊彼特称："我们的概念比传统的概念要狭一些，它并不包括各个厂商的所有的头目们或经理们或工业家们，他们只是经营已经建立起来的企业，而只是包括实际履行那种职能的人们。"[1] 换言之，熊彼特式企业家只是一种抽象的关于创新的社会职能，至于谁来承担这种职能，是白手起家的创业者，还是资产亿万的企业继承人，那是一种历史偶然事件。但是，企业家对于社会经济的意义却至关重要。尤其对那些希望摆脱农业社会周而复始的人口增减循环的国家来说，企业家是推动工业革命也就是创造经济持续稳定增长机制的中坚力量。熊彼特从这一逻辑出发，也区分了资本家和企业家。在熊彼特看来，资本只是企业家从事创新的一种工具："资本，无非是一种杠杆，凭借着它，企业家可以使他所需要的具体商品受他的控制，无非是把生产要素转用于新用途，或引向新的生产方向的一种手段。"[2] 从某种意义上说，熊彼特式企业家更接近于依靠信贷进行生产的实业家或工业家，而非从事信贷业务的金融家。这是熊彼特理论的工业文化底色。

熊彼特笔下的企业家是一种有别于"经济人"的经济行为者模型，他确实也写下了企业家"似乎并不符合一个经济人的画像"这样的语句。[3] 企业家是一种抽象的概念，是对现实进行模拟的思想模型，但它终究是对现实中众多活生生的企业家进行归纳和概括的结果，而这些企业家能够被归纳与概括，就必然存在着共性的人格特质。熊彼特描绘了企业家普遍存在的人格特质，也就是促使企业家从事创新的动机："首先，存在有一种梦想和意志，要去找到一个私人王国，常常也是（虽然不一定是）一个王朝……其次，存在有征服的意志：战斗的冲动，证明自己比别人优越的冲动，求得成功不是为了成功的果实，而是为了成功本身……最后，存在有创造的欢乐，把事情办成的欢乐，或者只是

---

[1]　约瑟夫·熊彼特：《经济发展理论》，第85页。

[2]　约瑟夫·熊彼特：《经济发展理论》，第133页。

[3]　约瑟夫·熊彼特：《经济发展理论》，第106页。

施展个人的能力和智谋的欢乐。"[1]熊彼特并没有否定"经济人"的自利是一种基本的经济行为动机，但他指出了企业家更复杂的心理。毕竟，去打破常规从事创新，往往需要牺牲眼前的利益，并进行长期投入而忍受无法及时获得回报的窘境，斤斤计较于利益则常常虑不及此。企业家往往具有梦想，去看到别人不相信的前景，这一点是能够被经验案例所证实的。

在熊彼特看来，企业家精神对于经济发展起着推动作用。他写道："我们所考虑的企业家在创办新企业时所作的贡献是什么呢？无它，只是意志与行动。"[2]1926年，《经济发展理论》出版了德文第二版，熊彼特删掉了第七章，重写了第二章和第六章，1934年，该书英文版基于德文第二版在哈佛大学出版社出版。在被熊彼特放弃的第七章中，他写过这样一段话："每个行业的历史都使我们追踪到人类以及人类充满活力的意志和活动，这才是最强有力和最显著的现实经济生活。经济本身并不能成长为更高级的形态。它并不能像捏橡皮泥那样由相关数据捏合而成。一国的经济命运既不取决于数据本身，也不取决于这些数据的逻辑性。纯粹的数据变化没有什么意义。"[3]这段话，既是对企业家精神的一种诠释，又表明了可以通过历史去追寻企业家精神。这就是企业史之于企业家精神的重要意义。

熊彼特的理论并非企业家精神的唯一理论，但它具有开创性与先驱性，也因其鲜明的学术个性而富于感染力。由于熊彼特与工业文化的学理基础，即演化经济学，具有深厚渊源，从工业文化的视角出发审视企业家精神，他的理论是具有代表性的。

德鲁克对熊彼特推崇有加，他对熊彼特的企业家精神与创新理论

---

[1]　约瑟夫·熊彼特：《经济发展理论》，第106—107页。

[2]　约瑟夫·熊彼特：《经济发展理论》，第151页。

[3]　埃里克·赖纳特、贾根良主编：《穷国的国富论：演化发展经济学论文选》上卷，贾根良等译，高等教育出版社2007年，第149页。

进行了某种普及化。德鲁克判断创新和企业家精神的标准比不少鼓吹创业的作者要高，甚至可能比熊彼特所写语句字面上的意思更严格："一对夫妇在美国某市郊开了一家熟食店或墨西哥餐馆，他们的确是冒了一点风险。不过，他们是企业家吗？他们所做的事情，只不过是以前被重复了许多次的老套而已。他们把赌注压在该地区外出就餐的人口会日渐增多这一点上，但是他们既没有创造出一种新的满足，也没有创造出新的消费诉求。从这一点看，即使他们创办的是新企业，他们也算不上企业家。"[1]不管德鲁克的标准正确与否，他至少提醒了人们不要将企业家或企业家精神这种词语滥用。毕竟，如果企业家不具备某些特殊内涵，他们和"商人""老板""生意人""企业经营者"乃至"资本家"就没什么区别，犯不着专门造出"企业家精神"这种概念。德鲁克认为："在所有的新创企业当中，企业家企业只占少数。它们创造出了新颖而与众不同的东西；它们改变了价值观。"不过，依据这一标准，"企业家精神并不仅仅局限于经济学机构当中"。[2]德鲁克始终坚持从社会视角来看待企业。

根据自己对企业家精神的界定，德鲁克提出了所谓系统化的创新的理论。具体而言，系统化的创新指关注创新机遇的七个来源，其中，前四种来源存在于机构内部，包括："意料之外的事件——意外的成功、意外的失败、意外的外部事件；不协调的事件——现实状况与设想或推测的状况不一致的事件；基于程序需要的创新；每个人都未曾注意到的产业结构或市场结构的变化。"后三种来源则涉及机构或产业以外的变化："人口统计数据（人口变化）；认知、意义及情绪上的变化；新知识，包括科学和非科学的新知识。"[3]对企业家来说，要做的事情就是通过识别和把握这些机遇去实现创新。

---

[1]　彼得·德鲁克：《创新与企业家精神》，第19页。

[2]　彼得·德鲁克：《创新与企业家精神》，第20页。

[3]　彼得·德鲁克：《创新与企业家精神》，第32页。

总之,工业革命以来的现代世界存在着一种生机勃勃、万物竞发的经济,企业是这种非静态的经济的主体,它在企业家精神的引领下进行着各种创新,打破着束缚经济演化的均衡枷锁。这种创新性的企业家精神未必是人格化的,也不只存在于企业中,这使得弘扬企业家精神被赋予了比发展经济更为深远的意义。

五、企业的成长与历史

在充满不确定性的世界里,企业有生有死,有成长有衰亡。企业类似于生命的这种演化性,使其历史具有了意义。

彭罗斯(Edith Penrose)于1959年出版的《企业成长理论》(*The Theory of the Growth of the Firm*)是较早讨论企业成长问题的经典著作。与科斯的著作一样,这本书选择的是firm一词。彭罗斯解释了她关心的问题:"我们将关心企业的成长,并且仅仅是顺带提到他们的规模。'成长'通常可以表述为两种不同的内涵,有时候指的是单纯数量上的增加……而在其他一些时候,可以从它的本意引申出规模的扩大或是发展过程导致质量上的提高,这类似于自然界生物生长过程……"[1]彭罗斯提到了企业的历史连续性,称:"实际上企业的名称可以改变,它的管理人员和所有者可以改变,它生产的产品可以改变,地理位置可以改变,法律形式可以改变,但在正常的事物进程中,我们仍将视其为相同的企业,书写它的生命史……一个企业可以经受多种变化而存续下来。但是如果其资产和人员被解散或被一个完全不同的管理框架全盘吸收,它就不能再幸免于难了。"[2]成长必然具有历史连续性,故彭罗斯的讨论很重要,而她的观点也可以被视为企业史研究中的

---

[1]　伊迪丝·彭罗斯:《企业成长理论》,赵晓译,格致出版社2007年,第1页。

[2]　伊迪丝·彭罗斯:《企业成长理论》,第22—23页。

一种标准。

彭罗斯将企业视为一个管理性组织和生产资源的汇集，企业的总目标是将自有资源与从企业外部获取的资源组织起来进行生产、销售产品或提供服务以获取利润。企业的生产活动由生产机会支配，这个生产机会包括了企业的企业家所注意到的并利用的所有生产可能性。在这样定义完企业后，企业成长理论本质上就是对不断变化的企业生产机会的研究，是为了找出企业成长的限制因素或企业成长速度的限制因素，毕竟，在任何时期企业的生产机会都是有限的。[1]彭罗斯将企业家精神称为进取心，他说："我们可以把它视为在有获利能力的条件下希望尝试的心理倾向，具体讲就是投入精力和资源在能获利的行动上。"[2]彭罗斯将进取心与企业的扩张联系在了一起，她强调企业并不总会扩张："即使一个企业不是很具野心，它依然能被管理得很好。这一点尤其适用于小一些的企业……不是所有的商人都愿意为创造财富而放弃生活的乐趣。"[3]彭罗斯从企业家对不同的企业战略的偏好出发，区分了两种不同类型的企业家："一些企业家似乎首要关注的是：公司作为生产和提供产品服务的组织，所创造的利润和其成长性。这样的企业家我们称其为：'生产型思维'（product-minded）或'生产者思维'（workmanship-minded）的企业家，或者'建筑师'（good-will builders）。他们关注产品质量的提高，成本的降低，技术的改良，并通过对消费者提供更好的服务而扩大市场份额……另一种类型的企业家，我们可以称其为：'帝国缔造者'（empire-builder），他想创建一个强大的覆盖领域广大的工业'帝国'……他对企业的扩张更感兴趣，他更喜欢用收购或消灭竞争对手的方式实现扩张，而非在市场上进行竞争。"[4]彭罗斯对企

---

[1]　伊迪丝·彭罗斯：《企业成长理论》，第36—37页。
[2]　伊迪丝·彭罗斯：《企业成长理论》，第38页。
[3]　伊迪丝·彭罗斯：《企业成长理论》，第39页。
[4]　伊迪丝·彭罗斯：《企业成长理论》，第44页。

业家的观察与分类非常准确,展示了高度的洞察力和归纳概括能力。

在进行了一系列基本界定之后,彭罗斯讨论了企业成长的不同方面的问题。对于风险和不确定性问题,彭罗斯认为:"企业家拒绝承认不确定性,因为不确定性产生于对完成规划缺乏信心,而企业家相信这一问题会随着更加完善的信息和更详尽的规划而消失。因此,从原则上讲,不确定性对扩张的限制视其对管理资源的限制程度而定。"[1]在讨论资源与扩张的问题时,彭罗斯提出,企业在成长时,其专门化与规模扩张之间能够良性循环:"企业内部能够实行专业化,取决于企业的产量。换句话说,只有当企业成长,其内部进一步的劳动分工才能带来不断增长的优势。同样,一个企业必须适当地调整劳动分工,运到它想承担的扩张的大小才能有效扩张……一个企业规模壮大时,它将重新组织它的资源,为专门化发展而抓住更明确的机会。如果资源被充分利用,将需要达到一个更高的产量水平。"[2]在彭罗斯的企业成长理论里,企业家是具有能动性的:"真正有进取心的企业家常常不把需求看作是'给定的',而看成是他应当能够创造的。直到广告和销售努力随着垄断竞争理论蔓延到正式经济分析的框架内,人们才注意到这一点。"[3]彭罗斯的理论建立在她那个时代企业史研究最新发展的基础上。

企业作为一种可以成长的组织,从过去走向未来,是一种历史的存在。推动着企业成长的企业家精神,就和任何一种精神一样,有旺盛就会有衰颓。企业在其整个生命历程中进行竞争与创新,经历成长与危机乃至衰亡,其每一种活动在时间里都会沉淀为历史。这样一种企业史记录着企业成长的经验与败亡的教训,在充满不确定性的世界里,是一把通往未来之门的钥匙。

---

[1]　伊迪丝·彭罗斯:《企业成长理论》,第67页。
[2]　伊迪丝·彭罗斯:《企业成长理论》,第84页。
[3]　伊迪丝·彭罗斯:《企业成长理论》,第92页。

本章参考阅读文献

威廉·尼克尔斯等：《认识商业》，陈智凯等译，世界图书出版公司，2016年

布鲁斯·巴林杰、杜安·爱尔兰：《创业学：成功创建新企业（第6版）》，杜颖
　　译，中国人民大学出版社，2022年

斯蒂芬·斯皮内利、罗伯特·亚当斯：《创业学：21世纪的企业家精神（第10
　　版）》，蒂蒙斯创业学研习社译，机械工业出版社，2022年

瑞·达利欧：《原则》，刘波等译，中信出版社，2018年

塞缪尔·鲍尔斯等：《理解资本主义：竞争、统制与变革》，孟捷等译，中国人民
　　大学出版社，2010年

约瑟夫·熊彼特：《经济发展理论》，何畏等译，商务印书馆，2015年

奥利弗·威廉姆森、西德尼·温特编：《企业的性质》，姚海鑫等译，商务印书
　　馆，2010年

伊迪丝·彭罗斯：《企业成长理论》，赵晓译，格致出版社，2007年

彼得·德鲁克：《公司的概念》，慕凤丽译，机械工业出版社，2014年

彼得·德鲁克：《创新与企业家精神》，蔡文燕译，机械工业出版社，2013年

小艾尔弗雷德·斯隆：《我在通用汽车的岁月》，刘昕译，华夏出版社，2005年

理查德·西尔特、詹姆斯·马奇：《企业行为理论（第二版）》，李强译，中国人
　　民大学出版社，2008年

卡尔·凯斯、雷·费尔、莎伦·奥斯特：《微观经济学原理（第12版）》，李煜鑫
　　等译，东方出版中心，2022年

卡尔·凯斯、雷·费尔、莎伦·奥斯特：《宏观经济学原理（第12版）》，李洋等
　　译，东方出版中心，2022年

第二章　企业史上的重要篇章

在日常生活中提到企业，一般指的是在市场经济中运行的现代企业。实际上，作为一种为社会提供产品并获得收益的组织，企业由来已久，并不断演化。在农业社会，大型国营制造工场或私人商号已经在经济生活中展现了企业作为一种组织的价值。15世纪以后，欧洲的贸易公司既是西方国家殖民扩张的先锋，又是经济全球化在客观上的推动者。18世纪中叶的工业革命是人类社会的一道分水岭，它使企业在各个方面开始现代化。从历史视角看，企业的演化有其自身的内在逻辑，受技术、制度变革的影响，但这种演化并不发生于政治、军事的真空中，相反，企业必须在政治力量搭建的舞台上活动，并经常成为军事力量的一部分。本章将粗略地回顾全球企业发展史，集中介绍股份公司、工厂、大规模生产体系、精益生产、研发制度等企业史上的重要创新，这些创新构成了企业史上的重要篇章，塑造着今日世界。

一、农业社会的企业

农业社会的企业颇难界定。由中国企业史编辑委员会编写的《中国企业史》（古代卷）将中国古代社会也就是农业社会的企业史，称为"中国企业的萌芽史"即"企业发展的'雏形'阶段的历史"。郑学檬为该卷撰写的前言指出"中国古代企业和近代企业有明显的区别"，包括"企业所赖以存在的社会生产力水平不同"与"企业的主体地位不同"等。故而，该书所研究的企业"是指中国历史上企业的萌芽、'雏形' 阶段的经济单位(作场、作坊、工场、商号等等)，它有具体的内涵，不是一般意义上的企业，而是近代企业的前史"。[1]这种认识是非常严谨的。人类社会建立在经济活动的基础上，企业是人类为了利用资源进行生产并满足消费而创造的一种组织，尽管现代企业有自己的特征与内涵，但人类社会利用资源进行生产并满足消费的组织很早就存在了，从功能上说，那些组织都可以视为企业或企业的"雏形"。这也就使得广义的企业史可以追溯至文明之初。实际上，尽管农业社会的企业或企业"雏形"功能不够完备，但历史是演化的，现代企业的不少特征并非突然出现的，这使得研究古代企业史有助于增进对现代企业的认知。进一步说，如果采取某种功能主义的视角，不难发现企业的一些组织特征、经营方式、发展模式贯穿古今，并未出现本质上的变异，这又使得研究古代企业史能够为今天的企业提供镜鉴。

　　与仅仅存在了不到300年的工业社会不同，农业社会历经了几千年，因此，农业社会的企业或"企业雏形"也并非一成不变的。古代东西方的手工工场可以被视为一种典型的农业社会的企业，承担着为国家或社会提供所需物品的职能。为了履行这种职能，这些手工工场将工匠等劳动力聚集在一起，设计了基本的分工，并发展出各种管理制度来维持运转。可以说，从诞生之初，企业就必须具备组织性。古代企业的管理制度可以"物勒工名"为例。物勒工名是中国战国时期秦国手工业的一种制度，《吕氏春秋》在论述"孟冬之月"时曰："是月也，工师效功，陈祭器，按度程，无或作为淫巧，以荡上心，必功致为上。物勒工名，以考其诚。工有不当，必行其罪，以穷其情。"[2]学者对"物勒工名，以考其诚"作的注解称："物，器也。勒铭工姓名著于器，使不得诈

---

[1]　中国企业史编辑委员会编：《中国企业史》(古代卷)，企业管理出版社2002年，本卷前言第1—2页。

[2]　许维遹：《吕氏春秋集释》，中华书局2016年，第187页。

巧,故曰以考其诚。梁玉绳曰:'后世制器镌某造,盖始于秦。'"[1]意思是,从秦国开始,中国就有了让工匠把名字刻在自己制造的产品上的制度,而这项制度便于对产品质量进行追责,令工匠不敢弄虚作假。至于"工有不当,必行其罪,以穷其情"的注解则为:"不当,不功致也,故行其罪,以穷断其诈巧之情。"[2]意思是,工匠制造的产品如果质量不好,就是工作没有尽力,要判定其有罪,用这种惩罚机制来断绝工匠敷衍作假念头的产生。因此,物勒工名是一种严格乃至严酷的质量保障制度,从中也可以看到古代企业的特殊性质。

　　尽管世界各地的文明有其特殊性,但文明建立在物质生产的基础上,而物质生产具有一般性的规律,这就决定了不同文明的企业可能具有某些共性。例如,在近代早期,东西方文明都曾诞生过巨大的造船企业。在东方的中国,建于明朝洪武初年的南京龙江船厂是一家国营造船厂,原本东西长138丈,南北长354丈,规模宏大。后因承平日久,该厂造船不多,厂内空地召集军民耕种,只留下一小部分地块工作。到190多年后的嘉靖年间,南京工部主事李昭祥被派驻该厂时,见到一片残垣与"木栅之遗迹"。在洪武、永乐年间,龙江船厂征调了浙江、江西、湖广、福建等地居民400余户,来南京造船。这些老百姓被编成世代沿袭的专业化造船工匠人家。然而,随着时光流逝,"匠户皆失其故业,且消长不齐"。到了1541年,船厂只剩下245户,而每户的户丁人数也不一致,又都将职责视为负担,穷户尤其无法忍受,"流亡日甚"。结果,到了1551年,船厂只剩不到200户工匠人家了。在这种形势下,工匠"不乐其业",都想换其他工作以求解脱。[3]无独有偶,15世纪西方的海上强国威尼斯也拥有一家规模巨大的国营造船厂威尼斯兵工厂,1436年,一位游客这样描述道:"一进入大门,两旁各有一条宽阔

[1]　许维通:《吕氏春秋集释》,第187页。
[2]　许维通:《吕氏春秋集释》,第187—188页。
[3]　李昭祥:《龙江船厂志》,江苏古籍出版社1999年,第99—100、107、92—93页。

的街道，中间是海水，一侧是兵工厂厂房向外开放的窗户，另一侧也是如此。这条窄窄的水道上漂浮着一艘桨帆船，由小舟拖曳，而从各式房屋的窗户中，零部件被源源不断地分发到装配工人手里，有的是绳索，有的是武器……"[1] 即使到17世纪威尼斯兵工厂已开始走下坡路时，外来造访者仍估计该厂每天聚集有1 500至2 000名能工巧匠，并视这些工匠为纪律与勤勉的典范。一位访客写道："威尼斯共和国的伟大的根基，或者不如说整个意大利乃至基督教世界的荣耀，正是兵工厂的厂房。"1676年的一份报告则如此宣称："兵工厂正威名日著，甚至在发展最快的国家也是如此；它被正确地认为是奇迹的工厂，是武备的宝库，而且是用来捍卫宝贵自由的最具生气的武器。"[2] 不过，这家企业也出现了衰退，1643年的一份报告抱怨了威尼斯兵工厂的工匠工作态度不积极，称"这些工匠差不多有三分之二是没用处的，不会多干一点报酬之外的活"[3]。与前一世纪具有报国热忱的先辈相比，17世纪威尼斯兵工厂的绝大多数工匠完全基于私人动机来工作，年轻的学徒只在意领取薪酬，对工作与学艺不上心，会在船坞整天闲逛。很多工匠并不把自己的工具带来兵工厂做工，而是将工具变卖掉，于是来到兵工厂就无所事事，又或者他们向别的工匠借工具干活，换成那些工匠无所事事。更有甚者，部分工匠对公家之物顺手牵羊。[4] 龙江船厂与威尼斯兵工厂具有相似的规模，都曾为各自的国家承担开创海上大业的重任，又呈现出相似的衰败史，足以说明企业的兴衰存在着共性的规律，而这正是企

---

[1]　彼得·阿克罗伊德：《威尼斯：晨昏岛屿的集市》，朱天宁译，上海文艺出版社2018年，第185页。

[2]　Robert C. Davis: *Shipbuilders of the Venetian Arsenal: Workers and Workplace in the Preindustrial City*, Baltimore and London: The Johns Hopkins University Press, 2007, pp.2–4.

[3]　Robert C. Davis: *Shipbuilders of the Venetian Arsenal: Workers and Workplace in the Preindustrial City*, p.31.

[4]　Robert C. Davis: *Shipbuilders of the Venetian Arsenal: Workers and Workplace in the Preindustrial City*, p.32.

业史作为一门无问西东的学问能够成立的依据。

二、东印度公司与全球化

　　企业的发展包含技术与制度这两个基本演化维度,但技术与制度的演化往往并不同步。例如,对西方企业来说,工业革命以后出现了技术上的突飞猛进,但一些基本的制度早在工业革命前就产生了。中世纪晚期和文艺复兴时代的意大利进行了各种商业上的创新,在企业史上影响深远。不过,文艺复兴时代的欧洲开启了一种国家综合竞争的新模式,意大利商人缺乏强大的统一国家作为后盾,在15世纪以后的竞争中逐渐衰落。

　　15世纪欧洲人的大航海开启了真正意义上的全球化时代,欧洲的企业在这一历史浪潮中充当了先锋。由于资源禀赋的地理差异,近代早期不同地区间的远程贸易往往具有高回报。在新航路开辟初期的1505年,葡萄牙国王派遣19艘船前往印度贸易,其中有3艘船由德意志和意大利商人出资,1506年,这3艘船满载香料回到欧洲后,扣除葡萄牙国王用特权取走的香料和捐赠给修道院的金钱,仍获得了1.75倍的利润。[1]荷兰、英国、法国亦纷纷加入新航路开辟后的远程贸易中。1599年,荷兰的4支船队带着成堆的东方商品返回阿姆斯特丹,利润率高达399%。[2]这大大刺激了欧洲人对于远程贸易的兴趣。1600年,英国女王伊丽莎白一世给希望从事东印度贸易的商人颁发了特许状,英国东印度公司成立。1595—1602年间,荷兰在亚洲陆续建立了14家彼此竞争的贸易公司,导致货物在东方的收购价格抬高,在欧洲的售价反而严重下滑。为了抑制过度竞争以及应对英国威胁,荷兰的贸易公司

---

[1]　大塚久雄:《股份公司发展史论》,胡企林等译,中国人民大学出版社2002年,第205页。

[2]　羽田正:《东印度公司与亚洲之海》,毕世鸿等译,北京日报出版社2019年,第60页。

于1603年合并为荷兰东印度公司。荷兰东印度公司的资本约650万盾，是英国东印度公司资本额的10倍以上。[1]此外，欧洲各国跨越大西洋，在"西印度"也就是美洲，同样依托专门的公司开展贸易。

英国与荷兰的东印度公司作为股份公司，是欧洲在经济上的制度创新。与此前欧洲已经出现过的合伙公司、合资公司相比，股份公司在公司制度下实现了规模最大的资本集中，并使出资人的个人属性完全融入团体属性，企业由此获得了不受出资人个人情况左右的持久性和固定资本金制度。[2]股份公司非人格化的制度特点使欧洲商人能够以更多的资源应对风险与竞争，并将高成本的贸易活动长期开展下去。事实上，股份公司这一制度是逐渐演化成熟的。以英国东印度公司为例，该公司拿到特许状之后，出资认缴却不顺利。该公司的初次航海预计需要8 000—9 000英镑，但实际到位的资金仅4 000—5 000英镑，为了补足资金缺口，公司尝试了包括威胁令出资人入狱在内的各种办法，却未能成功。不得已，1601年4月，公司蜕变为一个临时性企业，由排除掉胆小成员的出资人筹集68 373英镑进行了第一次航海。第一次航海的商船队出发后，公司又策划了独立核算的第二次航海，但直到第一次航海结束后的1604年才真正成行。1606年，第二次航海的商船队归来，因其大获成功，公司于1607年发动了第三次航海，接着又于1608年进行了第四次航海，于1609年进行了第五次航海。尽管第四次航海因船队遇难而以失败告终，但投资东印度公司在英国成为一种时尚。继承了伊丽莎白一世王位的詹姆斯一世，将期限为15年的东印度公司特许状更新为永久特许状，强化其垄断性，并选出自己的近臣加入公司董事团。[3]英国东印度公司凭借少数出资人的冒险精神，实现了常态化

[1] 浅田实：《东印度公司——巨额商业资本之兴衰》，顾姗姗译，社会科学文献出版社2016年，第11—12页。
[2] 大塚久雄：《股份公司发展史论》，第8—12页。
[3] 大塚久雄：《股份公司发展史论》，第399—401页。

发展,股份公司制度亦因此而真正制度化。

英国东印度公司的早期历史表明,创新性经济活动具有不确定性,并确实具有高风险。早期的股份公司制度能分担个体经济活动参与者的风险,降低其损失,从而有利于将资本吸引到创新性活动中,使创新性活动能够最大限度利用所需的要素。尽管荷兰东印度公司与英国东印度公司均非国有企业,但政府对公司给予了支持。荷兰政府为本国东印度公司的成立进行了各方面的斡旋,政府要求公司的管理层和员工宣誓效忠荷兰议会,公司船队返回荷兰后有义务向政府汇报。[1]英国内战后,成为护国公的奥利弗・克伦威尔(Oliver Cromwell)采取了一系列重商主义政策,其中也包括于1657年发给东印度公司新的特许状,该特许状使英国东印度公司最终摆脱了临时企业的色彩,转变为一家与荷兰东印度公司具有相同性质的永久性公司组织。此外,英国东印度公司撤销了投资额与利益一并分配的方式,代之以仅将盈利分配给股东的更为合理的分配方式,出资人则出席股东会议,根据各自的投资额对企业与贸易的经营事项进行投票表决。英国的王权复辟后,革命政府给予公司的特权继续获得认可。[2]法国东印度公司是国王路易十四的财政大臣柯尔贝尔(Jean-Baptiste Colbert)推动组建的。比起由商人创建的英、荷东印度公司,法国东印度公司更具国家行政机关色彩,其超过1 200万里弗尔的资金大部分由国王、皇亲国戚、宫廷贵族、大臣以及官僚们出资,公司的运营亦由国王任命的官员国务长官担任。到1683年柯尔贝尔去世时为止,法国东印度公司一直采取每年使用国有资金来维持运营的体制,并收到一定成效。[3]综上所述,无论是由民间资本主导的英国、荷兰东印度公司,还是由政府直接创办并经营的法国东印度公司,近代早期欧洲从事远程贸易的大企业都与其所在国家

---

[1]　羽田正:《东印度公司与亚洲之海》,第68页。

[2]　浅田实:《东印度公司——巨额商业资本之兴衰》,第33页。

[3]　羽田正:《东印度公司与亚洲之海》,第248—249页。

有着密切的关系。国家为公司提供支持，公司则自觉或不自觉地成为国家扩张的工具，公司之间的经济利益竞争，与国家之间争夺殖民地的斗争，紧密结合在一起。由此，各家东印度公司与西印度公司，协助欧洲列强在亚洲、美洲和非洲建立了各自的殖民帝国。企业史就这样与更宏大的历史相交织，直到今天依然如此。

　　股份公司的兴旺带动了金融制度的发展。17世纪初，荷兰的阿姆斯特丹出现了证券交易市场，东印度公司的股票成为活跃的投机交易的对象。与此前欧洲出现过的债券交易、期票交易不同，阿姆斯特丹证券市场的交易不但数额大，而且有流动性、公开性和投机性。在阿姆斯特丹，东、西印度公司的股票最初是记名的，证券由公司保存，买主把自己的名字登上专门账本后就算拥有股票。公司以为这样能阻止投机，但是，不拥有股票未必不能进行投机。所谓的股票投机，就是空手卖出和空手买进，收盘时结算盈亏，双方交割小笔差额后，活动便继续进行。后来，股票就变成不记名的了。[1]1688年英国光荣革命之后，股份公司纷纷成立。伦敦效仿阿姆斯特丹，发展了自己的证券市场，股票交易十分活跃，其中不无欺诈，但股票价格的高涨使一批公司涌现。1719年9月至1720年8月，英国新成立的股份公司有195家。[2]投机产生泡沫，泡沫破裂就出现金融危机。股份公司与股票交易成了现代金融体系特有的风景。

　　在资本主义世界体系的扩展过程中，各国东印度公司扮演着关键角色，而全球化在其早期阶段也与西方列强的殖民扩张一体两面。在相当长的时间内，中国、印度与东南亚地区向欧洲出口了大量布匹、丝绸、茶叶、瓷器、香料，而欧洲只能用白银等贵金属进行支付。这一点在

[1]　布罗代尔：《15至18世纪的物质文明、经济和资本主义》第2卷，顾良译，生活·读书·新知三联书店1993年，第86—89页。

[2]　查尔斯·金德尔伯格：《西欧金融史（第二版）》，徐子健等译，中国金融出版社2010年，第209—210页。

中英贸易中非常典型。1700年，英国东印度公司在从事对华贸易时，表示"非常希望改进和增加销售我们的英国毛制品"，但一年后，公司不得不承认"运去的毛制品及其他的欧洲商品得不到利润"，因为中国人"除白银和铅之外什么都不喜欢"。因此，从那一年开始，英国东印度公司已体验到"今后两个世纪对华贸易的两个困扰公司的难题"，即"供应给中国人要买的英国产品的困难问题和竭力供应给中国人需求的白银问题"[1]。毛纺织业是18世纪英国制造业称雄欧洲的主导部门。1786年，英国毛织品已经在中国打开市场，但"无法与中国的丝织品竞争"。该年，曼彻斯特首次将农户手织的棉布向中国试销，得到的反馈则是："棉布太贵，而且中国制造的各种布，虽然不太漂亮，但更适合他们的穿着。"同年，西方各国运入中国的生银在4 000 000元以上，运走茶叶242 096担、生丝3 565担、南京布372 020匹。[2]为了平衡制造品所无法平衡的贸易结构，英国人找到了鸦片这种毒品向中国出售。1818年，英国东印度公司从广州运返印度的白银为6 000 000元，称"但如果没有鸦片输入，而假如其他商品的数量不增加"，这一数目将剧减至1 000 000元。[3]围绕着鸦片问题，几十年后中英两国兵戎相见，而那时的英国已经能够用工业的力量轰开清朝的国门，为英国企业向中国出售其商品确立新的贸易体制了。

三、工业革命与工厂的兴起

1840年，英国对中国发动第一次鸦片战争，在战场上，英国的"坚船利炮"毫无悬念地打败了装备落后的清军。此时，英军已经开始使

[1]　马士：《东印度公司对华贸易编年史（1635—1834年）》第1卷，区宗华译，广东人民出版社2016年，第124—125页。

[2]　马士：《东印度公司对华贸易编年史（1635—1834年）》第2卷，第138—140页。

[3]　马士：《东印度公司对华贸易编年史（1635—1834年）》第3卷，第375—376页。

用以蒸汽为动力的战舰"复仇女神"（Nemesis）号。这是英国第一艘铁壳战舰，长56.1米，宽11.9米，马力120匹，铁皮厚11.4厘米，1839年下水后迅即参加了鸦片战争。尽管铁甲蒸汽战舰在技术上还非常不成熟，但清军的火炮无法击沉它，而它能在河口处逆流而上，将英军的主力帆船拖到合适的位置，对清军海岸炮台展开攻击。[1]这就是英国的"坚船"。为了应对战争，清军新铸了一批红夷巨炮，最大射程可达到4千米，但英军火炮最大的射程为5.18—5.76千米，[2]两者优劣显而易见。这就是英国的"利炮"。有了坚船利炮，鸦片战争最终呈现出一边倒的态势。而在坚船利炮的背后，英国冶金工业提供了原材料，机床工业保障了对原材料的加工，一个新兴的工业体系支撑着英国战舰在中国海岸横行无阻。这是工业革命的力量，工业革命不仅为企业史，也为整个人类历史，翻开了新的篇章。

英国工业革命或第一次工业革命是由工匠发动的，体现了制造业"革命"具有渐进性与传承性的特征。英国工业革命最初的革命性体现于技术层面，以各门类制造业中不断涌现出的发明为标志。从制造活动的构成要素看，英国工业革命主要体现于手段领域的工具的变革，而这些变革起初都是由生产第一线的工匠在劳动实践中琢磨出来的。这一点在纺织业里面最为明显。发明织布机飞梭的约翰·凯（John Kay），当过钢筘制造业的学徒。钢筘是一种类似于梳子的装置，在织布机上用来把经纱分开。凯用抛光的金属线而非藤条来制造钢筘，并于1730年发明了一种用来捻合精纺线的机器。1733年，凯申请了飞梭的专利，这项发明可以让织布机上的纬纱更快地穿过经纱，并使布的宽度变大，从而使织布的效率两倍于当时的手工织布机。詹姆斯·哈格里夫斯（James Hargreaves）是一名织工和木匠，1764年造出了第一台

---

[1]　张建雄、刘鸿亮：《鸦片战争中的中英船炮比较研究》，人民出版社2011年，第89—91页。

[2]　张建雄、刘鸿亮：《鸦片战争中的中英船炮比较研究》，第146、180页。

珍妮纺纱机（Jenny）。1769年，假发制造商理查德·阿克莱特（Richard Arkwright）发明了翼锭纺纱机。通过使用4个成对的滚筒（即轧辊）牵引粗纱，并通过使一个锭子朝向一个旋转的纺锤来缠绕粗纱，阿克莱特的纺纱机成功实现了同时牵引与捻合纱线。[1]凯、哈格里夫斯和阿克莱特的发明使英国棉纺织工业的生产效率得到了大大提升，并使外在的工具不同程度地替代了人的双手，这正是制造业革命的大方向。而他们还有一个共同点，即都出身于工匠，其发明的灵感来源于生产实践而非理论构思。

虽然一般认为工业革命是从棉纺织工业兴起的，但是，工业革命能够成为一种持续的经济增长，要归功于动力的革命，也就是蒸汽机的改良及广泛应用。就以阿克莱特的翼锭纺纱机来说，尽管它装上飞梭并能用水力驱动，但在其他方面基本上与中世纪晚期的纺车一样。而水力驱动使制造活动受到空间的极大限制，毕竟，不是所有地方都适合安放靠水力驱动的纺纱机。蒸汽机打破了这种空间限制。蒸汽机不是一种新发明，早在18世纪初甚至17世纪，英国就有了用于抽水的蒸汽机。不过，是工匠托马斯·纽科门（Thomas Newcomen）第一个建造了实用又可靠的蒸汽发动机。1712年，纽科门在达德利（Dudley）附近的煤矿用一台蒸汽机抽水，这是蒸汽动力第一次具有标志性意义的经济运用。纽科门蒸汽机除了用于抽水外，局限性很大，因其在本质上属于单作用式蒸汽机。改良了纽科门蒸汽机的正是詹姆斯·瓦特（James Watt）。瓦特为此进行了长期的试验，遭遇了巨大的挫折。1769年，当瓦特处在失意的低谷中时，他在给友人的信中抱怨道："在我这辈子里没有什么事情比搞发明更愚蠢的了！"[2]不过，瓦特并没有长久地陷于消极情

[1]　Barrie Trinder: *Britain's Industrial Revolution: The making of a manufacturing people, 1700–1870*, Lancaster: Carnegie Publishing Ltd, 2013, pp.390–391.

[2]　H. W. Dickinson: *James Watt: Craftsman and Engineer*, Cambridge: Cambridge University Press, 2010, p.57.

绪中。当需要作出选择时，他还是选择了研制蒸汽机。至于资金问题的解决，则有赖于瓦特与企业家博尔顿（Matthew Boulton）建立起传为佳话的合作伙伴关系。博尔顿给瓦特提供的不仅是资金支持，还为瓦特提供了一个有人力资源可以调度的工场，使瓦特的研制工作摆脱了小作坊的局限。博尔顿的索霍工厂体现了一种新式企业的样貌。瑞士企业家费希尔（J. C. Fischer）1814年8月28日参观该工厂后在日记中写道："很令我惊喜的是，瓦特先生领着我参观了他的索霍工厂里专门造蒸汽机的部门。我目瞪口呆于我之所见。用来从事这些工作的建筑很难准确地描述。我惊讶于这幢建筑运用了大量的铁，并惊讶于工人们创造它的技艺。看上去不可能的事情在这里实现了。"费希尔对锻工们的技艺赞不绝口。当然，最吸引人的还是蒸汽机："在铁屋和其他的建筑里，6至50马力的蒸汽机工作着。它们安静、有序而高效地干着分配给它们的活——建造它们是人类全部创造性的体现。"[1]企业史开始进入一个技术与制度协同演化的新时代。

工业革命的技术创新使分散的生产者被集中起来，但这一进程最初与蒸汽机无关，而是为了适应由水力驱动的阿克莱特纺纱机。阿克莱特出生于英国一个贫穷的家庭，小时候受过的教育有限，几乎不能读写。他原本是一个理发匠，1767年，通过雇用的一个钟表匠了解到纺织机械的信息后，阿克莱特便致力于制造纺纱机，并于1769年申请了第一份专利。阿克莱特和他的合伙人在诺丁汉办了一家纺纱厂，用马拉动他发明的纺纱机，但这种驱动方式过于昂贵，于是，他们在德比郡办了另一家规模大得多的纺纱厂，并用水力来驱动纺纱机。[2]这些纺纱厂是最初的现代工厂，阿克莱特又被称为"工厂之父"。巨大的

---

[1]　W. O. Henderson: *J. C. Fischer and his Diary of Industrial England, 1814-51*, London and New York: Routledge, 2014, pp.131-133.

[2]　E. Royston Pike: *Human Documents of the Industrial Revolution in Britain*, London and New York: Routledge, 2006, pp.31-32.

机器既需要安置于更加坚固的大型建筑物里，又需要由同一种动力来源驱动，劳动者为了配合机器进行生产，就必须集中起来，于同一时间到同一地点工作，制造活动遂由分散趋于集中，工厂便诞生了。据统计，1782年，阿克莱特雇用了超过5 000名工人，其生意的资本不少于200 000英镑。[1]毫无疑问，在阿克莱特工厂之前，世界上已经存在过大型的制造业集中生产场所，但是，阿克莱特工厂是由生产工具的需求而催生的生产组织变革，这是工业革命的新特点。然而，依赖水力的阿克莱特工厂还不能算是真正革命性的新组织。毕竟，农业社会里利用水力的磨坊也有可能需要大型建筑物来放置机械，这同样在一定程度上体现了生产工具对生产场所的特殊需求。此外，水力作为动力来源，受地形和季节等自然条件的极大制约，这限制了工厂的创设。打破这一制约的正是蒸汽机。阿克莱特最初在曼彻斯特的工厂里使用蒸汽作为原动力，但其工作方式仍为纽科门式，即通过泵水来驱动机械。第一家用蒸汽驱动机器的工厂位于诺丁汉郡的帕蒲尔威克，博尔顿和瓦特于1785年在那里安装了一台蒸汽机。蒸汽机的使用，使以工厂为组织形式的制造活动极大地克服了空间与时间的束缚。从空间上说，蒸汽机几乎不受自然环境与自然条件的影响，其设置所要面对的制约主要是燃料运输等经济成本，这就大大地扩展了制造场所的可选择范围，使制造活动在空间上有了巨大的扩张可能性。从时间上说，蒸汽机既不像水力和风力那样受季节和天气的制约，又不像人力和兽力那样很容易因疲劳而达到极限，可以保障较长时间不间断地工作，这就使制造活动在时间上也突破了限制，进而带来了生产力的飞跃。由于蒸汽机必须安置于工厂中，因此，制造业对于空间与时间的革命性征服，是由工厂制度实现的。

　　工厂最显著的特征体现于空间上对制造活动的集中。不过，更为

---

[1]　E. Royston Pike: *Human Documents of the Industrial Revolution in Britain*, p.33.

重要的是,制造活动的集中带来了对于劳动和工作的新的组织安排,而这种组织安排又体现于工厂对于制造活动时间的控制与重构。在工厂兴起前的家舍工业中,劳动者通常就在自己家里从事制造活动,可以相当自由而随意地安排自己的时间,制造活动与非制造活动之间的切换也缺乏严格的限制。18世纪80年代,英国格洛斯特郡的织工的小农舍里"弥漫着幸福和满足的气氛"[1]。织工回忆工厂兴起前的日子时,指出那个时候"没有铃声催他们(织工)在四五点钟起床……他们在自由按自己的意思开始或停止工作"。一名织工称,不在工厂里工作意味着:"我轻松多了,有时间考虑自己的事,也可以走出去呼吸一会儿新鲜空气。"[2]但工厂改变了这一切。过去,制造者的自由是以制造活动的分散和缺乏监管为条件而存在的。然而,在工厂里,每一名制造者必须与其他制造者协作,就必须让渡自己的自由。为了将聚集在一起的众多制造者安排妥当,工厂设置了劳动纪律。工厂的纪律通过文本化的规章制度得到确立。19世纪中期英国的一份报告摘录了当时一家工厂的规章制度中的部分条款:

　　　　第一条:每天早上引擎开动10分钟后,工厂大门将关闭,此后直到用餐时间,任何织工不许入内。在此期间,任何织工如果不在场,将按每台织机3便士的标准扣其看管织机台数的工钱。

　　　　第二条:当引擎开动时,织工在其他任何时间如果不在场,将按每台织机每小时3便士的标准扣钱;如果织工未经工头允许离开房间,将从工资里扣3便士……

　　　　第九条:所有的梭子、刷子、油罐、纺车、窗户等等,如有损坏,将由织工赔偿。

---

[1]　汤普森:《英国工人阶级的形成》(上),钱乘旦等译,译林出版社2013年,第303页。
[2]　汤普森:《英国工人阶级的形成》(上),第330页。

第十一条：任何在纱厂里的人员如果被看到互相交谈、吹口哨或者唱歌，将罚款6便士……

第十二条：杆盘每次坏掉要扣1便士……

第十六条：每台纺车损坏时，将视其规格罚款，从1先令到2便士至6便士。任何织工如果在工作时间被看到离开岗位，将罚款6便士。[1]

此处摘录的工厂规章，严格规定了织工的工作时间，对工作时间内织工的行为进行了严密的管控，并以扣钱和罚款作为规章落实的保障。随着工厂的兴起，企业的制度、管理方式，开始发生越来越大的变化，以适应新的更为广阔的市场需求与更为激烈的市场竞争。

四、大规模生产与科学管理

首先发生于英国的工业革命从19世纪初期起就开始向全球扩散，尽管这个扩散的过程并不平衡，从结果来看，也并不理想。当今世界的大部分国家仍然未实现工业化，这同样影响到全球的企业分布格局。不过，在工业化的追赶赛中，领先者往往并不能保持永久的优势，企业与国家的双重竞争使19世纪以来的世界充满动荡。

1851年，美国军火制造商塞缪尔·柯尔特（Samuel Colt）对英国议会夸下海口："没有什么是不能用机器造出来的。"[2] 正是在军火工业以及钟表等工业中，美国企业发展出了一种在生产上以可互换零件为基础的标准化体系。这套体系具有鲜明的美国特色，是实现大规模生产（mass production）的基础，因此被当时刚刚完成工业革命的英国人称

---

[1] E. Royston Pike: *Human Documents of the Industrial Revolution in Britain*, pp.62-63.

[2] Brooke Hindle and Steven Lubar: *Engines of Change: The American Industrial Revolution, 1790-1860*, Washington: Smithsonian Books, 1986, p.152.

为"美国体系"。[1]这种"美国体系"就是大规模生产体系，它在企业史上具有革命性，比起英国工匠们的发明创造，也更能体现工业革命的内涵。

1794年，美国国防部在马萨诸塞州创立了第一家生产小型武器的兵工厂春田兵工厂（Springfield Armory），当时的产品主要是滑膛枪，生产方式为纯手工制造。到1815年为止，春田兵工厂一直致力于通过将工匠作风转变为工业纪律而使生产的武器从作坊产品变为工业产品。这些努力包括引入令工匠不满但令生产规范化的计件工资制。在此期间，1812年的英美战争对美国军火工业产生了较大影响。战争经验使美国人意识到，在战场上，大量来不及修理的武器可以通过简单地更换零件而重新投入使用，这使主管军械的官员们相信制造统一化的零件将值得付出任何代价。1815年开始管理春田兵工厂的罗斯威尔·李（Roswell Lee）上校推动了制造方式的变革。李完善了一种在制造过程中如同在最终检查时一样对零件进行测量的制度，以使兵工厂的产品尽可能规格一致。一位国防部官员认为，测量制度是保障春田兵工厂所造零件统一化的唯一手段。[2]在兵工厂建立的管理制度中，使用测量仪器的检查员，有权去惩罚那些零件做得不好的工人。根据1816年制定的管理规则，制造过程中的时间与材料要被严格计算，每一个工人都要为自己的工作负责。[3]随着时间的推移，兵工厂的测量方式变得越来越严格。不过，直到1822年，李仍未达成他的目标，即"制造出的滑膛枪零件能适合每一支滑膛枪"。但就在此时，春田兵工厂开始迈向机械化生产。工厂与托马斯·布兰查德（Thomas Blanchard）订了一

[1] David A. Hounshell: *From the American System to Mass Production, 1800–1932*, Baltimore and London: The Johns Hopkins University Press, 1984, p.1.

[2] David A. Hounshell: *From the American System to Mass Production, 1800–1932*, pp.32–35.

[3] Brooke Hindle and Steven Lubar: *Engines of Change: The American Industrial Revolution, 1790–1860*, pp.227–232.

份协议,使用后者拥有专利的机器设备来生产枪托。该设备的核心是一组包含了14台机器的装置,可以用来复制枪托或其他不规则形状的物品,几乎消灭了枪托生产中的手工劳作。[1]布兰查德发明的是一种仿形切木机床,在制造过程中,将一个成品枪托作为原型模板,机床上的指针能跟踪模板运动,并引导一个切削器具在工作件上复制出相同的断面,机床能够自动而准确地控制整个断面的切削过程,从而不必让操作工在工作中停下来检查切削是否精确。[2]制造过程的机械化使标准化零件的生产真正具备了可能性。春田兵工厂的可互换滑膛枪制造在19世纪30年代与40年代取得了长足进展,其进步包括采用了一种新型滑膛枪,拓展了测量制度,以及设计了新的机床工具。到1850年时,春田兵工厂在使柔软状态的枪锁零件硬化前,不必再调适、组装和标记它们,因为它们的规格是统一的。更重要的是,除了枪筒的焊接外,滑膛枪零件几乎全部使用机器来装配。[3]这就给了柯尔特在英国议会夸海口的资本,也标志着大规模生产体系初见雏形。

　　19世纪美国得天独厚的人口结构、资源条件非常有利于大型企业的兴起,而大规模生产体系显然与大企业相得益彰,并逐渐导向大规模销售的商业革命。与文艺复兴时代的意大利城市相仿,19世纪的美国出现了各种商业模式与管理技术的创新,提升了企业的经营能力,也营造出一种适合资本主义扩张的社会氛围。例如,一个苏格兰移民丹尼尔·克雷格·麦卡伦(Daniel Craig McCallum)于1854年成为纽约-伊利铁路公司的总管,他实施了一套新的管理制度。在麦卡伦看来,良好的管理需要良好的纪律、详细具体的工作描述、经常而准确的绩效报

---

[1]　David A. Hounshell: *From the American System to Mass Production 1800–1932*, pp.32–35.

[2]　戴维·诺布尔:《生产力:工业自动化的社会史》,李凤华译,中国人民大学出版社2007年,第98页。

[3]　David A. Hounshell: *From the American System to Mass Production, 1800–1932*, p.44.

告、基于价值的报酬和晋升制度、权责明确的上下级权力结构以及整个组织中责任和义务的执行。麦卡伦的新制度根据任务来划分和确定工人的等级，并要求所有工人穿戴一套能够标识其等级的特定制服，他还制定了全面的规章制度来限制个人随心所欲地进行作业的权力。麦卡伦为公司制定了一张树状组织图，标识出权力和责任的层次与结构、每个业务部门的工作分工以及报告和控制的传达路径。一家铁路杂志的编辑亨利·普尔（Henry Varnum Poor）对此大加赞赏，印刷了这张图，并以每张1美元的价格向公众出售。与麦卡伦一样，普尔也充满创新精神，他将自己的杂志办成了顶级商业期刊，为铁路行业的投资者和管理者提供可靠的信息来源。[1]信息对于企业的价值，决定了历史同样对企业有用，因为信息存在于时间中，有些信息只有通过较长时间的积累才能被有效解读。

　　历史是演化的，大规模生产体系在美国萌芽于18世纪末，但直到20世纪初才完全成熟。这一体系的成熟是与汽车工业中诞生的福特制联系在一起的。福特汽车公司开辟了大型耐用消费品的大规模生产道路，其探索出的新的制造方式就是福特制，其理念则可以被称为福特主义（Fordism）。亨利·福特（Henry Ford）1863年出生于美国密歇根州，是一个农场子弟。福特于17岁时离开学校，进了一家机械厂当学徒，后来成为底特律电力公司的机械师。在电力公司里，福特由着自己的兴趣从事内燃机研究，并于1899年拒绝了公司提供的总监职位，选择辞职创业。1886年，德国人发明了汽车，在接下来的19世纪90年代，这一新发明的动力问题成为其产业化的一大阻力。当时，蒸汽动力和电力占据主流，但这两者都还不适用于汽车。[2]因此，工业界并不看

[1]　丹尼尔·雷恩、阿瑟·贝德安：《管理思想史（第6版）》，孙健敏等译，中国人民大学出版社2012年，第65—67页。

[2]　E. D. Kennedy: *The Automobile Industry: The Coming of Age of Capitalism's Favorite Child*, Clifton: Augustus M. Kelley Publishers, 1972, p.6.

好汽车的发展前景,这也是福特供职的电力公司对内燃机研究不感兴趣的重要原因。然而,福特的想法不一样。他后来回忆称:"最初,'不用马拉的车'被认为是异想天开,很多'聪明人'还特别地解释一下,为什么它只能是个玩具,更没有一个有钱人设想它会具有商业价值的可能性。我无法想象,为什么在每一种新的交通工具诞生之初,都会遭到如此多的反对,直至今天,还有一些人摇头晃脑地一边谈论着汽车的奢侈,一边不情愿地勉强承认卡车的用途。"[1]福特的想法具有典型的熊彼特式企业家精神。在福特的领导下,福特汽车公司迅速成长,到1906年,其作坊小店的组织形态已无法满足生产需求,公司另外建了一座三层楼厂房,真正成为工厂。此后,福特汽车开始出口到欧洲。公司的高速发展引发了股东们的不安。当福特汽车公司的产量达到每天100辆时,一些股东试图阻止福特继续管理公司,但福特的回答令他们更为震惊:每天生产100辆只是小菜一碟,他很久以前就希望每天能生产1 000辆![2]企业的发展与变革总会存在内部的观念与文化冲突,由此也会引发企业内部的控制权之争。

　　福特控制了福特汽车公司,推行着自己的创新。1907年,福特命令底特律的工厂用一块专门区域研制新车型,并派他手下最好的机械师进行设计。这款新车型即T型。该车型的发动机就是一个简单的立方体,用一块铁铸造,具有20马力。通过自由地运用钒合金钢,以及基于直觉判断进行结构设计,该车型的底盘既稳固又轻便,完全符合福特的要求。1908年,T型车出厂,从一开始,其新颖的设计和优越的性能就大受欢迎,各代理商最初为新车型下的订单达15 000辆之多。[3]福特自己对T型车极为满意,他认为T型车最大的特点就是"简单":"这

[1]　亨利·福特:《我的生活与工作》,梓浪等译,北京邮电大学出版社2005年,第16页。

[2]　亨利·福特:《我的生活与工作》,第42—43页。

[3]　David A. Hounshell: *From the American System to Mass Production, 1800–1932*, pp.218–219.

种车只由4个结构组成——动力系统、车身、前轴、后轴。所有这些都很简单。这样设计的目的，是为了不需要特别的技能就可以进行修理或更换。"T型车体现了福特的制造理念与商业哲学："一件东西越简单，就越容易制造，也就可以以越便宜的价格出售，因此也就越可能大量地售出。"[1]基于这种理念，福特又采取了一个大胆的决定，1909年，他宣布公司以后只生产一种车型，也就是所有的底盘完全一样的T型车。在相当长的一段时间内，福特大获成功。

　　T型车的成功是对美国工业可互换性理念的继续实践。福特将其公司的可互换零件制造称为"标准化"，采取标准化策略后，福特写道："我们在底特律每天只组装三四百辆车了，只满足当地需要。我们把零件运到我们遍布美国的组装站——实际上这种组装站已分布世界各地——在那里再把车组装起来。只要一个分厂生产一种零件比由底特律制造再运送过去便宜的话，那么分厂就生产这种零件。"[2]福特汽车公司在制造过程中通过机床的使用而提高了生产能力。福特汽车公司刚成立时，由于大部分零件要从外面购买，工厂被设计成一个汽车组装的空间而没有为大量的机床预留场地。当时，福特汽车公司使用的都是具有一般性用途的通用机床，靠百里挑一的高技能机械师来操作。此后，福特汽车公司开始自己制造零件，机床的重要性就凸显出来。福特在购买机床工具时与机床销售商沃尔特·弗兰德斯（Walter Flanders）签订了合作协议，弗兰德斯不仅卖机床，他本人也是一名优秀的机械师。弗兰德斯帮助福特的工厂购置了设备，还建议福特雇用杰出的机械师沃尔林（Max F. Wollering）。实际上，在福特汽车公司还缺乏可互换性理念与相关制造经验时，沃尔林就很熟悉这一套体系了。弗兰德斯来到福特汽车公司四个月后，重新布置了生产车间的机床摆

---

[1]　亨利·福特：《我的生活与工作》，第46页。

[2]　亨利·福特：《我的生活与工作》，第121页。

放,他不是根据机床的种类来摆放机床,例如将同一种类型的机床集中摆放到一起,而是根据制造每一种零件的操作顺序来摆放机床。而且,弗兰德斯和沃尔林还为福特汽车公司引入了专用机床或单一用途机床。[1]通用机床在加工不同种类的零件时必须重新调整,而专用机床因为只加工单一种类的零件,就节省了调整的时间,提高了生产效率。此外,通用机床因为要进行不同种类的加工,对操作者的操作技能要求较高,专用机床等于将多种技能分解为单一技能了,就降低了对操作者的技能要求,有利于工厂克服高技能机械师稀少难觅的难题,令工厂能够利用较易获取的低技能劳工迅速形成生产能力。此外,福特汽车公司发展了高效率的流水线(assembly line)。流水线作业作为一种制造活动的高效率方法,很早就被人们实践着。在美国,屠宰场和罐头制造业在19世纪中期以后已经开始采取流水线进行作业。[2]福特自己指出,生产流水线的想法来自芝加哥食品包装厂用来加工牛排的空中滑轮。在他看来,生产流水线的原则是:首先,按照操作程序安排工人和工具,使制造过程中,每个部件都只经过尽可能短的距离;其次,运用工作传送带或别的传送工具,使一个工人完成操作后,总是把零部件放在他放起来最方便的地方,并运用设备把零件送到下一个工人处;最后,运用滑动装配线,将需要装配的零件放在最方便的距离处。运用生产流水线的原则,产生的效果是:"减少了工人无谓的思考,把动作的复杂性减少到最低程度,使他几乎只用一个动作就完成一件事情。"1913年4月1日,福特汽车公司试验了自己的第一条装配线。试验结果令福特满意:"一个人现在能完成相当于几年前4倍多的工作。"[3]于是,流水

---

[1] David A. Hounshell: *From the American System to Mass Production, 1800–1932*, pp.220–222.

[2] 大卫·奈:《百年流水线:一部工业技术进步史》,史雷译,机械工业出版社2017年,第13页。

[3] 亨利·福特:《我的生活与工作》,第56—57页。

线在福特汽车公司的生产过程中全面铺开。大获成功的福特于1926年为《大不列颠百科全书》撰写了"大规模生产"词条："大规模生产不是简单的大批量生产……也不是简单的机器生产……大规模生产聚焦于一种制造方案，其原则为控制性、精确性、经济性、系统性、持续性以及快速性。"[1]这是现代工业企业的基本生产体系。

在福特制兴起的同时，美国工业中还兴起了以科学管理著称的泰勒制，两者皆旨在提高制造活动的效率，因此常被相提并论。不过，在核心理念上，泰勒制与福特制是有区别的。泰勒（Frederick Taylor）生于1856年，1874年因眼病从哈佛大学退学，进入机械厂当学徒，尽管泰勒曾自称"我不是工人出身"[2]，但其实他拥有丰富的生产现场经验。起初，泰勒在炼钢厂当车工，对车刀的形状和角度进行了大量研究，改进了机床。[3]后来，泰勒成为管理人员，形成了自己独特的科学管理理论，于1911年出版了《科学管理原理》（*The Principles of Scientific Management*）。1915年，泰勒病逝。泰勒的科学管理理论落实于工厂生产实践中，就形成了泰勒制。

从时间上看，泰勒制与福特制的兴起基本同步，但两者拥有独立的源头与发展脉络。泰勒制与福特制在某些方面有相通之处。从理念上说，泰勒认为："雇主与雇员的真正利益是一致的，除非实现了雇员的财富最大化，否则不可能永久地实现雇主的财富最大化，反之亦然；同时满足工人的高薪酬这一最大需求和雇主的低产品工时成本这一目标，是可能的。"[4]福特制缘起于通过降低生产成本来扩大市场需求，这与泰勒所言降低产品工时成本的目标是一致的。此外，福特采取的高工资战略，与泰勒提出的满足工人高薪酬需求的目标也是一致的。由于

[1]　David A. Hounshell: *From the American System to Mass Production, 1800—1932*, p.217.

[2]　弗雷德里克·泰勒：《科学管理原理》，马风才译，机械工业出版社2016年，第40页。

[3]　中山秀太郎：《技术史入门》，姜振寰译，山东教育出版社2015年，第189页。

[4]　弗雷德里克·泰勒：《科学管理原理》，第3—4页。

都希望降低生产成本，泰勒制与福特制在寻求提高制造活动的效率这一点上也是相通的，且采取了某些相同的措施。为了组建流水线，福特必须仔细研究工人的工作所需时间，合理安排工序，并对制造过程进行分解。而泰勒的科学管理也基于对工人劳动的分析性研究。泰勒制的一个基本认知就是："在各个行业，通过消除工人作业中不必要的动作，并以快捷的操作代替缓慢而无效的操作，可节约大量作业时间，进而提高产量。"[1]为了寻求工人劳动的最佳值，泰勒进行了一系列实验，这些实验分为两大类型："一类实验由生理学家来完成，研究人的耐久力；另一类实验由工程师来完成，研究一人力相当于一马力的几分之几。"[2]这类实验正是对工人劳动动作的分解。与福特将大规模生产视为一个整合了各种要素的体系一样，泰勒也将科学管理视为一个体系，他在《科学管理原理》一书中总结，构成科学管理的要素集成包括："科学，而不是单凭经验的方法。协调，而不是分歧。合作，而不是个人主义。最大的产出，而不是有限制的产出。实现每个人的劳动生产率最大化，富裕最大化，而不是贫困。"[3]与福特制相仿，泰勒制背后的理念也形成了一套观念体系，即泰勒主义（Taylorism）。如果将泰勒主义理解为通过分析工作和挑选工人承担指定的任务而使制造过程合理化，则福特汽车公司的工厂践行了泰勒主义。[4]然而，福特制的核心实际上是要通过机械化来消灭手工劳作，而泰勒制的核心是从人出发来提升效率，所以，泰勒制并不特别强调机械化，两者实现高效率生产的根本路径是不一样的。从这个角度说，福特制只是采纳了泰勒制中部分有用的要素。[5]尽管泰勒制具有极大的影响力，且经常与福特制相混

---

[1]　弗雷德里克·泰勒：《科学管理原理》，第16页。

[2]　弗雷德里克·泰勒：《科学管理原理》，第43页。

[3]　弗雷德里克·泰勒：《科学管理原理》，第117页。

[4]　David A. Hounshell: *From the American System to Mass Production, 1800–1932*, p.249.

[5]　David A. Hounshell: *From the American System to Mass Production, 1800–1932*, pp.252–253.

淆,但两者存在本质性的差异。

　　凭借大规模生产体系带来的生产力优势,美国在20世纪初资本主义世界体系的经济竞赛中拔得头筹,并在第二次世界大战中击败了同样曾挑战英国工业霸权的德国,以及东方的新兴工业国日本。鸦片战争之后,西方列强逐渐将东亚并入资本主义世界体系,面对西方的坚船利炮,东亚的中日两国都采取了模仿与学习的策略,开启了自己的工业化进程。不过,与中国相比,日本的工业化进程更加顺利。尽管这种顺利给了日本军国主义者错觉使之走上自我毁灭之路,但日本企业在学习西方企业先进技术与制度的同时,也结合国情进行了自己的创新,在企业史上书写了精彩篇章。

五、从模仿学习到精益生产

　　精益生产起源于日本的丰田公司,如同福特制成为大规模生产的代称一样,精益生产以丰田生产方式(Toyota Production System)为代称。丰田生产方式是丰田公司根据日本国情对大规模生产体系进行创造性调整的产物,其所获得的成功也使这种生产方式同福特制一样在企业史上具有普适性。

　　在不少国家工业革命的早期阶段,纺织业都具有某种先导性。1910年前后,日本的棉织物产地,即小型织布业聚集地,就出现了第一次动力织机化,这与丰田佐吉有密切关系。[1]丰田佐吉1867年生于日本静冈县的一个木匠家庭,在少年时代学习了木工的基本知识与技艺,是一名真正意义上的工匠。1885年,日本颁布了新的专利法,激发了丰田佐吉从事发明创造的兴趣。[2]据丰田佐吉回忆,其家乡特有的棉

[1]　阿部武司、平野恭平:《繊維産業》,日本経営史研究所2013年,第62页。

[2]　Toyota Commemorative Museum of Industry and Technology: *Toyota Commemorative Museum of Industry and Technology Guide Book*, 2014, p.5.

织业氛围使他将注意力集中于织布机:"我们村子里全是农户,每户都有手工织布机。可能是环境的影响,我渐渐对这种机器发生了兴趣。有时我整天站在那里观看附近的老太太织布。我逐渐懂得机器运转的道理。看着织成的棉布不断卷起,我越来越觉得有意思,并逐渐产生了浓厚兴趣。"[1]传统手工织布机对于扩大产量是一种桎梏,丰田佐吉从中看到了改良织布机的价值:"如果能够通过提高纺织棉布的生产效率来降低其生产成本的话,就可能为全日本带来裨益。目前日本所使用的人工织布机实在是太粗陋了。如果能够对它们加以改进升级,就可以提高织布的速度。"[2]在确立了以织布机作为发明目标后,丰田佐吉进行了大量试验,不断制造样机,乃至令其父大为不快,并被村民讥为怪人。[3]但丰田佐吉坚持从事发明。1890年东京劝业博览会召开期间,丰田佐吉曾每天前往参观进口机械。此后不久,丰田佐吉发明了木制人力织机,可将生产能力提高40%—50%,但这种手工纺机在商业上是失败的。1896年,丰田佐吉又发明了以蒸汽为动力的窄幅木铁混制动力织机,这种织机由木材和钢铁混合制成,成本较低,适合棉织物产地的小型企业购买。当时,一台德国哈特曼(Hartmann)的动力织机在日本卖872日元,丰田木铁混制动力织机只卖38日元。一名工人可同时操作3—4台该种织机,产量比传统织机提高了20倍,织出来的布的质量也有大幅提升。因此,丰田佐吉发明的动力织机促成了日本棉织业由工场手工业向工厂大工业转型。1899年,丰田佐吉与三井财阀合作生产织机。1903年,丰田佐吉发明了铁质自动织布机,定名为T型,该型织布机具有自动换梭装置,一名工人可同时操作12台。1903—1907年间生产的丰田T型自动织布机超过480台,其中有10台出口到

[1] 大野耐一:《丰田生产方式》,谢克俭等译,中国铁道出版社2006年,第89页。

[2] 佐藤正明:《丰田领导者》,王苗等译,清华大学出版社2010年,第3页。

[3] 托马斯·麦克劳等:《现代资本主义:三次工业革命中的成功者》,赵文书等译,江苏人民出版社2006年,第434页。

了中国。[1]此后，由于市场波动，丰田佐吉因研究经费被砍掉而与投资者不欢而散。1907年，丰田佐吉再度与三井财阀合作，但又一次因投资者不愿拿出大笔研发资金而失望，遂于1910年辞职并游历欧美。回国后，丰田佐吉自筹资金创办了丰田自动纺织株式会社，使用自己发明的动力织机织布，此后，他又在公司内建立了纺纱厂。第一次世界大战爆发后，公司利用战时景气迅速扩张，并于1918年改名为丰田纺织株式会社。投资纺织业为丰田公司自己制造的纺织机械提供了市场，令丰田公司的纺织机械制造活动得以存续。丰田佐吉在创业初期，采取了纵向一体化战略来克服市场狭小的困难。

依靠在第一次世界大战中通过纺织业赚到的钱，丰田佐吉继续研制自动织布机，并得到了毕业于东京帝国大学工学系机械专业的儿子丰田喜一郎的协助。丰田喜一郎改良了织机中的自动换梭装置，并设计出一种更好的断线自动停机系统。为了改良织机，丰田公司于1924年在名古屋附近建立了一家试验工厂。丰田喜一郎先制造了30台样机并将其投入运转，利用这些样机的经验消除设计上的缺陷，两年后又用200台改进过的新样机再一次进行大规模试验。[2]1926年，丰田佐吉成立了丰田自动织机株式会社。1927年，丰田G型自动织机正式投产，一名工人可以同时操作25台该型自动织机，其效率之高，令称雄世界的英国老牌纺织机械企业亦于1929年向丰田公司购买专利。凭借丰田G型自动织机的发明，日本制造业真正登上了世界舞台。

丰田佐吉的企业家精神是推动创业型企业丰田公司成功崛起的动力。丰田佐吉在《发明私记》中写道："很重要的是，要认识到，发明意味着产生一个想法并将它转化为一个实际的目标，去创造一些此前世界上从不存在的事物……本质上说，从别人此前工作中获益的奢侈是

---

[1]　Toyota Commemorative Museum of Industry and Technology: *Toyota Commemorative Museum of Industry and Technology Guide Book*, pp.49–50.

[2]　莫里斯-铃木：《日本的技术变革》，马春文等译，中国经济出版社2002年，第144页。

发明负担不起的。发明意味着动用你的头脑和身体，以罕有的勤奋工作去创造全新的事物。"他还写道："不以最大的专注度去亲自动手制造和反复测试是不可能创造出一项新发明的。制造永远不可以外包给别人，因为这会导致失败并成为巨大悔恨的来源。"[1]丰田左吉对自己发明事业成功原因的总结，指向了推崇创新的价值观以及勤奋与专注的工作态度，还强调了实践对于发明的重要性。此外，日本作为一个现代化起步较迟的东方国家，进入西方资本主义列强主导的世界体系后，在相当一段时间里地位不高，得不到列强的尊重，由此激发了日本人通过发展制造业来提升民族地位的爱国精神。这种爱国精神成为日本工业文化的重要组成部分，也影响到其企业家精神。丰田佐吉给后人留下的训诫第一条即"产业报国"，即企业要"为国家的发展和福利做出应有的奉献"[2]。1922年至1924年间，丰田佐吉在其谈话和文章中，也公开宣称日本人要用行动"去自己证明自己具有卓越的智慧"，消除西方人对日本只会模仿的偏见，尤其是："今后，我们将完全不依靠白人，而只以日本人的绝对力量完成一项大的发明。"[3]爱国精神成为丰田佐吉企业家精神中的驱动性力量。

　　丰田喜一郎协助丰田佐吉发明自动织布机后，将兴趣转向了制造汽车。1932年，丰田喜一郎正式决定研制汽车，在丰田自动织布机工厂院内一个角落的仓库里挤出了一块地方作为秘密工场。丰田喜一郎和他的团队买来了通用雪佛兰的发动机进行拆卸，把零件放在桌上整齐地排列起来，原尺寸绘制零件的侧面图，同时把每个零件的长短、重量记录下来，整理试验用的资料。丰田喜一郎说："我们要开始对过去从未接触过的汽车进行研究了，这是从入门开始的，对每个螺丝钉的

---

[1]　Toyota Commemorative Museum of Industry and Technology: *Toyota Commemorative Museum of Industry and Technology Guide Book*, p.5.

[2]　佐藤正明：《丰田领导者》，第2页。

[3]　大野耐一：《丰田生产方式》，第91—92页。

作用都必须熟练掌握。"[1] 丰田公司最初主要是通过这种测绘仿制的逆向工程来制造汽车。1933年，丰田喜一郎聘请了机床方面的权威菅隆俊，次年，菅隆俊前往美国搜集汽车零部件的材料、质量、制造工序等情报，访问了福特汽车公司与通用汽车公司的工厂，在自己事先设计的部件制造工序表中认真记录所见所闻，回国后即着手整理。1936年，该工序表整理完毕，成为丰田汽车公司的标准工序表。1934年，丰田公司开始制造发动机，菅隆俊把从福特汽车公司学到的油芯工艺在丰田的铸件上加以试用。经过努力，试制人员克服了困难，造出了第一台发动机，但试验的结果，每分钟3 000转，只有45马力，而作为样品的雪佛兰发动机则有60马力。经分析，问题可能与汽缸冒口的形状有关，于是又制作了各种形状的冒口进行试验，终于找到了在冒口内用柴油发动机引起烟雾发生漩涡运动的办法，经测试，发动机达到62马力。丰田喜一郎毫不吝啬地把200多个用不上的试验冒口弄得粉碎。1935年8月，丰田公司造出了一辆以福特牌卡车为样板的G1牌卡车。尽管性能不佳，但丰田公司终于迈出了造车的重要一步。由于试制过程充满挫折，丰田喜一郎曾在日记中写道："万一以失败告终，那就勇敢地承认自己的能力不够，干脆来个剖腹自杀。不管如何，尽最大努力地干吧！"[2] 丰田喜一郎继承了父亲丰田佐吉的事业心与创新精神。从精神文化层面看，丰田公司研制汽车的过程，是依靠自立精神自主学习国外先进技术的过程。当最初的产品试制成功后，丰田喜一郎就开始追求汽车制造的产业化，其方法则为通过投资机器设备来实现大规模生产。丰田喜一郎写道："纺织机必须以相当大量的方法制造，汽车也是一样……采用相当先进的设备，就能够生产出绝不亚于外国的物美价廉的产品……如果对购买这些机器犹豫不决，那么，最好是一开始就不

---

[1]　山本直：《丰田四十年的历程》，周宝廉等译，天津人民出版社1981年，第32—33页。

[2]　山本直：《丰田四十年的历程》，第37—40页。

要从事汽车事业。所以,要有花大量资金买机器的思想准备……我们盖起简陋的木板房……杜绝哪怕是微小的浪费来购买机床。"[1] 由此可见,丰田公司制造汽车还是引进了美国式大规模生产体系。

不过,第二次世界大战的爆发打断了丰田喜一郎制造轿车的梦想,日本军国主义政府一方面对丰田公司等国内汽车企业施加保护,另一方面强制它们只能生产军用的卡车。直到第二次世界大战结束后,丰田公司才能够重新按照自己的意愿来造汽车。战后初期,与其他日本企业一样,丰田公司经历过一个艰难而混乱的时期,但朝鲜战争创造的朝鲜特需拯救了该公司。1950 年 7 月,丰田公司的丰田英二赴美对福特汽车公司做了为期三个月的考察。福特汽车公司当时忙于制造飞机和其他军用品,对丰田英二以及随后赴美的日方人员自由开放,并在工厂管理方面给予无保留的指点。丰田英二回国后,对福特汽车公司的美国体系进行了报告:"设备、组织以及其他一切方面,其规模之大是令人惊讶的……担负着巨量材料和物资搬运任务的搬运管理最为引人注目。各式各样的原材料、部件等等,统统由互相衔接的传送机进行搬运。在这过程中,各种部件逐渐地分别组合起来,准确无误地奔向最后一条总装配线。这样的一套装置实在令人赞赏。"但是,丰田英二并不认为福特汽车公司无法学习,他向丰田喜一郎汇报:"若就人家日产8 000辆的工厂同我们日产40辆的工厂来做比较,实在是没法比。然而从内容方面来看,除了规模上相差悬殊之外,两者并没有什么大的差别。当然,机械设备的性能是不可比的,但是就具体的作业方法和工序来说,跟我们的做法是大体相同的,而在某些需要深加注意的问题上,或许我们的做法倒是更为缜密细致的。他们也并没有什么神奇妙术。如果我们想干也是可以干得成的。"[2] 在这种认识下,1952 年 2 月,丰田

---

[1] 大野耐一:《丰田生产方式》,第95页。
[2] 山本直:《丰田四十年的历程》,第16—17页。

公司确定了"生产设备五年计划"，决定着手扩大生产规模，即在不增加人员的基础上，通过增强设备的合理使用，使生产翻一番。在合理使用机器设备的同时，丰田公司还改进了生产作业，建立了立体化的作业线。[1] 可以说，丰田公司在二战后践行了战前丰田喜一郎关于投资机器设备的理念，使汽车的制造活动现代化，而其实质就是学习和引进美国的福特制，即大规模生产体系。

　　然而，出师未捷身先死，丰田喜一郎不幸于 1952 年 3 月去世，此时丰田公司才刚刚准备在汽车尤其是轿车制造上大展拳脚。1953 年 1 月，在设计工作早已进行多时后，丰田公司正式宣布要自主开发一部轿车。社长石田退三在新年致辞中说："日本的汽车产业如今已经分成了两大阵营：一个是那些为国外汽车集团军打开了日本本土大门的汽车制造商团体，另一个就是始终坚守自己的本土阵营的汽车制造商们。我们公司选择用自己的技术来制造本土汽车的道路，这是符合公司创立时的原则的。"此后，公司另一领导人丰田英二解释了丰田公司选择自主开发的缘由："也许仍然会有那么一天，我们也不得不需要寻求外国公司的联盟。但是，即使我们真的落到了这种境地，如果我们不能挖掘出我们所有的能力并且拥有一些自己的技术的话，我们在合作时就无法获得有利于自己的条件。相反，如果不拥有我们自己的技术，丰田就可能被迫和他人联盟从而造成我们完全成为他人的附庸。我们的工程部门以及其他部门的工程师们正在全力以赴，不让这种情况发生。"[2] 自主开发轿车的行动是对丰田佐吉自立精神的继承。1953 年 8 月，丰田公司完成了概念车 1 号，紧接着又推出了概念车 2 号和 3 号。1954 年 7 月，丰田皇冠轿车的生产制图完成，第一批产品于 9 月下线。1955 年元旦，丰田公司正式发布了完全依赖本土技术制造的皇冠

---

[1]　山本直：《丰田四十年的历程》，第 18 页。
[2]　佐藤正明：《丰田领导者》，第 91 页。

轿车,同时发布的还有拟用作出租车的丰田大师乘用车。而就在轿车研发工作如火如荼进行时,丰田公司的生产方式也在进行一场渐进式的变革。

在实践中摸索出新生产方式的是工程师大野耐一。大野耐一毕业于名古屋大学,起初在丰田纺织公司工作,从1947年开始试验新的生产方式。他自称:"在1960年以前,我还没有勇气把自己倾注全部心血研究出来的技术称为'丰田方式'。我把它称为'大野方式',悄悄地试行。从1960年到1970年前后,在丰田汽车工业公司内部,经过反复试行、修改后,才敢正式把它称作'丰田方式'。"[1]尽管丰田公司要学习美国经验引入大规模生产体系,但它所拥有的可以调度的资源根本无法与美国企业相提并论,所以,在实践中,丰田公司不得不对大规模生产体系进行调整,以切合日本的实际情形。大野耐一称:"'彻底制止浪费'是丰田生产方式的基本思想,而贯穿其中的两大支柱就是:(1)准时化;(2)自动化。"[2]其中,"彻底制止浪费"作为支配性理念提出来,显然是因为丰田公司在二战后还是一家规模和资源有限的小企业,在经营中难以承受资源的浪费。准时化(Just-in-Time,简称JIT)是杜绝浪费的具体手段,即在需要的时间供应需要数量的物品。从起源上看,丰田公司准时化的理念可以追溯至丰田喜一郎在1927年建立的织布机工厂里引入链式输送机在组装线上运输物料。此后,他将这一经验运用至1938年建成的汽车工厂中,试图通过工序间的有机交流来使所有的制造过程同步。在当年发表的一篇文章中,丰田喜一郎提出了"准时化体系"的概念。[3]二战后,大野耐一认识到,生产流程就是物的流动,传统的流程是前一道工序向后一道工序供应工件,但他进行了逆

---

[1]　大野耐一:《丰田生产方式》,第83页。

[2]　大野耐一:《丰田生产方式》,第6页。

[3]　Toyota Commemorative Museum of Industry and Technology: *Toyota Commemorative Museum of Industry and Technology Guide Book*, p.280.

向思考，认为如果由后一道工序在需要的时刻去向前一道工序领取需要的东西，那么前一道工序只要生产后一道工序所需的数量的物品就行了，这就避免了因工件生产多于所需而产生的浪费。经过试验，大野耐一和他的团队确定的做法是：以生产工序的最后一道总装配线为起点给装配线提出生产计划；装配线上用的零部件的运送方法，从过去由前一道工序向后一道工序运送的方式，改为由后一道工序在需要的时刻到前一道工序去领取，而前一道工序只按后一道工序领取的数量生产。在这一流程中，工人利用"看板"来领取工件或传达生产指令。[1]看板最常用的形式是在长方形塑胶套中装一枚纸卡。大野耐一称，看板是他从美国的自选超市得到的启示。[2]可以说，准时化体系实际上是一种对流水线的优化，在很多方面仍然是对美国体系的引进，但对该体系进行了别具匠心的改造。

　　丰田生产方式的另一大支柱自动化，其真正的名称应该是"人字旁的自动化"，在日语里系在汉字"动"（繁体字为動）左侧加一个"亻"，写作"働"。实际上，丰田自动织布机也应该是"自働织布机"。"人字旁的自动化"并非纯粹机器的自动化，而是强调人的参与的自动化或具有人的智慧的自动化，是丰田公司独特的理念。"人字旁的自动化"起源于丰田佐吉发明的装有自动停机装置的自动织布机，该机器在织布时，一旦发现经纱或纬线破损就会立即自动停止。后来，丰田自动织布机自动停机装置的理念被扩展为一种制造理念：当制造过程中发生异常时，应该立即停下机器或生产线。[3]大野耐一解释了"人字旁的自动化"与机器的自动化的不同之处："一按电钮就自动运转的机器愈来愈多。而且，最近，机器的性能有了很大提高，或者说已经是高速

---

[1]　大野耐一：《丰田生产方式》，第7—8页。

[2]　大野耐一：《丰田生产方式》，第33—34页。

[3]　Toyota Commemorative Museum of Industry and Technology: *Toyota Commemorative Museum of Industry and Technology Guide Book*, p.280.

化了。因此,倘若稍微发生什么异常情况,譬如不同规格的材料混进了机器……几十只、几百只不合格的残次品,眨眼间就会堆积如山。这样的自动机器,既不能防止不合格品的大量生产,也不具有自动监视机器故障的功能。"而丰田公司的"人字旁的自动化"其实质就是发现异常后的自动停止机制。[1]这一套机制,在丰田公司里,既包括各种机器设备上的自动停止装置,也包括"在手工作业的生产线上,如果发生异常,也要作业员自己按下停止开关,让生产线立即停止"[2]。可以说,"人字旁的自动化"是一种落实"不向后一道工序送次品"原则的手段。例如,加装了消除差错装置的机床作业时,一旦作业失误,加工件不接触机床的刀具,机床就不作业;如果加工件不合适,机床就不加工;如果有时忘了作业,下一道工序也不工作。[3]因此,丰田生产方式的"人字旁的自动化"与美国体系里的机器自动化体现了两种不同的思路。机器的自动化通过保证生产的连续性来实现量的扩大,"人字旁的自动化"则通过打断生产的连续性而将质量检测融入制造过程中,从而实现质的提升。机器自动化的"自动"是机器自己无意识的重复劳动,"人字旁的自动化"的"自动"是机器或人自觉反省劳动过程中的异常。进一步说,以福特制为代表的机器的自动化是刚性而不易调整的,丰田公司的"人字旁的自动化"则是柔性易调整的。

丰田公司在对福特制进行调整时,强化了注重实际效益的价值观。大野耐一用一则事例解释了丰田公司的价值观:"在参观三田总公司工厂时,有一个小企业的经营者认为,丰田是大企业,和自己没有多大关系,没有太多参考价值。但是,他到我们的生产现场仔细一看,发现他们企业中早就淘汰了的机床还在那里正常运转。对生产现场来说,最重要的是首先把作业顺序做各种各样的改变,设计一种易于使人们的

---

[1]　大野耐一:《丰田生产方式》,第9页。
[2]　大野耐一:《丰田生产方式》,第10页。
[3]　山本直:《丰田四十年的历程》,第141—142页。

劳动流水线化的车间布局。相反，如果只是突然一下采用最新式的高性能机器，就只能造成过量制造的无效劳动和浪费。"[1] 精打细算的价值观使丰田生产方式能够适应小批量快速生产，更好地满足消费者多样化的需求。用大野耐一的话说："福特方式的想法是集中生产同一工件，而丰田方式的作法则是'因为最后在市场上的每一个顾客都要买一辆与别人不同的汽车，所以在生产方面也要一辆一辆地制造，在生产零部件的阶段也要一件一件地生产，也就是贯彻了一件一件地同步生产'的精神。"[2] 丰田公司的精益生产既节省了生产成本，又更灵活地满足了消费者的需求。

得益于新的生产方式，丰田公司能够降低成本，提高经营品质。1961年，丰田公司开始研制花冠（即卡罗拉）轿车，1966年11月花冠轿车开始发售，成为当时日本同级车中最畅销的大众化汽车。1968年12月，花冠轿车实现了原定每月销售3万辆的目标，并形成了一个系列。[3] 实际上，花冠轿车的崛起与丰田公司新建工厂进行大规模生产是同步的，这也使花冠轿车与美国的福特T型车和德国的甲壳虫轿车一道在日本开启了汽车化时代。[4]1973年的石油危机冲击资本主义世界后，以丰田为代表的小排量的日本汽车开始受到欧美消费者的青睐，日本汽车工业迎来了机会。由于日本汽车在美国市场上的强劲表现，20世纪80年代美国和日本之间围绕汽车贸易发生了摩擦，而这也意味着日本企业在一个主导性的产业里实现了对世界先进企业的赶超。

丰田生产方式的成功，在很大程度上取决于管理者充分发挥了人的作用，尤其是充分尊重一线工人的主体性与创造性。不过，丰田公司的一些做法也不完全具有原创性，而是学习了美国的成熟经验。例如，

---

[1]　大野耐一：《丰田生产方式》，第61页。
[2]　大野耐一：《丰田生产方式》，第111—112页。
[3]　山本直：《丰田四十年的历程》，第79页。
[4]　佐藤正明：《丰田领导者》，第143—145页。

该公司于1951年6月开始实施的动脑筋创新建议制度就是丰田英二、斋藤尚一到美国福特公司参观后，对福特公司建议制度（Suggestion System）的引进。斋藤尚一作为总经理，很坦率地说："我们二人首先引进这种做法的理由，是因为当时'贫穷'的丰田也能够节省巨额费用。"引入该制度后，丰田公司在车间到处都设置了建议箱，无论是谁都能去围绕机械仪器的发明与改进、作业程序的新方法、材料消耗的节减等提出建议，各车间还组建了动脑筋创新小组，对提建议的人有计划地给予协助。一名老工人称："开始实行动脑筋创新，我们就对车间眼前接触到的所有的事情、东西、工作以及机器，总是抱着追求'更好'的态度。不管见到什么，总是在探求有没有更好的方法、更上算的做法、节省时间和工时的方法、消除使用材料等方面的担心和使之更便宜的方法。"[1]动脑筋建议制度充分发挥了基层工人的主体性与创造性，并为丰田公司的经营带来了实实在在的改善。这项制度引进自美国，充分说明了企业优良制度与方法的普适性，而丰田公司引进该制度的精打细算的动机，也生动诠释了精益生产以降低成本为核心的本质。

六、企业实验室与研发制度

第一次工业革命主要是由英国的经验型工匠掀起的，理论科学对当时重大技术创新所起的作用非常有限。随着工业革命的推进与扩散，企业在竞争中越来越感觉到系统化知识的重要性，开始与大学合作，进而创立自己的实验室，并演化出企业的研发制度。

德国化工企业巴斯夫公司（BASF）的演化较为典型。巴斯夫公司的创始人弗里德里希·恩格尔霍恩（Friedrich Engelhorn）1821年7月17日出生于曼海姆，其父原本是一名酿啤酒的师傅，后来当了酒

---

[1]　山本直:《丰田四十年的历程》，第157—158页。

商。恩格尔霍恩9岁时被送进一家文法学校学习，但1834年就结束了学生生涯，当了一名金银匠学徒，正式开启工匠生涯。1837年开始，这名年轻的学徒开始在欧洲各地游学，了解各门手艺，1846年，他回到曼海姆，称自己是"金匠"或"珠宝匠"，并于次年获得了城市行会的承认。于是，他开了个小作坊，并和一名啤酒师的女儿结婚，并获得一笔供自己职业自立的嫁妆。[1]得益于在欧洲的游历，恩格尔霍恩视野开阔，1848年他和一名比利时工程师还有一名曼海姆中产阶级成员开办了一家小公司，制造和销售瓶装煤气。1851年，他与人合办了一家煤气照明公司，但1865年他就将公司股份卖给了合伙人，转向新的染料生意。过去，手工业所用染料都是天然的，例如，地衣紫（orseille）作为一种红色染料，主要来自生长于中欧的地衣。而质量更好且数量更多的染料，只产于非洲马达加斯加、桑给巴尔、加那利群岛和南美洲等地。染料的来源具有稀缺性，而传统手工业对染料的提取与加工过程复杂而耗时。例如，染料土耳其红（Turkish Red）要从茜草中提取，有20道独立工序，全部完成需要6周的时间。不仅如此，传统染料提取工艺还缺乏标准化的颜色，全凭工匠的经验生产。但是，1865年，18岁的英国大学生威廉·帕金（William Henry Perkin）在伦敦皇家化学学院的实验室里合成出一种手工艺染料，开创了一个新时代。从此以后，摆脱天然原料来大量生产具有标准化质量染料的可能性出现了。[2]英国的合成染料工业遂从大学实验室里建立起来。这也是企业发展的一条新路径。科学研究开始直接从源头上对制造活动产生影响。1865年，恩格尔霍恩结束了旧事业，显然是看准了新产业的商机。

[1] Werner Abelhauser, Wolgang von Hippel, Jeffery Allen Johnson and Raymond G. Stokes: *German Industry and Global Enterprise BASF: The History of a Company*, Cambridge: Cambridge University Press, 2004, pp.7–8.

[2] Werner Abelhauser, Wolgang von Hippel, Jeffery Allen Johnson and Raymond G. Stokes: *German Industry and Global Enterprise BASF: The History of a Company*, pp.10–11.

实际上，1861年恩格尔霍恩就参与了一家染料公司的创办，这家公司后来成为巴斯夫公司的核心。公司最初只有30名工人，每周能产10英担可以用来制造染料的苯胺油，尽管发展速度不如创办者的预期，但还是带来了可观的利润回报。1862—1863财年，公司资本为100 000荷兰盾，纯利润则高达266 000荷兰盾。[1]天然染料的稀缺性为合成染料创造了巨大的市场空间。公司每一年都有新染料发现，至1867年扩张到了400名工人的规模。巴斯夫公司的新发现离不开化学家的功劳，如19世纪50年代进行了先驱性理论研究的奥古斯特·霍夫曼（August Wilhelm Hofmann）和弗里德里希·凯库莱（Friedrich August Kekulé）等人。这些化学家中还包括被誉为"德国化工研发之父"的海因里希·卡罗（Heinrich Caro）。卡罗受训于柏林的皇家商业研究所，毕业后去了慕尼黑的一家棉布印染厂工作，后来自己去英国曼彻斯特参与创办染料厂，雇用了霍夫曼的学生，合成出若干种染料。1867年，回到德意志的卡罗开始与巴斯夫公司合作。1868年初，化学家阿道夫·拜耳（Adolf Baeyer）的两名学生在柏林发现了土耳其红染料的结构，掌握了人工合成土耳其红的方法。1869年，恩格尔霍恩与这两名学生签约，购买他们的专利，并让他们到卡罗的实验室工作。在一次计划外且不受控制的实验中，卡罗意外发现用便宜的硫酸可以带来同样的结果。于是，巴斯夫公司迈向了制造茜草色素（alizarin）的道路，开始替代用天然原料制造的土耳其红。[2]茜草色素的发现过程是巴斯夫公司制造活动中的一个典型，它体现了直接运用科学实验来进行制造的变革，取代了基于经验进行制造的工匠传统，而这一变革有赖

[1]　Werner Abelhauser, Wolgang von Hippel, Jeffery Allen Johnson and Raymond G. Stokes: *German Industry and Global Enterprise BASF: The History of a Company*, pp.12–13.

[2]　Werner Abelhauser, Wolgang von Hippel, Jeffery Allen Johnson and Raymond G. Stokes: *German Industry and Global Enterprise BASF: The History of a Company*, pp.23–27.

于产业界与学术界的密切合作。1867年，霍夫曼在筹建德国化学学会时便宣称："这个新的德国化学学会的目标就是提供一个论坛，供探索性化学和应用性化学的代表交换思想，以此来强化科学与工业之间的联盟。"[1]这表明产学结合在当时的德意志是一种产业界与学界皆具有高度自觉性的行为。

进一步说，巴斯夫公司的成功在于它建立了一种具有创新能力的研发体制。这一体制被称为工业的"科学化"。该体制是一种系统化地将科学应用于制造过程的手段，既涉及制造活动的方法变革，又带来了制造活动的组织变革。用卡罗的话说："个人的表现，在早些时候很重要，但已经被团队内部有计划的协作取代了，这种协作有时接近于科学的大规模生产的水准。工厂里建立了'科学的实验室'；生产辅助活动的监管和改进被转移到受过学术训练的化学家手中；而没受过教育的工头和'老做法'的负面影响整个靠边站了。"[2]卡罗在公司内部成立了自己的实验室，到19世纪80年代中期，它成为巴斯夫公司的主实验室。通过系统地检验竞争中申请了专利的生产工艺，主实验室发挥了为巴斯夫公司的专利问题，尤其是那些与专利保护有关的问题提供科学服务的功能。[3]恩格尔霍恩的原则就是"在有可能的情况下尽可能立足于我们自己进行生产"[4]。将化学家的研究工作变成企业的内部活动，也体现了这一原则。为此，巴斯夫公司聘用了大量化学家作为其研发体制的实际力量。在恩格尔霍恩结束其对公司支配的1883年，巴

---

[1]　Johann Peter Murmann: *Knowledge and Competitive Advantage: The Coevolution of Firms, Technology, and National Institutions*, Cambridge: Cambridge University Press, 2003, p.69.

[2]　Werner Abelhauser, Wolgang von Hippel, Jeffery Allen Johnson and Raymond G. Stokes: *German Industry and Global Enterprise BASF: The History of a Company*, p.51.

[3]　Werner Abelhauser, Wolgang von Hippel, Jeffery Allen Johnson and Raymond G. Stokes: *German Industry and Global Enterprise BASF: The History of a Company*, p.54.

[4]　Werner Abelhauser, Wolgang von Hippel, Jeffery Allen Johnson and Raymond G. Stokes: *German Industry and Global Enterprise BASF: The History of a Company*, p.70.

斯夫公司已经雇用了33名化学家。到1889年，为公司实验室和工厂工作的化学家增至67人，1899年则达到了150人。早期的化学家主要来自大学，例如，卡罗用他朋友拜耳的学生来充实巴斯夫公司的研发部门，后来，很多更年轻的化学家来自理工学院。这些化学家自豪于在科学的新分支里取得的成就及其对德国经济的贡献，产生了一种促成"现代文化进步"的乐观的进步主义理念。他们相信，人类有能力运用自己的才智去解决问题，超越大自然本身的能力与产品，同时也能消除风险或使其最小化。对这些化学家来说，在巴斯夫公司工作就意味着去追求这种进步的前沿。[1] 换言之，巴斯夫公司的新型研发体制塑造了一种建立在科学进步基础上的积极创新的企业文化，而这一企业文化实际上也是19世纪末德国工业文化的一部分。卡尔·杜伊斯贝格（Carl Duisberg）是另一家德国化工大企业拜耳（Bayer）公司最初雇用的化学家，他在1904年写道："我们现在看到德国的大工厂完全由科学的化学家来管理了。靠经验做事的人已经被迫交权给受过良好教育的理论家了。"[2] 理论对经验的替代，是企业史上的一种革命。

　　19世纪德国其他的化工企业遵循了与巴斯夫公司相同的演化路径，其中就包括创办于1863年的拜耳公司。事实上，1886—1914年甚至被称为"拜耳的时代"，因为拜耳公司舍得投入研发，扩张迅猛，追赶上了规模更大的巴斯夫公司。[3] 与巴斯夫公司一样，拜耳公司雇用化学家，建立企业内部的化学实验室。1889年，杜伊斯贝格为拜耳公司建立了一座新的中央实验室。颇具特色的是，拜耳公司还为从事研发

[1]　Werner Abelhauser, Wolgang von Hippel, Jeffery Allen Johnson and Raymond G. Stokes: *German Industry and Global Enterprise BASF: The History of a Company*, pp.105–106.

[2]　Johann Peter Murmann: *Knowledge and Competitive Advantage: The Coevolution of Firms, Technology, and National Institutions*, p.82.

[3]　Johann Peter Murmann: *Knowledge and Competitive Advantage: The Coevolution of Firms, Technology, and National Institutions*, p.138.

的员工建立了一座大型图书馆,收藏各类化学书刊,以便员工们能找到关于化学发展的所有信息。到1897年,拜耳公司图书馆已经有4 000册书籍,化学家凯库莱于当年去世后,杜伊斯贝格又买下了凯库莱的7 000册私人藏书,使拜耳公司图书馆成为世界上最好的科学图书馆之一。[1]图书馆的扩充为拜耳公司的员工搜寻信息降低了成本,而信息的流动是创造新知识必不可少的条件。此外,拜耳公司还相当重视产品的品质,建立了相应的保障制度。从1887年开始,拜耳公司对所有的新染料进行系统性的检验,没有一种染料在经过精细检验前能被投入市场。据报告,1906年拜耳公司的实验室合成了2 656种新的化合物,在初步检测后有60种被拿去做更大范围的检测,而只有36种化合物最终拿到市场上出售。[2]拜耳公司严格的检验制度表明,成功的新产品研发会因其试验性而耗费巨大的成本。很显然,小企业无力负担此种成本。而拜耳公司后来居上的秘诀之一便在于努力实践大规模生产。1878年,拜耳公司共制造100种染料,到1913年,它已经制造1 800种染料。通过规模化生产,公司降低了单种染料的制造成本。为此,拜耳公司进行了基础设施建设,并改革了生产组织。19世纪末公司的一份备忘录中写道:"我们考虑完全有必要改变目前我们在每一个厂房里将中间品与染料混在一起生产的方法。为了控制质量,简化生产,以及节约成本,有必要将中间品集中于一个专门的厂房里生产。"备忘录还提到,要绝对避免将不同档次的产品混在同一个厂房里生产。[3]当规模扩大后,为了更高效地从事制造活动,企业的组织必然要发生相应的变革。拜耳公司制造活动的专门化是大规模生产的基础。依靠产学结

---

[1] Johann Peter Murmann: *Knowledge and Competitive Advantage: The Coevolution of Firms, Technology, and National Institutions*, p.151.

[2] Johann Peter Murmann: *Knowledge and Competitive Advantage: The Coevolution of Firms, Technology, and National Institutions*, pp.151−152.

[3] Johann Peter Murmann: *Knowledge and Competitive Advantage: The Coevolution of Firms, Technology, and National Institutions*, pp.143−144.

合这一先进的制造方式和大规模生产的发展思路，德国成长为世界最大的染料生产国。作为其后果，科学化的合成染料几乎摧毁了天然染料产业。

德国化工企业形成的这种模式，19世纪后期迅速扩展，成为企业的研发（R&D）制度。一些新兴产业呈现出类似的演化。美国的通用电气公司走在了前列。通用电气公司的历史可追溯至发明家爱迪生（Thomas Alva Edison）。1892年，美国的金融资本主导爱迪生的公司与其竞争对手汤姆森–豪斯顿电气公司（Thomson Houson Electric）合并为通用电气公司。在合并前，两家公司就非常重视技术研发工作，以发明来推动企业成长。尽管爱迪生本人是一个经验型发明家，但制造的科学化需要基础研究和理论研究的支撑，尤其需要大学培养科学人才。在这一方面，和德国一样，美国高等教育的发展为制造的科学化提供了基本的人力资源储备。实际上，从18世纪末美国独立之初开始，美国的大学制度就更倾向于德意志大学制度，这种制度比起同时代英国和法国的高等教育更为重视科学，要求教授们从事研究并把研究成果融入教学。[1]到19世纪50年代，自然科学在美国顶级大学哈佛和耶鲁的科学学院中站稳了脚跟，1865年建立的麻省理工学院则是一所与其他学院不同的专门致力于科学研究的学院。在麻省理工学院，以专业训练为主要任务的自然科学教育与以研究为基础的研究生教育相互促进。[2]麻省理工学院的创立者威廉·罗杰斯（William Baron Rogers）原本是弗吉尼亚大学的地理学家。1846年，罗杰斯已经有了通过科学教育促进经济发展的构想。但是，罗杰斯很清楚他的构想无法在农村地区实现，所以他离开弗吉尼亚大学，搬到了波士顿。波士顿是当时美国的工商业重镇，当地的纺织商重视科学对企业的作用，

---

[1]　亚瑟·科恩：《美国高等教育通史》，李子江译，北京大学出版社2010年，第59页。

[2]　亚瑟·科恩：《美国高等教育通史》，第98页。

雇用了化学家指导印染工序。罗杰斯向波士顿的制造商们强调科学指导在制造中的重要性，鄙视那些盲目的试验者。在波士顿企业家们的帮助下，罗杰斯获得了私人和州立基金的一些资助，以及联邦政府给予的一部分赠地，办起了学院。罗杰斯称他的学校将"开设全方位的教学课程，涉及与建设机械、动力应用、制造、机械和化工、电板和胶片印刷、矿产开发、化学分析、工程、动力和农业等有直接关系的客观知识"。他希望科学家能够通过对自然规律的理解，为各行业的工程师提供理论基础和统一框架，这使麻省理工学院区别于更加实用的工程学校。[1] 高等教育中理工科的发展，是制造科学化的前提条件。通用电气公司即受惠于麻省理工学院培养的人才。

　　通用电气公司作为电气工业这一新兴产业里的企业，雇用了很多工程师，这些工程师分布于不同的部门，负责改进产品设计与完善制造工艺。因此，公司早期已经成立了一些实验室。1896年，通用电气公司设立了标准化实验室，目的在于清洁、修理和校准电测仪器。当时，很多电学实验做得很粗陋，检测也不精确，但通用电气公司的管理层认为，工程师必须对他们仪器的读数有信心。该实验室最初只有1名员工，到1900年增加到了16人。在19世纪90年代，通用电气公司重要的内部科研机构还有计算部（Calculating Department），该部门的负责人斯坦梅茨（Charles P. Steinmetz）发明了一种有效分析交流电路的代数方法。斯坦梅茨像理论科学家那样致力于得出与电动机运转相关联的复杂变量的方程式。通过运用斯坦梅茨的理论与方法，计算部的工程师设计了通用电气公司的新型交流发电机、马达、变压器和输电系统。[2] 斯坦梅茨展示了抽象理论对于制造的强有力帮助。

---

[1] 亨利·埃兹科维茨：《麻省理工学院与创业科学的兴起》，王孙禺等译，清华大学出版社2007年，第30—32页。

[2] Leonard S. Reich: *The Making of American Industrial Research: Science and Business at GE and Bell, 1876-1926*, pp.58-59.

尽管通用电气公司是美国电气工业的领头羊,但19世纪末市场竞争的加剧使部分员工认为该公司有必要保持创新能力。在这种形势下,斯坦梅茨提议创立一个公司级别的研究实验室,他构想中的实验室要独立于制造部门,并与生产问题的干扰隔绝开来,提出在实验室里"任何人提到订单或销售就要被扔出去"。1900年9月,斯坦梅茨写信给通用电气公司的创始人之一汤姆森(Elihu Thomson)寻求支持。汤姆森很快给他回信,称:"你关于研究的计划正好是我会建议我自己做的那种。在我看来,像通用电气公司这样的大企业不能放弃持续性的研究以及拓展新领域……我确信,如果组织得当,公司会从这样一个实验室里获利甚多。"汤姆森同时给公司的另一名领导莱斯(Edwin W. Rice)写信,复述了自己的观点并写道:"……应该有一个科研实验室去对新原理进行商业应用,甚至去发现那些原理。"[1]作为爱迪生曾经的竞争对手,汤姆森看到了在企业内部进行科学研究的战略意义。为筹建实验室,公司当年聘请了麻省理工学院的科学家威利斯·惠特尼(Willis Whitney)。惠特尼学的是化学,1890年毕业后留校担任仪器员和实验室助手。后来,他去德国攻读了博士学位,回国前还在法国学习了一段时间。通用电气公司的职员在邀请惠特尼时,试图使他相信"尽管他们是工业主义者,但他们同样具有科学理想"。最初,惠特尼只是兼职为通用电气公司服务,每个学期每周花2天时间去公司,暑假则完全待在公司,公司为此每年付他2 400美元。1901年,惠特尼离开麻省理工学院,成为通用电气公司的全职雇员。[2]1902年初,莱斯向公司股东宣布建成了美国第一家工业研究实验室,指出:"尽管我们的工程师已经能够经常得到支持去发展新的原创性的设计和改进现有标

---

[1]　Leonard S. Reich: *The Making of American Industrial Research: Science and Business at GE and Bell, 1876–1926*, pp.66–67.

[2]　Leonard S. Reich: *The Making of American Industrial Research: Science and Business at GE and Bell, 1876–1926*, pp.68–69.

准，但看起来很明智的是，去年成立了一家实验室专门致力于原创性研究。希望通过这一手段能发现大量有利可图的领域。"[1]通用电气公司研究实验室得到了公司的大力支持，1910年其预算为162 000美元，1913年涨到250 000美元，1916年增至553 000美元。1910年，实验室共有47人，1916年增加到78人，1919年则达到134人。1915年，实验室搬到了专门新修的建筑里，室内建筑面积超过60 000平方英尺，有中央系统用于提供压缩空气、照明气体、真空抽吸、氢气、氧气、蒸馏水和蒸汽。建筑里还有木工场、机器车间和一个专业化的图书馆。公司为实验室花了300 000美元，其中三分之一用于设备投资。1916年的通用电气公司研究实验室成了当时美国装备最完善的实验室。[2]

通用电气公司对实验室的投资带来了回报。以照明业务为例，惠特尼在1912年组建了真空灯委员会，1914年，实验室在该委员会的指导下开展了一系列研究，如电灯泡玻璃研究、制作与检测电灯的方法研究、电灯底座与引线研究、制灯机器研究等。实验室在与电灯有关的项目上花费了90 000美元。实验室同照明工程师和生产部门密切合作，一起降低了电灯的制造成本并提高了产品品质。于是，通用电气公司能够稳步降低电灯售价，同时还能从出售的每只电灯中获取更多利润。在整个20世纪头十年，实验室持续扩大对于照明相关技术的研究，使通用电气公司能保持领先地位。1928年，通用电气公司的白炽灯销售规模占到整个美国的96%，直到1939年，公司仍然能够控制87%的美国市场。[3]在研究上的高投入成为"制造科学化"起作用的关键。

工业研究实验室不同于大学实验室，它与制造有密切关系，本身也

---

[1] Leonard S. Reich: *The Making of American Industrial Research: Science and Business at GE and Bell, 1876–1926*, p.71.

[2] Leonard S. Reich: *The Making of American Industrial Research: Science and Business at GE and Bell, 1876–1926*, p.92.

[3] Leonard S. Reich: *The Making of American Industrial Research: Science and Business at GE and Bell, 1876–1926*, pp.85–86.

要从事生产。惠特尼认为不同类型的研究需要采取不同类型的生产："在新设备的案例中，它很大程度上取决于负责生产设备的部门或工厂的工程师的新鲜感和兴趣。例如，在热阴极电子射线管的案例中，这个东西太新了，在生产中需要新的装置与方法，我们起初把管子放在实验室的生产基地里，但当我们可获得的空间里容不下它后，我们建了一个新的工厂部门，由实验室的人员在里面负责，去制造电子管……在其他情况下，我们就在实验室里小规模生产某个东西，简单地消灭生产中的麻烦，或者开发新的技术，然后把东西整个转交给工厂部门。还有一些案例中，我们对设备的处理不超出实验阶段，然后将其移交给工厂的工程师去完善，并投入生产。简单地说，我们在我们认为合适时开始生产活动，但我们认为合适的生产活动的程度在给定案例中可能多到从0至100%不等。"[1]惠特尼的话表明工业研究实验室存在着多样化的生产活动，而这也体现了其研究的多样性。实际上，通用电气公司工业研究实验室的部分研究工作相当具有基础性。1932年的诺贝尔化学奖被授予实验室成员欧文·朗缪尔（Irving Langmuir），以表彰他对于白炽灯灯丝表面物理过程所做的研究。这是第一次由工业科学家获得该项荣誉。不过，对通用电气公司来说更重要的是，朗缪尔在其职业生涯里共获取了63项美国专利，其中不少对公司大有用处。[2]制造与科学的结合在朗缪尔身上得到了极佳呈现。

除了通用电气公司外，进入20世纪后，美国尚有其他企业也建立了大型工业实验室，其代表者为贝尔（Bell）公司。贝尔公司由发明家亚历山大·贝尔（Alexander Bell）与合伙人创立于1877年，以电话的商业化起家。贝尔公司在很大程度上主导了美国电信产业的

---

[1] Leonard S. Reich: *The Making of American Industrial Research: Science and Business at GE and Bell, 1876–1926*, pp.106–107.

[2] Leonard S. Reich: *The Making of American Industrial Research: Science and Business at GE and Bell, 1876–1926*, pp.126–127.

早期发展，并建立了一个复杂的贝尔体系。1880年，美国贝尔电话公司（American Bell Telephone Company）成立。1885年，美国贝尔电话公司创立了美国电话电报公司（American Telephone and Telegraph Company，简称AT&T）。在其早期阶段，贝尔公司已经相当重视研发工作。贝尔公司的第一份年报就提到："很大一部分工作是在电力与实验部门进行的，包括测试新发明与检验电话和装置……以及同时改进短距离与长距离的电话和线路。这项工作成本很高，但它是我们公司的头等大事，必须坚持下去。"[1]但公司也进行一些基础研究。工程部1914年年度报告便称："过去一年里发展部（Development Branch）最惊人的变化或许在于其方向集中于基础研究，而花了相对较少的时间在单独的项目上……与发展部相似的是，传输部也大大转向了基础研究……很多此类研究是研究部（Research Branch）与传输部工作边界间的项目。两个部门携手并进。"[2]可见，在贝尔体系内部已经出现了整合各类研究的需求。这为创立综合性的工业实验室埋下了伏笔。贝尔公司的工程师朱厄特（Frank Jewett）宣称："大学正在生产的物理学家在光谱仪和原子结构里从事研究时很显然具有发表高质量论文的资质，但也几乎没受过基本的力学、流体力学、电学理论和热力学训练，这些是30年前大学曾教过的。我们相信，在一个工业实验室里，那些有基本的经典物理学背景的物理学家或工程师，比只懂现代物理学的物理学家有更大的价值。"[3]这指出了工业实验室对研究人才有着与大学不同的要求。朱厄特起初在麻省理工学院担任物理学教师，1904年答应了美国电话电报公司的工作邀请，年

[1] Leonard S. Reich: *The Making of American Industrial Research: Science and Business at GE and Bell, 1876−1926*, p.143.

[2] Leonard S. Reich: *The Making of American Industrial Research: Science and Business at GE and Bell, 1876−1926*, p.201.

[3] Leonard S. Reich: *The Making of American Industrial Research: Science and Business at GE and Bell, 1876−1926*, p.203.

薪为1 600美元。[1]1925年1月1日，贝尔公司的诸多实验室正式整合为贝尔实验室。贝尔实验室由朱厄特担任主席，一成立就雇有3 600余名职员，其中含2 000个技术岗，获得的预算超过12 000 000美元。[2]后来，朱厄特曾在一次发言中，指出工业实验室"只不过是一个由聪明人组成的组织，那些人想必都有些创新能力，接受过知识和科学方法方面的特殊训练。实验室提供设施和资金让他们来研究、发展与自己相关联的产业"，而企业设立的工业实验室的优势在于："可以避免盲目的试验性实验造成的许多错误。同样，针对某个具体问题，这种手段可以发挥众人的智慧，这自然远远超过任何个人可能具备的能力。"[3]然而，贝尔实验室如同杂交物种，它在工业企业内沄入了从事基础研究的大学的特性。在20世纪30年代，实验室员工不仅利用空闲时间去大学继续攻读学术课程，还通过学习小组的形式一起研读科学教材，彼此轮流讲授理论物理和实验物理领域的最新进展。学习小组的一名组员后来回忆称："在我看来，当时这些年轻的博士把一种学术概念引入了这间工业实验室中……下班时间是5点，我们就在5点15分开始……这完全是大学传统的一部分，但在当时的工业实验室内却是不合常规的。"[4]尽管贝尔实验室不是工业实验室的开创者，但较晚成立的该实验室将这种新的制造方式以一种前所未有的规模付诸实践，也意味着这种最早产生于德国的模式的成熟。

1937年，麻省理工学院电机工程系的研究生香农（Claude E. Shannon）发表了一篇论文，促进了作为计算机逻辑元件的继电器的应用。1939年，贝尔实验室的斯蒂比茨（George R. Stibitz）有感于通信系

[1] 乔恩·格特纳：《贝尔实验室与美国革新大时代》，王勇译，中信出版集团2016年，第9页。

[2] Leonard S. Reich: *The Making of American Industrial Research: Science and Business at GE and Bell, 1876–1926*, p.184.

[3] 乔恩·格特纳：《贝尔实验室与美国革新大时代》，第23页。

[4] 乔恩·格特纳：《贝尔实验室与美国革新大时代》，第33页。

统的工程师在计算复杂数字乘积时花费了大量时间，便着手设计一台机器，使之能够用继电器自动执行这些计算中所涉及的逻辑过程。这一机器实现了远距离计算。[1]当年，在香农理论的启发下，贝尔实验室造出了继电器计算机。实际上，贝尔实验室在两个方面对计算机产业的形成具有重大影响，其一为香农的理论，其二为晶体管的发明。香农在麻省理工学院的导师是曾担任工程系主任的万尼瓦尔·布什（Vannevar Bush）。万尼瓦尔·布什是"大科学"研究模式的推手，在该模式下，科学家们使政府相信学术研究可以用于发展军事技术，政府应以其资源来支持大学的研究。[2]导师布什的影响使香农进入产业界，1940年他加入了贝尔实验室。在贝尔实验室，香农按自己的兴趣做研究，他曾说："我很少对应用方面感兴趣，我更看重问题的本质。问题值得解决吗？有趣吗？"1948年，香农发表了《通信的数学理论》，其主旨之一为"信息可以被视为像质量和能量那样的物理量"，因此，"通信的基本问题就是在一个地方准确或大致复制出在另一个地点选择的信息。"[3]香农的信息理论不仅成为现代通信业的理论基础，同样成为计算机的重要理论之一。实际上，香农入职贝尔实验室不久，就敏锐地发现贝尔公司构建的系统不仅仅是一个通信网络，在一次采访中，他称："电话交换机本身就是一种计算机。"后来，香农发明了一台象棋计算机，并发表了一篇关于编程的论文，文章指出，如果人能够制造会下棋的机器，或许就可以制造能进行逻辑推理的机器，这种机器最终会在某些自动化任务中代替人类。[4]香农已经预见到计算机的潜力。尽管身处工业实验室，但香农坚持认为："科学的历史证明，有价值的结论经常来源

[1]　查尔斯·辛格主编：《技术史》第7卷，高亮华等主译，上海科技教育出版社2004年，第343页。
[2]　亨利·埃兹科维茨：《麻省理工学院与创业科学的兴起》，第64页。
[3]　乔恩·格特纳：《贝尔实验室与美国革新大时代》，第103页。
[4]　乔恩·格特纳：《贝尔实验室与美国革新大时代》，第112—113页。

于简单的好奇心。"[1]香农的成就离不开贝尔实验室对顶尖理论人才进行自由探索的包容。在20世纪50年代初,贝尔实验室的职员总数大约有9 000人,其中20%从事基础研究和应用研究,20%从事军事领域的研究,其余大多数科学家和工程师则为贝尔公司的系统规划和开发而努力。[2]贝尔实验室工业研发的多层次性支持了香农的理论创新。

　　作为通信业企业,贝尔公司需要不断开发新材料来提升通信的质量并降低通信的成本。贝尔实验室早期的一名副总裁曾告诉新员工:"从本质上说,我们的工作就是去研发一些设备,保证世界上任何地方的两个人都能够像面对面一样清晰地通话,而且要经济、高效地达到这个目的。"[3]20世纪初,可以放大电子信号的真空管,即电子管,被发明出来,并应用于通信业。真空管极大地扩大了信号系统的容量,使其能够处理更大量的信息,进而能够在承载简单信号的同时也能够承载声音和图像信号。它同时还能转发和更新由电线或电缆传输的信号,使长途有线传输成为可能。[4]然而,真空管制造过程复杂,造价也很昂贵,又很容易破裂,贝尔实验室的科学家们一直在尝试发明能够替代真空管的设备。1945年6月,贝尔实验室开始集中力量进行固态研究,意图"获得新知识,以便开发和改良全新的部件"用于通信系统。但实验室领导也认识到该项研究"非常基础,而且可能意义深远",因此贝尔公司必须提供资金支持,项目最初的投入是41.7万美元。[5]经过大量试验与试错性探索,1947年12月16日,贝尔实验室的威廉·肖克利(William Shockley)、约翰·巴丁(John Bardeen)和沃尔特·布拉顿(Walter Brattain)发明了固态晶体管,并于1956年被授予诺贝尔物理学

[1]　乔恩·格特纳:《贝尔实验室与美国革新大时代》,第113页。
[2]　乔恩·格特纳:《贝尔实验室与美国革新大时代》,第141页。
[3]　乔恩·格特纳:《贝尔实验室与美国革新大时代》,第34页。
[4]　阿尔弗雷德·钱德勒、詹姆斯·科塔达编:《信息改变了美国:驱动国家转型的力量》,万岩等译,上海远东出版社2008年,第139—140页。
[5]　乔恩·格特纳:《贝尔实验室与美国革新大时代》,第63—64页。

奖。晶体管提供了与真空管同样的电功能，但具有固态的显著优点：尺寸小、无真空、可靠、重量轻、最小的发热以及低功耗。[1]晶体管拉开了现代半导体产业的帷幕。1952年4月21日，来自世界各地30多家公司的代表在贝尔实验室参加了为期6天的晶体管研讨会，每家公司为他们的参会代表支付了25 000美元，并同贝尔实验室签约获得晶体管的制造权。[2]新技术就此扩散。尽管此后的技术路线以及企业主角都将发生变化，但信息时代的大门被推开了。

本章参考阅读文献

严鹏：《简明中国工业史（1815—2015）》，电子工业出版社，2018年

严鹏：《工匠革命：制造业的精神与文化变迁》，电子工业出版社，2020年

严鹏、关艺蕾：《产业政策启示录：工业文化的政治经济学》，电子工业出版社，2020年

严鹏、陈文佳：《工业革命：历史、理论与诠释》，社会科学文献出版社，2019年

丹尼尔·雷恩、阿瑟·贝德安：《管理思想史（第6版）》，孙健敏等译，中国人民大学出版社，2012年

乔纳森·巴伦·巴斯金、保罗·小米兰蒂：《公司财政史》，薛伯英译，中国经济出版社，2002年

兰德尔·莫克主编：《公司治理的历史：从家族企业集团到职业经理人》，许俊哲译，格致出版社，2022年

亨利·福特：《我的生活与工作》，梓浪等译，北京邮电大学出版社，2005年

沃尔特·艾萨克森：《史蒂夫·乔布斯传（修订版）》，管延圻等译，中信出版社，2014年

罗恩·彻诺：《摩根财团：美国一代银行王朝和现代金融业的崛起（1838—

---

[1]　夸克、瑟达：《半导体制造技术》，韩郑生等译，电子工业出版社2015年，第3页。

[2]　阿尔弗雷德·钱德勒、詹姆斯·科塔达编：《信息改变了美国：驱动国家转型的力量》，第177页。

1990)》,金立群译,江苏文艺出版社,2014年

特里斯坦·加斯顿·布列塔尼:《罗斯柴尔德家族》,周小兰等译,广东经济出
　　版社,2019年

托马斯·麦克劳等:《现代资本主义:三次工业革命中的成功者》,赵文书等
　　译,江苏人民出版社,2006年

孟捷、高峰:《发达资本主义经济的长波:从战后"黄金年代"到2008年金融—
　　经济危机》,格致出版社,2019年

王焕祥主编:《跨国公司经营与管理》,经济科学出版社,2011年

罗伯特·吉尔平:《跨国公司与美国霸权》,钟飞腾译,东方出版社,2011年

第三章　演化经济学作为视角

　　企业史作为一门学问，有着不同的研究路径与方法。企业属于一种经济现象，一般而言，企业史会被认为是经济史的一部分。但实际上，在商学院里研究与教授的企业史，有着不同于经济史的学术旨趣与学科边界。从学术史的角度看，企业史研究与19世纪经济学的德国历史学派存在亲缘关系，而德国历史学派与其学术对手奥地利学派共同滋养了现代演化经济学，演化经济学也为企业理论和企业史的研究提供了独特的视角。演化经济学是工业文化的学理基础，企业家精神与企业史均是工业文化的重要组成部分。

一、德国历史学派与企业史

　　最为简单地说，经济学的德国历史学派兴起于19世纪40年代李斯特（Friedrich List）和罗雪尔（Wilhelm Roscher）著作的发表，至1917年施穆勒（Gustav von Schmoller）去世时终结。在施穆勒去世时，经济学家已经普遍吸收了该学派的部分思想，该学派不再作为一个独立的学派继续存在。韦伯和桑巴特（Werner Sombart）是该学派最晚期的人物。一般来说，该学派具有一种演化的经济观，认为社会有机体不断发展变化，使用历史-归纳的方法研究经济学，强调政府在落后国家追赶中的作用，并提倡保守的改良以使社会和谐。[1]19世纪末与20世纪初，德国历史

---

[1]　斯坦利·布鲁、兰迪·格兰特：《经济思想史（第8版）》，邸晓燕等译，北京大学出版社2014年，第173—176页。

学派不仅在德国占主导地位,在世界范围内也具有广泛影响。这种影响在美国最为显著。当时,一大批美国经济学家赴德国留学,其中一些人正是施穆勒的学生。留学德国的美国经济学界领军人物包括亨利·亚当斯(Henry Carter Adams)、约翰·克拉克(John Clark)、理查德·伊利(Richard Ely)和埃德温·塞利格曼(Edwin Seligman)等。1908年的一份调查显示,接受调查的116名美国经济学家和社会学家中,有59名曾在1873年至1905年间赴德留学,其中有20名获得了博士学位。80多位被调查者指出了对自己思想影响最深的学派,其中30人认为是历史学派,8人认为是国家干预理论。施穆勒的博士生埃德温·盖伊(Edwin Gay)是哈佛商学院的开创者,他提出并推广的哈佛案例教学法是对施穆勒历史方法在企业管理研究中的运用。而盖伊只是当时在美国开办商学院的经济学家中最著名的代表,这些美国经济学家多数曾师从施穆勒或德国历史学派的其他经济学家。[1]哈佛商学院对企业史这门学问的诞生与发展有着重要意义,其学术源头便可追溯至德国历史学派。

　　1881年,日本的明治政府开始大力引进德语国家学著作,东京帝国大学成为传播德国学术思想的重要阵地。1890年,一批日本经济学家成立国家经济协会,其主要发起人大岛贞益是李斯特著作的日文译者。大岛起草的协会宣言称:"当今之世国与国之间的竞争不外乎力量的竞争,不外乎生产力的竞争。独立的问题就是财富的问题。一个国家财富的问题比贸易制度更重要。在我国目前情势下尤其如此。在目前情势下我们能采取的唯一办法就是国家经济主义,即各国以自卫自立为圭臬的经济哲学。"该协会会员除了经济学家外,还有新闻记者和政治家,对政府制定关税和补贴等产业政策具有一定影响力。[2]德国

[1]　杰弗里·霍奇逊:《经济学是如何忘记历史的:社会科学中的历史特性问题》,高伟等译,中国人民大学出版社2008年,第158—159页。

[2]　泰萨·莫里斯-铃木:《日本经济思想史》,厉江译,商务印书馆2000年,第69—70页。

历史学派经济学对工业化问题的研究，如重工业部门里大企业的兴起、企业缔结的卡特尔等垄断组织、银行对工业不断扩大的影响等，也深深吸引了第二次世界大战前的日本经济学家。[1]19世纪后期，英国经济学也酝酿出了自己的历史学派，19世纪80年代以后，德国历史学派对英国历史学派的影响集中显现出来。[2]翻译了施穆勒著作的英国历史学派经济学家阿什利（W. J. Ashley）曾在哈佛大学教授经济史，后受邀回国主持伯明翰大学新成立的商学院，并担任该学院第一位商学教授。阿什利警告他的同胞说，英国如果不能将美国的进取心和创新精神同德国、美国还有法国正蓬勃展开的针对企业和政府的专业培训结合起来，那么，在即将到来的英美竞争中，英国将越发落后。[3]阿什利的思想和实践显然受到了德国历史学派及其美国学生的影响。事实上，英国历史学派与德国历史学派一样对重商主义持肯定态度，甚至在19世纪末的英国掀起了新重商主义的思潮。英国历史学派经济学家坎宁安（William Cunningham）不仅认为"在英国历史中，政治学要比经济学更为重要"，还宣称正是重商主义体制的实施增强了英国的政治力量，使英国成为世界工厂。[4]这几乎重复了德国历史学派的论调。在近代中国，德国历史学派同样对经济学家、政府官员产生着巨大的吸引力，这是因为德国从一个分裂弱国崛起为统一的工业强国的历史，为落后国家的仁人志士树立了自强追赶的榜样。

德国19世纪中后期急剧的工业化使经济学家对企业与企业家精神等问题产生了兴趣。在施穆勒等学者眼中，伦理主要被理解为一种

---

[1] Yuichi Shionoya edit: *The German Historical School: The historical and ethical approach to economics*, London and New York: Routledge, 2014, p.173.

[2] 杰拉德·库特：《英国历史经济学：1870—1926经济史学科的兴起与新重商主义》，乔吉燕译，中国人民大学出版社2010年，第39页。

[3] 杰拉德·库特：《英国历史经济学：1870—1926经济史学科的兴起与新重商主义》，第123页。

[4] 杰拉德·库特：《英国历史经济学：1870—1926经济史学科的兴起与新重商主义》，第169页。

决定人类行为与社会体系的因素。[1]施穆勒强调价值判断在经济生活中的重要性:"价值感受和价值判断产生于一切生存领域,它们成为一种指导性、统御性的力量;如果缺少了一系列价值准则的作用,人类和社会就无法存在……经济上的价值准则,把人们为了经济目标所做的努力带进一种正确的、能够估价和比较的秩序中。"在这段论述中,施穆勒还指出宗教、道德、法律、审美、政治、科学和经济等领域的价值共存于一个社会,紧密相关而互相影响,可以统称为"文化价值"。[2]从这种文化重要性的观念出发,施穆勒批判了"经济人"模型,但是他并没有简单地否定"经济人"的"赢利心"是经济行为的动因,而是指出"赢利心"是历史演化的产物,原始的感官感觉及与之相连的生存欲望、炫耀权势的心理和自我表现的愿望等"才是促成经济行为的最先的和持久的动因"。[3]对比一下熊彼特所描述的企业家人格的非"经济人"特征,就会发现熊彼特对经济行为动机的看法与施穆勒高度接近。熊彼特明确地说企业家不是"经济人",他也使用了"梦想""征服的意志""创造的欢乐"等词语来诠释企业家精神。熊彼特的用词与施穆勒所说的非"赢利心"动机非常接近。施穆勒自称:"我关于公司、合作社、股份公司等的全部研究,均从这些企业形式的不同心理学前提出发。"[4]熊彼特认为德国历史学派的研究整体而言"相当平庸",但他也称赞了施穆勒的企业史研究:"这种研究工作的总和却大大促进了对于社会过程的精确了解。这里只列举一下这类研究的主题就够了,它们是:经济(特别是财政)政策与行政管理,社会的阶级结构,中古及其后的工业组织形式(特别是手工业行业与商人协会的组织形式),城市的

[1] Yuichi Shionoya edit: *The German Historical School: The historical and ethical approach to economics*, p.14.
[2] 古斯塔夫·冯·施穆勒:《国民经济、国民经济学及其方法》,黎刘译,商务印书馆2017年,第90—91页。
[3] 季陶达主编:《资产阶级庸俗政治经济学选辑》,商务印书馆1963年,第346页。
[4] 古斯塔夫·冯·施穆勒:《国民经济、国民经济学及其方法》,第101页。

发展、作用及结构，各工业部门、银行信用与公营企业及私营企业的演变（对公营企业及私营企业的演变的研究是施穆勒著述中最精彩的一个方面）。"[1]施穆勒将企业家视为生意的组织者与风险承担者。[2]由此可见，施穆勒的企业史研究与企业家精神研究是存在着关联的。

尽管受德国学术界影响，但19世纪末的美国企业史与企业家传记撰写呈现出不同的取向，更注重揭露大企业和垄断大亨（tycoon）的黑幕。直到1925年，企业史在美国才作为一门学科诞生于哈佛商学院，该院的教师格拉斯也是世界上第一个企业史教授。格拉斯将其企业家精神理论建立在桑巴特的资本主义演化阶段模型的基础上，将其与商人社会地位的提升联系在一起。由于哈佛商学院采用案例教学法，企业史的案例被汇编成册。例如，有一则案例探讨了英国工业革命时代的瓷器制造商韦奇伍德（Josiah Wedgwood）是如何创新性地组织瓷器的生产与销售的。从1926年起，哈佛商学院开始出版企业史研究刊物，1957年该刊定名为《企业史评论》（*Business History Review*）。1948年，部分受熊彼特的影响，哈佛大学创立了企业史研究中心（Research Center in Entrepreneurial History），也出版了自己的刊物。[3]在世界范围内，哈佛大学迄今仍然是企业史研究的重镇，而这离不开德国历史学派的学术遗产。

二、奥地利学派与企业家精神

德国历史学派经济学在其如日中天时就迎来了思想上的挑战

---

[1] 熊彼特：《经济分析史》第3卷，朱泱等译，商务印书馆1994年，第89—90页。

[2] Mark Casson, Bernard Yeung, Anuradha Basu and Nigel Wadeson edit: *The Oxford Handbook of Entrepreneurship*, p.141.

[3] Mark Casson, Bernard Yeung, Anuradha Basu and Nigel Wadeson edit: *The Oxford Handbook of Entrepreneurship*, pp.141–143.

者。1883年,奥地利经济学家卡尔·门格尔(Carl Menger)出版了《社会科学方法论特别是政治经济学方法论研究》,对历史学派的历史方法进行了攻击,施穆勒进行反击,对该书发表了一篇恶意书评,促使门格尔于1884年以《历史主义的错误》一书反唇相讥。于是,经济学史上的"方法论之争"或"方法论大争论"爆发了。[1]门格尔生于1840年,1921年去世,后来被尊为经济学奥地利学派的开创者。因此,方法论之争集中于奥地利学派与德国历史学派之间。从方法论本身的争端看,这场争执可以化约为逻辑-演绎法与历史-归纳法之争,而从两派引申的议题看,产业政策是否有用或是否必要,成为双方争议的焦点之一。奥地利学派倾向于个人主义与市场自由竞争,反对国家干预经济,自然对产业政策持否定态度。某些奥地利学派经济学家实际上是反对国家利益的世界主义者,这与拥抱普鲁士国家主义传统和支持德意志民族主义的德国历史学派完全针锋相对。客观地说,逻辑-演绎法与历史-归纳法本不应被绝对化,故熊彼特认为方法论之争纯属意气之争,他讽刺道:"(方法论之争)不仅恶感泛滥,而且带来了一长列文献,如是数十年,才逐渐平息。尽管在澄清逻辑背景方面多少也有点贡献,然而这么一大堆文献的历史实质上是浪费精力的历史,大好光阴,本来是应该更好地加以利用的。"[2]熊彼特受教于奥地利学派,但对历史方法情有独钟,故有此议。而德国历史学派与奥地利学派作为德语区的经济学,实际上具有一些共性,并共同成为现代演化经济学的思想源头。实际上,门格尔对罗雪尔表达了相当的尊重。门格尔将《国民经济学》一书献给罗雪尔,这是因为他认为罗雪尔的理论支持了演化的、历史的和自发

---

[1]　杰弗里·霍奇逊:《经济学是如何忘记历史的:社会科学中的历史特性问题》,第92—93页。

[2]　约瑟夫·熊彼特:《经济分析史》第3卷,朱泱等译,商务印书馆1994年,第98页。

的制度的思想。[1]表3-1简要概括了德国历史学派与奥地利学派的分歧与共性。

表3-1：德国历史学派与奥地利学派的分歧与共性

思想与观点	德国历史学派	奥地利学派
主导方法	历史-归纳法	逻辑-演绎法
价值取向	集体主义/民族主义	个人主义/世界主义
经济发展图景	演化/动态	演化/动态
影响经济的非经济因素	伦理、制度、文化	伦理、制度、文化
经济原理的特性	特殊性	普遍性
政策倾向	国家干预（产业政策）	自由放任（反对产业政策）
政治倾向	社会主义	自由主义
数学的应用	统计方法/数据搜集	语言描述/哲学论证
国家经济发展模型	追赶	随机
第二次世界大战后的变体	经典发展经济学	新自由主义经济学

　　与德国历史学派不同，奥地利学派作为学者自我指认的一个学派，迄今依然存在。自门格尔之后，奥地利学派的代表性学者有庞巴维克（Eugen von Böhm-Bawerk）、米塞斯（Ludwig von Mises）、哈耶克（Friedrich August von Hayek）、柯兹纳（Israel Kirzner）等。在这些学者中，米塞斯、哈耶克师徒成为光大奥地利学派的支脉，而也曾当过哈耶克老师的维塞尔（Friedrich Freiherr von Wieser）实际上是个相信国家干预可以改良社会的改良社会主义者，不太为当代的奥地利学派学者所提及。西班牙经济学家德索托作为奥地利学派的一员，比较了该学派与新古典经济学之间的根本区别，其主要指标如表3-2所示。

---

[1]　赫苏斯·韦尔塔·德索托：《奥地利学派：市场秩序与企业家创造性》，第47—48页。

表3-2：奥地利学派与新古典经济学的区别

比较的内容	奥地利学派	新古典经济学
经济学概念（基本原则）	理解为动态过程的人的行为理论（人类行为学）	决策理论：约束条件下的最大化（狭窄的"理性"概念）
方法论观	主观主义	模式化的方法论个人主义（客观主义）
社会过程的主角	创造性的企业家	经济人
信息的概念	知识和信息是主观的和分散的，它们在不断地改变（企业家创造性）	假定关于目的和手段的信息是完全的、客观的和持久的
竞争的概念	企业家争胜的过程	"完全竞争"的状态或模型
成本的概念	主观的	客观的和持久的
形式主义	（抽象的和形式的）文字的逻辑，其中引入主观时间与人的创造性	数学的形式主义
具体预测的可能性	不可能，因为未来的事件取决于尚未被创造出来的企业家知识；只有对干预生产的非协调结果进行定性的、理论的模式预测才是可能的	预测是其有意识追求的目标
作出预测的人	企业家	经济分析师（社会工程师）
投身其中的人的类型	跨学科的理论家和哲学家；极端自由主义者	经济干预领域的专家（零星社会工程）；信奉自由的程度差别很大
代表性学者	米塞斯、哈耶克、柯兹纳	科斯、萨缪尔森

资料来源：赫苏斯·韦尔塔·德索托：《奥地利学派：市场秩序与企业家创造性》，第3—5页。

　　自门格尔开始，奥地利学派就强调企业家精神。门格尔从人的欲望及其满足出发来分析经济，并将人的需求分为第一级财货即享乐资料,和高级财货即生产资料。很显然,享乐资料需要用生产资料生产出来。在讨论这一问题时,门格尔提到了企业家活动:"将高级财货变形为低级财货或第一级财货的过程,若是一个经济的过程,则无论在何种情况之下,都还为如下的条件所制约:这个条件就是需要一个经济主体来准备这个过程、指导这个过程、进行一些经济核算,并把各种高级财货(包括技术的劳动力)投入于这个过程。这就是企业家的活动……"[1]写下这段话后,门格尔加了一个注释,讨论哪些职能属于企业家活动,他分析了4点:"(1)经济情况的报告,(2)构成生产过程之前提的经济核算,(3)各种高级财货……赖以投入于一定生产的意志活动,(4)使生产计划顺利执行的监督。"在这条长注释的末尾,门格尔还提到:"认为在生产时负担风险是企业家之本质职能的……见解,我是不能同意的。因为风险不过是偶然发生的,而且获利机会是和亏本机会相对称的。"[2]在门格尔的经济理论中,企业家作为一种经济主体占据了重要地位。

企业家是一种行为主体,奥地利学派的一大特点就是重视人的行为。米塞斯写道:"人的行为是有目的的。我们也可这样说:行为是见之于活动而变成一个动作的意志,是为达成某些目的,是自我对于外界环境的刺激所作的有意义的反应,是一个人对于那个决定其生活的宇宙所作的有意识的调整。"[3]从这一预设出发,经济行为确实具有相当的主观性:"促动一个人去行为的诱因,总是某些不安逸。一个充分满足于现状的人,不会有改变事物的诱因。"[4]这一论断,为"精神"在经济活动中预留了重要的位置。不过,对历史方法持批判态度的米塞斯

---

[1]　卡尔·门格尔:《国民经济学原理》,刘絜敖译,上海人民出版社2001年,第111页。
[2]　卡尔·门格尔:《国民经济学原理》,第132—133页。
[3]　路德维希·冯·米塞斯:《人的行为》,夏道平译,上海社会科学院出版社2015年,第13页。
[4]　路德维希·冯·米塞斯:《人的行为》,第15—16页。

不打算讨论具体的企业或企业家精神，在他眼中，经济学里的企业家这类名词只能是一种抽象化的概念，反映某些功能的集合："'企业家'（entrepreneur）这个词的经济概念是属于一个社会阶层；经济史和记述经济学（descriptive economics）所用的'企业家'这个名词，是表达一个观念的类型，两者的意义截然不同。经济学里面'企业家'一词是一确定的概念，在市场经济的理论架构中，这个名词是指一项统合的功能（integrated function）……经济学家所指的企业家，包括这个阶层的全部分子，至于时间、地域和行业的部门则一概不管。在经济史里面，企业家一词所代表的一些观念类型，就会随年龄、地区、行业和许多其他特殊情况之不同而有差别。一般性的观念类型对于历史没有什么用处。"[1] 米塞斯制造了理论与历史之间的极端对立，但他所指出的理论与历史的不同取向，又非常贴切。难题只在于要协调理论与历史非常困难，而米塞斯总的态度是认为两者分属不同领域，不必强行相融。

米塞斯是资本主义的辩护士，他眼中的资本主义的制度基石是市场经济："市场经济是一个生产手段私有而行分工的社会制度。每个人为他自己的利益而行为；但每人的行为在于满足自己的需要，也同时满足别人的需要……在市场运作中没有任何强迫和压制。"[2] 需要注意的是，米塞斯作为一个理论家，而且已经宣告了经济学和历史学是两种不同的东西，所以他这里所说的市场经济只是一种理想的纯粹的观念模型，不代表历史或现实中的市场与市场经济不存在强制性。从这一市场经济模型出发，米塞斯区分了企业家和消费者，分别位于生产与消费的两端。与怀着富国强兵抱负而重视生产的德国历史学派经济学家不同，米塞斯更看重消费者，提出了消费者主权理论："在市场社会里，一切经济事情的定向是企业家们的任务。他们控制生产，他们是这条

---

[1]　路德维希·冯·米塞斯：《人的行为》，第60—61页。
[2]　路德维希·冯·米塞斯：《人的行为》，第253页。

船的掌舵者、驾驶人。肤浅的观察者以为，他们是至高无上的。但是，事实上并非如此。他们必须无条件地服从船主的命令。这位船主是消费者。决定生产什么的，既不是企业家，也不是农民，更不是资本家，而是消费者在作这个决定。如果一个企业家不严格地服从消费者经由市场价格结构传递出来的命令，他就要亏损、要破产，因而要从掌舵的高位退下来。另一位能够使消费者的需求更满足的人取代了他的地位。"[1]这是对市场经济里供求关系与竞争决定企业命运的绝佳比喻。当然，这样一种企业家少了熊彼特式企业家的能动性。事实上，米塞斯和其学生哈耶克也确实在抵制熊彼特的思想。[2]米塞斯所刻画的企业家的理论形象是："企业家，像每个行为人一样，经常是一个投机者。他应付未来的一些不确定的情况。他的成功或失败，决定于他对这些不确定的事情预测得正确与否。如果他不能领悟将来的事情，他就倒霉。企业家利润的唯一来源，是他对消费者将来的需求预料得比别人更正确些的这个能力。"[3]米塞斯式企业家同样生活于不确定性中，要靠比其竞争对手更好地预料到消费者的需求来生存。

在引入动态的经济世界后，米塞斯提到了企业家对于创新的作用："促动经济进步的工具，是来自储蓄的新资本财之累积，以及生产技术的改善；改善了的技术总要有新添的资本来利用它。经济进步的推动者是些企业家，他们志在谋取利润，而其手段则是调整自己的营业行为，以期最可满足消费者。"[4]米塞斯念念不忘的是消费者主权，他的企业家并不位于经济的神坛上。不过，他也不认为19世纪末20世纪初资本主义世界里兴起的职业经理人或企业管理者是企业家。职业经理人的兴起是企业组织复杂化也就是官僚体制化的产物，米塞斯认为"经

[1]　路德维希·冯·米塞斯：《人的行为》，第263页。
[2]　赫苏斯·韦尔塔·德索托：《奥地利学派：市场秩序与企业家创造性》，第87页。
[3]　路德维希·冯·米塞斯：《人的行为》，第278页。
[4]　路德维希·冯·米塞斯：《人的行为》，第283页。

理的功能总是帮助企业家功能的。它可使企业家解脱一部分轻微的责任"，而"企业家的功能与指挥生产要素之雇用是不可分的。企业家控制生产要素；使他赚得利润或遭受亏损的，正是这种控制"。[1]如此一来，米塞斯与熊彼特一样，对企业家仍然赋予了某种19世纪的浪漫主义余晖。那样一种企业家的世界，是小说家茨威格在20世纪的极端年代里所缅怀的"昨日的世界"。生于1881年的米塞斯写道："一个人为要在工商界有成就，不必要在工商管理学院得到学位。这些学院只训练例行工作的低级人员，绝对训练不出企业家。一个企业家不是训练出来的。一个人之成为企业家，在于把握时机、填补空隙。这需要敏锐的判断力、远见和气魄。这些都不是什么特种教育可以造就的。工商界最成功的人们，如果以学术教育水准来衡量，常常是低级的。"[2]米塞斯式企业家，也是一种19世纪末与20世纪初常见的英雄。

哈耶克生于1899年，于1974年获得诺贝尔经济学奖，他将奥地利学派带入了20世纪后半叶。哈耶克是为资本主义辩护的思想斗士，与其师米塞斯一样，他也重视市场与竞争。哈耶克写道："竞争之所以有价值，完全是因为竞争的结果是无法预见的，而且从总体上来讲，它们也不同于任何人刻意达致或原本想达致的那些结果。再则，竞争所具有的那些普遍有益的影响还必须包括这样一种情形在内，即某些特定的预期或意图会受挫乃至落空。"[3]这意味着企业家生活在竞争所带来的不确定性的世界里，必须去探索"尚未被人们利用的机会"。[4]哈耶克珍视的是"私人的创新努力和私人的企业精神"。[5]

柯兹纳生于1930年，是奥地利学派在当代之翘楚。化的理论仍然

[1] 路德维希·冯·米塞斯：《人的行为》，第290—291页。

[2] 路德维希·冯·米塞斯：《人的行为》，第298页。

[3] 冯·哈耶克：《作为一种发现过程的竞争——哈耶克经济学、历史学论文集》，邓正来译，首都经济贸易大学出版社2014年，第35页。

[4] 冯·哈耶克：《作为一种发现过程的竞争——哈耶克经济学、历史学论文集》，第48页。

[5] 冯·哈耶克：《作为一种发现过程的竞争——哈耶克经济学、历史学论文集》，第50页。

是从市场与竞争出发："随着市场过程的展开，一个时期的市场无知跟随着另一个市场无知，与此同时，无知已经在某种程度上减少了。每一个买者或者卖者根据其可选机会获得的新知识来修正他的叫价和供给，而这些新知识正是来源于他要买卖的对象，于是，买者和卖者就都期待在市场其他地方发现其所求。在这个意义上，市场过程内在地是竞争性的。"[1]他进一步推论："竞争性市场过程实质上就是企业家精神。任何时期的决策模式不同于后继时期的模式，因为市场参与者对新机会变得警觉。当他们利用这些机会时，为了进一步创利，他们的竞争行动推动价格慢慢朝机会被挤压掉的方向变动……市场参与者的经济行为中的企业家精神成分由警觉构成，这种警觉留意到环境中先前未被注意到的变化，这使得他们得以可能通过提供任何东西，进行交换从中得到比以前更多的回报。"[2] "企业家的警觉"（entrepreneurial alertness）是柯兹纳提出的重要理论，他发展了哈耶克关于竞争作为一种发现过程的论点，将企业家的警觉视为发现机会的关键。柯兹纳认为"发现即创造"，指出："未被发现的机会，或者说未被注意到的资源，在某种重大意义上，是无关乎人类历史的机会或者资源。按照我们对人类历史事件的理解，不可能有什么事件所依赖的基础，居然是人们当时并不知道其存在的某种资源。"[3]所以，柯兹纳反对新古典经济学的均衡观，但他与强调创新的熊彼特也有重大区别。柯兹纳坦言他对熊彼特赋予企业家的作用曾"表达某种不满"，在他看来，熊彼特式企业家是打破均衡的力量，然而，他更强调企业家在建立均衡中的作用："恰恰是企业家精神最终导致（至少在理论上，如果外生变化被阻止时）均衡……我不是把企业家视为先前不存在的（ex nihilo）创新念头的源

---

[1]　伊斯雷尔·柯兹纳：《竞争与企业家精神》，刘业进译，浙江大学出版社2013年，第9页。

[2]　伊斯雷尔·柯兹纳：《竞争与企业家精神》，第12页。

[3]　伊斯雷尔·柯兹纳：《市场过程的含义》，冯兴元等译，中国社会科学出版社2012年，第245—246页。

泉,而是视为对已经存在并等待被注意的机会的警觉。在经济发展中,企业家也被视为对机会的响应,而不是创建机会;视为捕捉利润机会,而不是产生出利润机会。"[1]更进一步说,柯兹纳与熊彼特存在着不同的经济观:"对熊彼特而言,企业家精神是重要的,基本在于其触发经济发展;对我而言,企业家精神是重要的,基本在于其在所有背景下使市场过程自身运行起来——经济发展的可能性仅被视为一个特别的例子。"[2]因此,熊彼特与奥地利学派仍有差异,而熊彼特对于当代经济学家的启发与奥地利学派也是不尽相同的。

福斯(Nicolai Foss)与克莱因(Peter Klein)认为,机会是被"发现"的或者是被"创造"的,都不是对机会特性的最好理解,机会应该是被"想象"的。机会是被想象的,意味着在企业家的行动完成之前,即最终产品或服务被生产出来并被卖掉前,收益与亏损不会客观地形成。[3]这两位学者强调判断在企业家精神中的重要性:"判断是为了配置资源以达到某些目标时做出的剩余的、控制性的决策。它会从每个企业家的行动中体现出来。它无法在市场上进行买卖交易,因此企业家需要拥有或者控制一家企业以实施自己的判断。简单来说,我们把这个概念分解成实现机会的若干行动:创造和评估机会,决定组合哪些资源,以及如何组合这些资源等。"[4]判断是为了应对不确定性的有目的的行动。福斯与克莱因希望将企业家精神与企业理论结合起来:"本书强调的企业家精神概念是指企业家对异质性资源进行控制来满足想象出来的消费者未来偏好这一特定环境下所进行的判断。因此,根本没有理由说明为什么如此定义的企业家精神不能出现在成熟企业中。"[5]这是

---

[1] 伊斯雷尔·柯兹纳:《竞争与企业家精神》,第61—62页。

[2] 伊斯雷尔·柯兹纳:《竞争与企业家精神》,第68页。

[3] 尼古莱·福斯、彼得·克莱因:《企业家的企业理论:研究企业的新视角》,第86页。

[4] 尼古莱·福斯、彼得·克莱因:《企业家的企业理论:研究企业的新视角》,第89页。

[5] 尼古莱·福斯、彼得·克莱因:《企业家的企业理论:研究企业的新视角》,第246页。

奥地利学派在当代的一种理论创新。

三、现代演化经济学的兴起

1982年，美国经济学家纳尔逊（Richard R Nelson）与温特（Sidney G. Winter）出版了《经济变迁的演化理论》（*An Evolutionary Theory of Economic Change*）后，"演化"一词在西方经济学界成为时髦的术语，当代演化经济学亦由此诞生。演化经济学内存在着不同的流派乃至阵营，这是因为演化经济学的源头包括德国历史学派、奥地利学派、美国老制度学派、熊彼特等，这也决定了受不同源头启发的演化经济学支脉彼此之间存在着差异乃至对立。但是，具有共性的是，演化经济学基本上都反对新古典主流经济学的世界观与方法论。演化经济学认为，经济的演化过程包含着持续的或周期性出现的新事象（novelty）和创造性。[1]因此，演化经济学不仅像德国历史学派那样重视历史，也像熊彼特和奥地利学派那样重视创新与企业家精神。

实际上，纳尔逊与温特就是新熊彼特主义者。两位作者在学术上最为感激的学者便包括熊彼特，他们认为："熊彼特指出了中肯的问题——怎样理解经济变迁，而且他的看法包含了答案的许多重要因素。"非常重要的是，他们的理论以企业为基础："我们在本书中发展一种演化理论，它论述在市场环境中经营的企业的能力和行为。"[2]纳尔逊和温特借用了生物进化论来构建其理论，这也是其理论被称为"演化"理论的原因："对于一切规则的和可以预测的企业行为方式，我们一般使用的名词是'惯例'（routine）。我们使用这一名词来包括企业

---

[1]　杰弗里·霍奇逊：《演化与制度：论演化经济学和经济学的演化》，任荣华等译，中国人民大学出版社2017年，第130页。

[2]　理查德·纳尔逊、悉尼·温特：《经济变迁的演化理论》，胡世凯译，商务印书馆1997年，第3、7页。

的各种特点,从明确规定的生产物品的技术惯例,经过雇用和解雇、订购新产品或逐步增加高度需求的物品的生产这些程序,一直到关于投资、研究与开发或做广告的政策,以及关于产品多样化和海外投资的商业战略。在我们的演化理论里,这些惯例起着基因在生物进化理论中所起的作用。惯例是有机体的持久不变的特点,并决定它可能有的行为(虽然实际的行为也由环境来决定)。今天的有机体生产出来的明天的有机体(例如,建造一座新工厂)具有许多相同的特点,在这个意义上,惯例是可以继承的。”[1]生物在遗传与变异中演化,企业也一样,既继承惯例,又发生变化,改变惯例。为了解释变化,纳尔逊与温特建立了“搜寻”的模型,他们称:“我们的搜寻概念显然相当于生物进化论中的变化概念。”[2]

于是,这个演化理论关注的核心是动态过程,企业的行为方式和市场的结果随时间推移而由该过程决定。演化过程的典型逻辑是:“在每一个时点,企业目前的经营特点、资本量的多少和其他状态的变量,决定投入和产出的水平……赢利可能性通过企业投资规则,作为各企业扩张和收缩速度的一个主要决定因素起作用。随着企业规模这样改变,同样的经营特点就会产生不同的投入和产出水平,从而产生出不同的价格和赢利可能性信号等等。……通过搜寻和选择的联合行动,企业随着时间而演变,行业在每个时期的状况带有它在下一个时期的状况的种子。”这一过程的演化性在于:“该过程不是决定论的;特别是,搜寻的结果是部分随机的。”[3]这是纳尔逊与温特的经济观,在这种图景里,经济必然会偏离均衡。他们写道:“从演化的观点来看,在任何发达的或较不发达的经济里,经济增长都会被看作一种非均衡的过程,它涉及使用不同优良技术的企业的混合状况。随着时间的推移,这些混

[1] 理查德·纳尔逊、悉尼·温特:《经济变迁的演化理论》,第19—20页。
[2] 理查德·纳尔逊、悉尼·温特:《经济变迁的演化理论》,第24页。
[3] 理查德·纳尔逊、悉尼·温特:《经济变迁的演化理论》,第24—25页。

合状况改变了。"[1]演化经济学在此呼应了熊彼特的经济发展理论。

　　搜寻是演化的关键，而搜寻意味着对新知识的学习。纳尔逊与温特认为："信息不仅是在与发现有关的活动中，而且是在创造和学习某种新东西的过程中获得的。"搜寻同样具有演化性，它是积累的："今天搜寻的结果，既是一种成功的新技术，又是明天搜寻的一个自然起点。"[2]两人用现代工业企业的研发活动论证了其抽象的理论论点，包括道格拉斯飞机的研制以及石油精炼技术的演进等，这意味着企业史对他们的演化理论来说是重要的论证工具。在进行了大量的基本理论阐述之后，纳尔逊与温特专门分析了熊彼特式竞争（Schumpeterian competition）。这是一种非均衡的动态竞争，是"一个连续的非均衡过程"，两人专门引述了熊彼特对于企业家的描述和关于创新的定义。[3]纳尔逊与温特进行了模型推导，认为熊彼特式竞争是一个会产生赢家和输家的过程："有些企业比其他企业以更大的成功跟踪出现的技术机会；前者有兴旺和增长的趋势，后者则蒙受损失和衰落。增长提供优势，使得进一步成功更为可能，而衰落造成技术陈旧和进一步衰落。"[4]在熊彼特式竞争中，技术、资本与创新无疑起着决定性作用。

　　《经济变迁的演化理论》是一本艰涩而抽象的理论著作。但这并不妨碍纳尔逊与温特开展大量企业史性质的研究，并将历史视为重要的方法。从演化角度看，复杂系统此刻的状态会深刻影响其未来相当时间内的运行，这就是演化的路径依赖，换言之，历史在起重要作用。[5]对历史重要性的体认是纳尔逊、温特等学者与德国历史学派的共识，也使这些现代演化经济学家使用历史方法研究经济。纳尔逊本人在他

[1]　理查德·纳尔逊、悉尼·温特：《经济变迁的演化理论》，第260页。
[2]　理查德·纳尔逊、悉尼·温特：《经济变迁的演化理论》，第283页。
[3]　理查德·纳尔逊、悉尼·温特：《经济变迁的演化理论》，第302—303页。
[4]　理查德·纳尔逊、悉尼·温特：《经济变迁的演化理论》，第354—355页。
[5]　理查德·纳尔森：《经济增长的源泉》，汤光华等译，中国经济出版社2001年，第2页。

的部分研究中采用了历史主义的方法,即"更加贴近各种详尽的经验材料,且用文字加以表述,而不用数学形式"[1]。纳尔逊、温特和马雷尔巴(Franco Malerba)等人将这种研究方法所得出的理论称为"鉴赏式理论"(appreciative theory),这种理论贴近经济学家所观测到的实证现象,有助于理论的言辞表达,让人弄懂现象,并更好地感知本质上非量化的事物。[2]尽管"鉴赏式理论"并非前述演化经济学家所认可的唯一类型的理论,但他们认为理论应该追求对"发生了什么"有一个合理的抽象化表达,这就使演化经济学始终具有亲历史(history-friendly)的性质。因为历史研究的主要任务之一就是探寻"发生了什么"。纳尔逊等人还明确指出,"鉴赏式理论"的源头可以追溯至反对"形式化理论"的德国历史学派。[3]这种方法论必然使演化经济学的研究倚重企业史,也使企业史研究能够运用演化经济学的理论与方法。

以纳尔逊和温特为代表的演化经济学家将企业定义为一种改变经济决策规则的普遍活动,其重点在于将新奇(novelty)引入任何层次的经济结构中,而新的行为方式一般建立在新的信念和很多种类的新知识的基础上。与之相应的是,企业家被定义为引起规则变化并影响其实施效果的代理人。[4]这一论点指出了企业是一种由企业家作为代理人推动创新的组织,而创新的基础是知识。企业要实现创新,必须从外部或内部产生新的知识。基于这种企业观,温特区分了企业理论中的四种当代范式,如表3-3所示,从中可见,演化经济学的企业理论是一种预设有限理性下侧重讨论生产问题的理论。新奇的创造本身就是一种生产。新熊彼特主义演化经济学对生产的重视继承了熊彼特的传

[1] 理查德·纳尔森:《经济增长的源泉》,第2页。

[2] 弗朗科·马雷尔巴等:《高科技产业创新与演化:基于历史友好模型》,李东红等译,机械工业出版社2019年,第27—28页。

[3] 弗朗科·马雷尔巴等:《高科技产业创新与演化:基于历史友好模型》,第26、29页。

[4] Mark Casson, Bernard Yeung, Anuradha Basu and Nigel Wadeson edit: *The Oxford Handbook of Entrepreneurship*, p.61.

统,与奥地利学派的米塞斯、柯兹纳等人不同。

表3-3：企业理论中的四种当代范式示意

对理性的态度	中 心 问 题	
	生　产	交　换
无限	正统教科书范式	正统修正范式
有限	演化经济学范式	交易成本经济学范式

资料来源：奥利弗·威廉姆森、西德尼·温特编：《企业的性质》,第283页。

　　在演化视角下,历史对企业是重要的。因为企业作为知识的贮藏库,必须靠时间去积累知识。温特举例称:"考察财富500强中的顶尖企业,你通常会发现某些企业在其主要产品线的鼻祖发明后就长期存在,或者先于这些发明存在,并在这些鼻祖生产线的早期阶段就很活跃。"[1]对企业来说,能力是贯穿其内部历史的一条主线。这也是演化经济学对于企业史所贡献的理论视角。

四、工业文化的学理基础

　　工业文化是一个跨学科的概念,但工业是一种经济事物,由工业衍生出的工业文化就可以是经济学研究的对象。从世界范围看,中国研究者率先将工业文化这个词作为一种专门概念初步进行了体系化的理论探讨。王新哲、孙星与罗民认为工业文化有广义与狭义之分,狭义的工业文化"是伴随工业化进程而形成的,包含工业发展中的物质文化、制度文化和精神文化的总和"。就这几种类型的文化来说,"工业物质文化是基础和前提;工业制度文化是协调和保障;工业精神文化是核

---

[1]　奥利弗·威廉姆森、西德尼·温特编：《企业的性质》,第280页。

心和根本"[1]。事实上,工业文化作为一种实际事物的存在,远早于其作为名词概念的提出。在现代工业诞生前,世界各地的人们在从事制造业活动时,就形成了与制造业相关的模式化的思想与观念,其中既包括欧洲重商主义时代对制造业的推崇,也包括中国传统经济思想中对制造业的贬抑。尽管重商主义是一个值得专门探讨的概念,但一般的经济学史论著都会指出,限制制造业产品进口而鼓励制造业产品出口是重商主义的要点之一。[2]这种推崇与肯定制造业发展的价值观,有利于现代工业的兴起,并成为现代工业诞生后与其相匹配的思想与观念体系。从这个角度说,对制造业或工业发展持肯定态度并因此同现代工业相匹配的思想与观念体系,就是一种工业文化。

工业文化是有利于工业发展的社会价值观体系。资源的稀缺性是经济学赖以成立的基础,人类在从事经济活动时必须对有限的资源进行分配,社会价值观所产生的偏好影响着不同类型经济活动获取资源的规模,并由此对经济活动的效果产生直接影响。这并不是说社会价值观即文化对经济活动具有决定性的作用,但不同的观念偏好确实会强化或阻碍不同类型的活动。例如,19世纪末20世纪初的中国已经开始工业化,这是中国经济发展内在的要求,但是,当企业家荣氏兄弟在无锡创建工厂时,当地士绅以工厂烟囱破坏风水为由要求衙门从速制止,荣氏兄弟中的荣德生后来感慨"彼时风气如此"。[3]他所说的"风气"也就是作为地方社会价值观的文化。这件事虽然因荣氏企业股东在官场有门路而平息,但可以假设,若士绅得逞,无锡的现代工业发展将会延缓。再如,英国工业革命初期曾出现工匠以暴力捣毁机器的卢德(Luddite)运动,研究表明,经济动因并不是暴力行为的全部理由,传

---

[1] 王新哲、孙星、罗民:《工业文化》,电子工业出版社2016年,第40页。

[2] 马克·布劳格:《经济理论的回顾(第五版)》,姚开建译,中国人民大学出版社2009年,第2页。

[3] 荣德生:《荣德生文集》,上海古籍出版社2002年,第39页。

统手工业中工匠们自尊又自信的文化同样起了作用。[1]这类反对现代工业的价值观确实延缓了工业革命的展开。1786年，一位西英格兰的企业家写道："如果我们试图在王国的此地引入机器，我们的生命与财产将面临极大的危险。"[2]1796年秋天，梅尔科舍姆的一位企业家的财产受到了攻击，并收到了一封措辞严厉的警告信，其结果是当地直到1803年前再无引入机器的行为。[3]当然，也存在文化或价值观促进工业发展的正面案例。例如，韩国在朴正熙时代开始培育重工业时，副总理南德祐以经济学家的身份忧心韩国完全缺乏发展重工业的条件，朴正熙却不为所动，他说："国家的工业实力取决于重工业。"[4]因此，韩国后来成功地完成了重工业化并非经济自然发展的产物，而是韩国政府在民族主义的文化观念支配下一意推动的结果。

　　19世纪的德国在快速工业化的同时产生了一系列经济与社会问题，这些问题驱使德国历史学派从不同角度探讨工业与文化之间的关系，形成了工业文化的原始理论与命题。工业文化这一概念的成立，首先就在于它必须是一种支持与肯定工业发展的思想与观念体系。德国历史学派在经济学史上是旗帜鲜明主张工业化的学术共同体，也是孕育了工业文化的重商主义在学术上的继承者。该学派的先驱李斯特认为工业可以使人类更好地利用资源来创造财富："工业可以使无数的自然资源和天然力量转化为生产资本……农业国家自己建立了工业以后，就会使原未完全搁呆不动的天然力量有活跃的机会，使原来全无价值的自然资源成为宝贵的财富。"[5]他鼓励后发展国家树

[1]　汤普森：《英国工人阶级的形成》（下），第626页。
[2]　Adrian Randall: *Before the Luddites: Custom, community and machinery in the English woollen industry, 1776–1809*, Cambridge: Cambridge University Press, 2004, p.104.
[3]　Adrian Randall: *Before the Luddites: Custom, community and machinery in the English woollen industry, 1776–1809*, pp.128–129.
[4]　Mark L. Clifford: *Troubled Tiger: The Unauthorised Biography of Korea, Inc*, New York: M.E.Sharpe, Inc, 1997, p.106.
[5]　李斯特：《政治经济学的国民体系》，陈万煦译，商务印书馆1961年，第212—213页。

立追赶英国的信心："任何别的国家……看到英国在工业、航运和商业方面的进步，不必感到气馁，它们也可以急起直追，取得与英国同样的工业优势。"[1]李斯特在理论上的一个创见是将资本划分为物质资本和精神资本，他称："当提到资本时，显然应该确切表明，它所指的究竟是物质资本，即生产中的物质工具，还是精神资本，即个人所固有的或个人从社会环境和政治环境得来的精神力量和体力。"[2]李斯特所说的精神资本，基本上等同于一个国家或民族的文化。他以一种简单而有力的推论阐明了精神对于经济活动的重要性："我们说财富的起因是劳动……于是接着就发生了这样一个问题，促使头脑和手足从事生产、从事于这类活动的是什么？我们说，这是对个人有鼓励、激发作用的那种精神力量"，进一步说，"精神劳动具有生产性"。[3]与重商主义的制造业崇拜相比，德国历史学派的学者通过构建生产力理论、精神资本理论等抽象理论，给了工业文化以更稳固的学理支撑。在此基础上，现代演化经济学尤其是演化发展经济学又更进一步，在对创新的研究中，解释了创新具有部门异质性。工业文化始终是一种强调工业重要性的具有部门偏好性的思想与观念体系，故创新的部门偏好性能够成为工业文化在学术上赖以成立的理论内核。演化经济学在继承德国历史学派思想与方法基础上的理论创新，为工业文化的研究构筑了基本的学理基础。

由于演化经济学包含了德国历史学派、熊彼特等学术传统，以演化经济学为学理基础的工业文化也就包含了企业史与企业家精神。企业史与企业家精神是工业文化的重要组成部分，这同样意味着，企业史与企业家精神能够促进现代工业乃至现代经济的发展。历史是对过去的记录，但它同样也是面向未来的。

---

[1]　李斯特：《政治经济学的国民体系》，第189页。
[2]　李斯特：《政治经济学的国民体系》，第216页。
[3]　李斯特：《政治经济学的国民体系》，第135—136页。

五、工业文化与企业家精神盛衰

熊彼特界定的企业家精神虽然以创新为内核，但同样包括一种现代工业发展所必需的勤奋进取型人格。工业是现代经济中实体部门的主体，实业精神指一种推崇工业等实体经济并崇尚勤奋进取等工作伦理的价值观体系。在一定范围内，实业精神就是一种企业家精神。实业精神是工业文化的核心。学者讨论企业家精神的盛衰时，往往以实业精神为研究对象。

实业精神是一种社会心态，与现代经济存在着协同演化的相关性。迈克尔·波特（Michael Porter）提到："民族荣耀或使命感也会影响产业精英、持股人和资金的走向，进而带动特定的产业发展，因为这种荣誉感会使产业心甘情愿地投注无穷的精力。"[1]波特在此处揭示了社会心态作用于经济发展的一般性机制。金德尔伯格（Charles P. Kindleberger）在审视了1500—1990年世界经济霸权的更迭史后指出："处于蓬勃发展时期的国家均觉得自己独特，并且对未来踌躇满志。但在后期，它们对自己的例外论变得越来越没信心，并且常常带着怀旧的情绪回顾过去某个或某些黄金年代。"[2]金德尔伯格的结论表明，国家兴起时与衰落时会呈现出不同的文化景观，一国在经济发展与衰退时期存在着明显不同的社会心态。格申克龙（Alexander Gerschenkron）同样观察到了可视为实业精神的社会心态与工业革命之间的关系："在一个落后的国家中，大规模和突然发动的工业化努力则要求一种精神状态的更新（New Deal）。那些带来这种巨大转变的人，以及被这种转变施加了压力的人，一定都会感觉到马修·阿诺尔德（Matthew

[1]　迈克尔·波特：《国家竞争优势》（上），李明轩等译，中信出版社2012年，第102页。
[2]　查尔斯·金德尔伯格：《世界经济霸权（1500—1990）》，高祖贵译，商务印书馆2003年，第348页。

Arnold）所说的话：……扫清了舞台，驱散了过去，新时代到来。"[1] 以史为证，在英国工业革命时期，传记作家们热衷于建构关于发明家通过勤奋而非灵感取得成功的英雄叙事，以此向社会大众灌输勤奋进取和踏实苦干的价值观。[2] 经济史的经验表明，实业精神与一个国家的大规模工业发展乃至整个经济的上升存在着正相关性。当然，国家在工业衰退或者走下坡路时，也存在着可辨识的社会心态，其一般性特征为对制造业所依赖的劳动的鄙夷，对向外扩张的厌倦或恐惧，以及越来越多地转向内省与追求文雅。由于这种社会心态集中体现于非生产性的食利者（rentier）阶层，或许可称之为食利者文化。荷兰的文化转变堪称一个典型。在荷兰的扩张时代，荷兰社会的典型心态是"挣钱多、花销少"。[3] 而到了荷兰走下坡路的时代，该国三代以上经商的家族少之又少，贫富分化严重，最卓越的资本家热衷于投资政府债券和外债而非工商企业。[4] 然而，荷兰的文学艺术却在这种实体经济虚化的氛围中繁荣一时。这里的实业精神就是企业家精神。经济史上最近的案例发生在日本。在日本制造业追赶西方的漫长崛起时代，该国工业界洋溢着产业报国和拼命工作的实业精神，但在20世纪90年代金融泡沫破灭后，与日本制造业空心化相伴随的则是年轻一代不愿奋斗的心态抬头壮大。曾担任丰田公司社长的石田退三便极为讨厌"打工者心态"或朝九晚五的态度，他喜欢对下属说："战后的日本缺乏足够的自力更生精神，当我说到'胆量'的时候，我其实更多的是指那些旧时代遗传下来的武士道。如果你们对此没有概念的话，那就去看看大阪的船场商

---

[1]　亚历山大·格申克龙：《经济落后的历史透视》，张凤林译，商务印书馆2009年，第30页。

[2]　Christine MacLeod: *Heroes of Invention: Technology, Liberalism and British Identity, 1750—1914*, Cambridge: Cambridge University Press, 2007, p.173.

[3]　约翰·赫伊津哈：《17世纪的荷兰文明》，何道宽译，花城出版社2010年，第46—47页。

[4]　戴维·兰德斯、乔尔·莫克等编著：《历史上的企业家精神：从古代美索不达米亚到现代》，姜井勇译，中信出版社2016年，第209页。

家,他们身上具备的强烈的自主精神。"[1]与前述荷兰的案例不同,日本年轻世代的问题牵涉到阶级分化下的中产阶级下滑困境,并未完全转向食利阶层的主导,但为了表述与分析的方便,此处仍将这种与实业精神相对立的社会心态称为食利者文化,因其逃避奋斗与收缩内省的表征是一致的。

通过分析经济史,可以看到,在现代经济兴起与演化的过程中,存在着两种社会心态,可分别称为实业精神与食利者文化。实业精神因其对制造业等实体部门的偏好,以及勤奋进取的工作伦理,在宏观与微观两个层面上促进了现代工业的发展,进而成为国家经济繁荣时期的社会风貌。与之相对立的是,食利者文化在观念上并不偏好制造业,更重视财富本身而非创造财富的劳动,与金融等非实体部门有更深的关系,但这种文化在一国成为主导性的社会心态时,该国在国际竞争中通常居于颓势。

发展工业并非一种理所当然的观念,勤奋敬业也并非一种普遍的美德。包含制造业偏好与进取心态的实业精神,是在历史中逐渐演化形成的。在历史上,实业精神不仅在国家和地区间分布不平衡,而且存在着盛衰变动的轨迹。实业精神的盛衰,从政治经济学的角度看,是一种长波下的社会心态变动周期。关于长波的各派理论及其相关争议,此处不赘述。可以确定的是,对资本主义世界体系而言,存在着不同的周期,长波的重要性在于,它的时长涵盖了国家兴衰的周期与经济演化的长期趋势,适于作为分析社会心态等大规模社会现象的框架。尽管现代经济是由18世纪中叶发生的工业革命驱动的,但资本主义世界体系的历史可以追溯至14世纪末,在工业革命前,长波已经存在,受长波影响的国家兴衰、经济变迁与社会心态变动,早已形成叠加在一起的周期,如相互咬合的齿轮般推动着现代历史前进。

---

[1]　佐藤正明:《丰田领导者》,第134页。

如前所述,以重视生产为核心价值观的文化即实业精神有助于一国制造业的发展,反之,当一国制造业衰退甚或根本未发展时,通常会由非生产性的食利者文化占据社会主流。实际上,当一国文化氛围由以实业精神为核心的工业文化主导时,政府通常会施行一些产业政策,促进制造业发展,因此,产业政策的推行既受益于以实业精神为核心的工业文化,它本身亦是工业文化的一部分。世界体系论学派的马克思主义学者阿锐基(Giovanni Arrighi)将马克思关于资本的一般公式MCM′运用于对世界体系的分析中,指出近代以来,世界体系反复出现物质扩张的资本积累阶段(MC阶段)以及金融再生与扩张阶段(CM′阶段)的交替更迭。[1]这一理论与长波是契合的。很显然,在长波不同的阶段,流行着不同的文化。与物质扩张的资本积累阶段相适应的是发奋进取的工业文化,在该阶段,工业文化很可能不局限于一国,而成为依靠产业政策互相竞争的诸国共享的价值观。到了金融再生与扩张阶段,沉迷于消费和依赖金融投机的丰裕社会取代克勤克俭的奋斗社会,各国风气出现变化,经济政策也由积极干预而变为消极放任。这种描述当然只是一种抽象的理论概括,并非对历史的精确还原,但世界体系演化进程中存在着工业文化与食利者文化的交替,确实同体系的不同资本积累阶段的交替相一致。表3-4为世界体系的不同积累阶段与相应的文化类型,不同的文化类型倾向于不同种类的经济政策。

表3-4:世界体系的积累阶段与文化类型

积累阶段	社会类型	文化类型	经济政策倾向性
物质扩张(MC)	奋斗社会	工业文化/生产主义	积极干预
金融再生(CM′)	丰裕社会	食利者文化/消费主义	消极放任

[1]　杰奥瓦尼·阿锐基:《漫长的20世纪:金钱、权力与我们社会的根源》,姚乃强等译,江苏人民出版社2001年,第7页。

　　因此,从长期历史看,社会心态变动周期是由资本主义世界体系的积累阶段决定的,在物质扩张阶段,资本积累带来了一种重视生产的勤奋进取的实业精神,其本身也受到这种精神的推动,制造业等实体部门欣欣向荣,在财富积累与社会地位上升的预期下,社会洋溢着奋斗上进的集体心态,并与物质扩张形成相互促进的循环;到了金融再生阶段,实体部门的财富积累日益困难,投机心态与食利心态取代了克勤克俭的实业精神,此前积累所造就的丰裕社会催生了消费主义,贫富分化的加剧与加速削弱了社会整体的奋斗动机,社会心态遂进入新的周期,并强化经济的脱实向虚趋向。范・杜因(J. J. Van Duijn)认为,基础设施投资是长波的一个成因。[1]毫无疑问,基础设施投资会强化实体部门的物质扩张。表3-5系范・杜因总结的长波阶段的宏观经济特征。

表3-5: 长波阶段的宏观经济特征

特　征	萧　条	复　苏	繁　荣	衰　退
国民生产总值	很少或没有增长	增长率提高	高增长	增长率下降
投资需求	生产能力过剩;合理化	更新投资增加	资本存量强烈扩张	投资规模增加
消费需求	以储蓄减少为代价,暂时继续增长	购买力寻求新的出路	所有部门的需求扩张	新的部门继续增长

资料来源:范・杜因:《经济长波与创新》,第157页。

　　实业精神可以理解为一种在实体部门扩张的冲动,在长波中与繁荣阶段最为匹配。不过,不能机械地去理解这种匹配。首先,正如时滞是经济周期产生的基础,[2]实业精神作为与投资密切相关的社会心态,同样存在时滞,这决定了实业精神与长波不同阶段不存在机械的对应

---

[1]　范・杜因:《经济长波与创新》,刘守英等译,上海译文出版社,第142—146页。

[2]　范・杜因:《经济长波与创新》,第15页。

关系。其次,更为重要的是,社会学家早已指出,相对于物质层面的社会变迁,社会观念的变化更加缓慢,因此,包括实业精神在内的社会心态有可能成为一种相对稳定的深层结构,与经济生活有着不同的周期。这种周期的不同步,可以解释一些国家或地区的工业革命在经济上已经有利可图时,在社会层面却遭到保守心态的抵制。文化具有现实的功能与物质的动机,但文化本身能够以一种非经济人理性的逻辑影响经济活动。进一步说,由于周期的不同步,在整个世界体系内,社会心态会随着积累阶段的交替而出现循环变动,对特定国家与地区来说,社会心态的变动虽然也具有周期性,但实业精神衰退后的复兴极为困难。实业精神在空间分布上的动态不平衡与世界体系内的国家地位变动也存在明显的相关性。

总而言之,以实业精神为核心的工业文化受制于世界体系不同的积累阶段,本身存在着周期性的变动。但是,文化具有自身的相对独立性与作为社会深层结构的稳定性,可以通过教育等手段对社会个体的生命周期造成全面的影响,进而通过社会个体反作用于企业和国家。因此,通过国家政策建构的社会心态,在一定程度上具有独立于长波的可能性,能够在长波的不同阶段里尽可能地将资源导入实体经济。这一工业文化理论,为以教育和科普等手段在社会上弘扬企业家精神提供了学理依据。

本章参考阅读文献

贾根良:《演化经济学导论》,中国人民大学出版社,2015年

杨虎涛:《演化经济学讲义——方法论与思想史》,科学出版社,2011年

埃里克·赖纳特、贾根良主编:《穷国的国富论:演化发展经济学论文选》,贾根良等译,高等教育出版社,2007年

杰弗里·霍奇逊:《经济学是如何忘记历史的:社会科学中的历史特性问题》,

高伟等译,中国人民大学出版社,2008年

赫苏斯·韦尔塔·德索托:《奥地利学派:市场秩序与企业家创造性》,朱海就译,浙江大学出版社,2010年

尼古莱、福斯,彼得·克莱因:《企业家的企业理论:研究企业的新视角》,朱海就等译,中国社会科学出版社,2020年

托马斯·麦克劳:《创新的先知:熊彼特传》,陈叶盛等译,东方出版中心,2021年

斯坦利·布鲁、兰迪·格兰特:《经济思想史(第8版)》,邸晓燕等译,北京大学出版社,2014年

张林:《从多元到新古典霸权:20世纪上半叶经济学在美国的发展及其影响》,商务印书馆,2021年

理查德·纳尔逊、悉尼·温特:《经济变迁的演化理论》,胡世凯译,商务印书馆,1997年

弗朗科·马雷尔巴等:《高科技产业创新与演化:基于历史友好模型》,李东红等译,机械工业出版社,2019年

詹·法格博格等编:《创新研究:演化与未来挑战》,陈凯华等译,科学出版社,2018年

戴维·兰德斯、乔尔·莫克等编著:《历史上的企业家精神:从古代美索不达米亚到现代》,姜井勇译,中信出版社,2016年

杰弗里·琼斯、黄蕾、徐淑云:《全球企业史研究综述》,《东南学术》2017年第3期

沃尔特·弗里德曼、郑舒翔:《当代美国企业史研究的三大主题》,《东南学术》2017年第3期

林立强:《美国企业史方法论研究:缘起、现状与趋势》,《福州大学学报(哲学社会科学版)》2019年第5期

林彦樱、井泽龙:《日本"产业经营史"研究的源流》,《福州大学学报(哲学社会科学版)》2019年第5期

高超群:《中国近代企业史的研究范式及其转型》,《清华大学学报(哲学社会科学版)》2015年第6期

巫云仙:《中国企业史百年研究:融合与分立的发展逻辑》,《东南学术》2021

年第6期

李玉:《关于中国近代企业制度研究的若干思考》,《江海学刊》2015年第5期

周小兰:《21世纪法国企业史研究的新动向》,《世界历史》2013年第1期

严鹏:《工业文化的学理基础:对经济学史的分析》,《华中师范大学学报(人文社会科学版)》2022年第6期

第四章　企业作为创新的主体

　　企业是创新的主体。演化经济学以创新为其核心研究主题,在很大程度上就是在研究企业。经济学家们区分了不同类型的创新,对企业而言,既可能实施单一的创新战略,也可能会同时进行不同类型的创新。在企业创新的基础上,演化经济学发展出了国家创新体系与部门创新体系的理论,这两种体系构成了企业创新所不可脱离的环境。中国学者结合本国企业史案例,提出了自主创新理论,它是对演化经济学的一种发展。创新是需要长期积累的,本章收录了在光刻机领域独占鳌头的企业荷兰ASML公司(阿斯麦)的案例,从企业史的角度呈现创新所需要的条件。

一、创新的定义与基本类型

　　熊彼特又被称为"创新经济学之父",因其反对新古典经济学静态的经济观,认为现代经济的本质就在于经济系统必然趋向于偏离均衡。[1]熊彼特所提出的创造性毁灭(Creative Destruction,或译为创造性破坏)理论,刻画了现代经济因创新而出现结构性变化的特征。从其文字表述看,他所说的创新就是指各种层面上的工业革命:"国内国

---

[1]　布朗温・霍尔、内森・罗森伯格主编:《创新经济学手册》第一卷,上海市科学学研究所译,上海交通大学出版社2017年,第4—5页。

外新市场的开辟,从手工作坊和工场到像美国钢铁公司这种企业的组织发展,说明了产业突变(industrial mutation)的同样过程——如果我可以使用这个生物学术语的话——它不断地从内部使这个经济结构革命化,不断地破坏旧结构,不断地创造新结构。这个创造性破坏的过程,就是资本主义的本质性的事实。"[1]此处的资本主义,实际指的是以市场经济为基础的现代经济体系。必须指出的是,熊彼特的理论受到过马克思的影响,在引述了马克思关于资本主义竞争与积累的理论后,他称:"马克思比同时代任何别的经济学家更清楚地看到这个产业变化的过程,更全面地理解它的关键重要性。"[2]因此,对于尊熊彼特为奠基者的现代创新经济学(Economics of Innovation)来说,马克思主义政治经济学也是重要的学术源头与理论灵感之一。事实上,有创新经济学家认为,马克思认识到创新在现代经济发展中的绝对中心地位,其特别的贡献是认识到创新在竞争性斗争中的作用。[3]必须注意的是,创新经济学与演化经济学高度重合,有时候也会被统称为演化与创新经济学。创办于2008年的学术期刊《演化与创新经济学评论》,即由中国演化经济学年会协办,其收录论文在演化与创新两个方面具有很强的交叉性。

　　自熊彼特以来,经济学对创新的探讨已经有了深厚的积累,形成了庞大的理论体系。经济学家通常以对创新和发明的区分来界定创新:"发明是指首次提出一种新产品或新工艺的想法;而创新则是首次尝试将这个想法付诸实践……在多数情况下,二者之间有着明显的时间差。事实上,几十年甚至更长的时间差都是正常的。"[4]很多新发明在

[1]　约瑟夫·熊彼特:《资本主义、社会主义与民主》,吴良健译,商务印书馆1999年,第146—147页。

[2]　约瑟夫·熊彼特:《资本主义、社会主义与民主》,第81页。

[3]　彼得·斯旺:《创新经济学》,韦倩译,格致出版社2013年,第7页。

[4]　詹·法格博格等主编:《牛津创新手册》,柳卸林等译,东方出版中心2021年,第5页。

初始阶段非常原始，与现有技术相比表现较差，生产成本还很高，需要时间去改进。[1]只有当发明演化成熟后，才构成具有经济意义和商业价值的创新。因此，经济学家所研究的创新主要是一种以企业为主体的市场经济行为。

演化经济学家弗里曼（Chris Freeman）等从不同创新行为的特点的角度，区分了四种创新类型，如表4-1所示：

表4-1：创新的类型

类　　型	特　　点
增量创新	一线生产人员积累经验的"干中学"或用户提出反馈意见的"用中学"
基本创新	企业和(或)大学以及政府实验室中的研发，具有非连续性
"技术体系"的变革	增量创新和基本创新的一种组合，伴随着厂商的机构创新和管理创新，产生影响深远的技术进步
"技术经济模式"的变革（"技术革命"）	技术体系的变革程度大到对整个经济行为产生重要影响，包含多组增量创新和基本创新，并可能包含若干新技术体系

资料来源：多西等编：《技术进步与经济理论》，钟学义等译，经济科学出版社1992年，第58—60页。

不同类型的创新发生于经济活动不同的层级，彼此独立又交叉影响，牵涉到的主体包括个人、企业内部团队、企业、行业、大学以及政府。从企业这一最重要的创新主体看，创新过程可以分为三个范围较宽并互有重叠的子过程，包括：知识的产生；知识转化为"制品"（artifacts），即产品、系统、工艺和服务；制品同市场需要和需求不断地相匹配。[2]这三个创新的子过程并不是前后相继的阶段，因为创新不是一种线性

---

[1]　内森·罗森伯格：《探索黑箱——技术、经济学和历史》，王文勇等译，商务印书馆2004年，第84页。
[2]　詹·法格博格等主编：《牛津创新手册》，第109—110页。

模型能够解释的复杂行为。从创新过程来看,知识是至关重要的因素。任何创新都是以知识为基础的,不管这种知识涉及技术、科学还是组织管理。知识在本质上是一种有用的信息。罗森伯格(Nathan Rosenberg)指出,创新常常发生在信息匮乏或不确定的环境中,一个企业创新的自然过程是,刚开始只拥有贫乏或非常有限的信息,随着经验和投资增加而获得新的信息。[1]不过,与纯粹的信息不同,知识的复制具有成本。[2]这种成本可以解释创新的扩散绝非易事,而以创新为基础的现代经济发展存在着地理差异性,即某些地区领先,而某些地区落后。知识的生产需要时间和认知投入,也需要资源支持,有时则存在意外发现。[3]因此,创新既有规律可循,又存在高度不确定性。但从研究的角度看,创新是可以分解为不同要素的,如知识、知识的生产者与搜寻者、起支持作用的资金、聚合不同要素的组织等。创新的过程,就是影响创新的要素积累与发生变化的演化过程。杰恩(Ravik Jain)等人在研究研发组织管理时,就将研发组织划分为员工、思想、资金和文化这四种要素,认为管理人员必须巧妙地将这四个基本要素进行整合,才能实现创新。[4]对创新进行要素分析,在研究上是可行的。

用户创新理论是对传统创新理论尤其是工业创新理论的重要补充。希普尔(Eric Hippel)所提出的用户创新(Democratizing Innovation)直译应为民主化的创新,但实际上,希普尔在自己的著述中也用过"以用户为中心的创新系统"(user-centered innovation system)这一术语,[5]故其理论译为"用户创新"恰如其分。概言之,用户创新理论区分了"基于制

[1] 内森·罗森伯格:《探索黑箱——技术、经济学和历史》,第5页。
[2] 布朗温·霍尔、内森·罗森伯格主编:《创新经济学手册》第一卷,第64页。
[3] 布朗温·霍尔、内森·罗森伯格主编:《创新经济学手册》第一卷,第255—262页。
[4] 拉维·杰恩等:《研发组织管理:用好天才团队》,柳卸林等译,东方出版中心2021年,第28页。
[5] 埃里克·希普尔:《用户创新:提升公司的创新绩效》,陈劲等译,东方出版中心2021年,第168页。

造商的创新系统"（manufacturer-based innovation system）和以用户为中心的创新系统，并强调后者的重要性。传统的观点都较强调资本品部门或制造商等供给侧作为创新的驱动力，但用户创新理论基于经验事实指出，用户不是被动的消费者，在新的技术条件下，用户越来越善于为他们自己的利益进行创新。例如，波音公司是一家飞机制造商，但它同时也是机床的用户，当波音公司对用于企业内部制造飞机的机床进行创新时，它就在进行用户创新。[1]实际上，用户创新并非新现象。尤其以机床来说，在历史上的不同时期，很多非机床企业都曾经自造机床，而非向专业的机床厂商购买产品。用户创新之所以会发生，是因为用户提出的需求信息和方案信息具有黏滞（sticky）性，其传递成本较高，换言之，用户对自己的需求比为用户服务的制造商更为了解。这种信息不对称的结果，会使用户更倾向于开发具有全新功能的创新，而制造商则倾向于完善已有的、人们熟知的性能。当用户自己具有开发能力时，就会选择自己创新来满足自己的特定需求，而非购买制造商的产品。[2]用户创新并不能完全替代传统的制造商创新，但它是不可忽视的创新力量。

克里斯坦森（Clayton M. Christensen）等人认为，创新者有异于常人，既是天生的，也是可以造就的。在研究了500名创新者并比照研究了近5 000名企业主管之后，他们找到了五项"发现技能"，包括：(1)联系，指创新者将看似不相关的问题、难题或想法联系起来，从而发现新的方向；(2)发问，指创新者是绝佳的发问者，热衷于求索，他们提出的问题总是在挑战现状；(3)观察，指创新者是勤奋的观察者，他们仔细观察身边的世界，包括顾客、产品、服务、技术和企业，以获得对新的行事方式的见解和想法；(4)交际，指创新者交游广泛，会利用人际关系网，花费大量时间和精力寻找和试验新想法；(5)实验，指创新者总是在尝试新的体验，不断检验新的假设。除了这五种技能外，创新还需要

---

[1]　埃里克·希普尔：《用户创新：提升公司的创新绩效》，第4—5页。
[2]　埃里克·希普尔：《用户创新：提升公司的创新绩效》，第10—11页。

勇气,创新者会更积极地想改变现状,并常常会巧妙地冒险以改变现状。[1]克里斯坦森等人将这些要素组合起来,称其为创新者基因模型。创新者基因模型试图解释微观层面的创新机制,也不失为对熊彼特式企业家精神的一种细化分析。表4-2为创新者基因模型:

表4-2:创新者基因模型

创新的勇气→	行为技能→	整合新的认知技能→	
挑战现状 甘于冒险	发问 观察 交际 实验	联系性思维	创新的商业想法

资料来源:改编自戴尔、葛瑞格森、克里斯坦森:《创新者的基因》,第13页。

　　一般认为,现代企业尤其是工业企业的创新来自研发,不过,索姆(Oliver Som)在德国制造业中发现了"没有研发的创新"。索姆将非研发企业定义为在制造业中不进行任何形式的内部或外部研发的企业。至于他对创新的界定,则继承了熊彼特的传统,比较宽泛,指企业持续性、重复性开发新资源或投入组合的活动,其目的是提高企业的经济绩效或产出从而成功适应动态环境以确保企业的生存。进一步说,创新模式是指企业持续、一般性创新过程中各要素复现性的结构或规律。[2]索姆的研究运用了演化经济学的理论,也借鉴了其他范式。他从对此前各种学说与理论的梳理出发,厘清概念,然后利用调查数据进行了实证分析,最后总结出他所谓的非研发企业的创新模式。索姆利用的是2009年德国制造业调查的数据,调查的目标企业是员工总人数在20人以上的制造类企业,当年的调查从46 000家德国制造业企业中随机选

---

[1]　戴尔、葛瑞格森、克里斯坦森:《创新者的基因》,曾佳宁译,中信出版社2013年,第10—12页。

[2]　奥利弗·索姆:《没有研发的创新——德国制造业中非研发企业的多样化创新模式》,郑刚等译,科学出版社2015年,第126、131页。

取了15 580家作为净样本进行问卷调查，其中1 484家企业提供了有效回复。索姆根据自己的定义，从中识别出675家企业为非研发企业，这些企业的全部研发支出占销售额的比重为0。[1]索姆发现了一些和刻板印象不同的现象，例如，在他的样本中，所有非研发企业只有三分之一进行大批量生产（30%），占主体地位的是中批量生产（49%），另有22%的非研发企业甚至进行的是单件生产。近一半的非研发企业存活超过了50年，体现了这些企业的生命力与竞争力。[2]索姆认为非研发企业进行了他所界定的创新，其新产品开发和产品相关服务的创新知识大部分来自顾客，先进制造技术和组织管理理念的创新知识则来源于会议、展销会。此外，有34%的非研发企业认为竞争对手是新产品领域的新知识来源。[3]实际上，从展会低成本吸收新知识，已经涉及整个国家的工业文化与创新体系对企业的滋养了。

索姆通过实证研究总结出德国制造业的非研发企业具有五种创新模式：（1）知识密集型产品开发者，这种模式里的企业令人意外地和研发密集型高技术企业很类似，都进行新产品开发并伴随着产品的相关服务，这些企业依赖多种知识来源；（2）客户驱动的技术流程专家，这种模式具有强烈的客户导向性，模式中的企业根据客户需要或具体规格来开发产品，需要依靠先进制造设备来制造高度定制化的产品；（3）偶尔的面向消费者的产品开发者，这种模式没有明显的创新资源使用特征，索姆推测创造力、设计或市场对这一模式中的企业创新很重要；（4）低创新性、劳动力密集型的制造商，这类模式几乎从来不自己开发新产品，也缺乏主要的创新知识来源，是与人们印象中的非研发企业最接近的一类，

[1]　奥利弗·索姆：《没有研发的创新——德国制造业中非研发企业的多样化创新模式》，第139、143页。

[2]　奥利弗·索姆：《没有研发的创新——德国制造业中非研发企业的多样化创新模式》，第155—156页。

[3]　奥利弗·索姆：《没有研发的创新——德国制造业中非研发企业的多样化创新模式》，第172页。

主要根据外部特殊需要来定制产品;(5)灵活的专业供应商,这一模式中的企业的技术性流程创新的水平较高,表现出了以经验为知识来源、管理灵活、顾客定制化提供商的特征。[1]索姆认为,他的研究表明非研发型企业的创新模式并未显示出成本导向差异的非研发创新类型,基于非研发的竞争战略可以不局限于"低端路线",一些非研发企业拥有优质的工艺技术、优等的质量、速度和灵活性,因此能够在市场竞争中生存。他指出,企业在研发之外的创新活动或许更贴近日常工作,也可能成为创新来源。由此可以推论,大多数企业都应拓宽创新机会的空间,如利用员工形成的现有知识存量,或者通过战略联盟来获取外部知识和资源等。企业的创新性并不局限于技术维度,相反,组织管理、提供服务等非技术工艺及产品创新,也有助于保持和提升企业的创新力。[2]这一结论在某种意义上回归了熊彼特对创新的经典定义。如果说工业强国德国的制造业企业尚且存在非研发创新,那么,广大后发展国家的企业更应对创新树立信心,探寻适合自己与国情的创新发展之道。

二、国家创新体系与部门创新体系

起初,熊彼特受19世纪工业创新特点的影响,将创新的主体聚焦于个体性的企业家,以企业家精神理论来解释创新。后来,熊彼特关注到组织在创新中的作用。不过,当代经济学家很早就注意到熊彼特的不足之处。熊彼特几乎没有注意到欠发达国家或后发展国家的创新问题,没有将国际贸易引入对创新的分析,也几乎没有谈到政府的政策对创新的影响。[3]换言之,熊彼特没有考虑国家,而国家既通过贸易政策

---

[1] 奥利弗·索姆:《没有研发的创新——德国制造业中非研发企业的多样化创新模式》,第193—196页。

[2] 奥利弗·索姆:《没有研发的创新——德国制造业中非研发企业的多样化创新模式》,第221页。

[3] 多西等编:《技术进步与经济理论》,第6—7页。

与产业政策影响企业的创新活动，其本身又是重要的创新主体。后发展国家正是通过引进新技术与培育新产业这种创新方式，来追赶发达国家，尽管这些新技术与新产业的"新"只是相对而言，但这种相对性恰恰符合熊彼特对创新的界定。由此可以推论的是，后发展国家对领先国家的追赶实质上是一个持续性以及系统性的创新过程。创新的国别差异性，导出了国家创新体系或国家创新系统（National Innovation System 或 National Systems of Innovation）这一概念。[1]

国家创新体系这个概念首次出现于演化经济学家弗里曼20世纪80年代一篇未公开发表的论文中。弗里曼受到了李斯特的启发，认为李斯特明确预见了当代国家创新体系的许多理论，包括：将技术引进与本地的技术活动相结合并以此实现技术积累，通过积极的干预政策来培育具有战略意义的新兴工业等。事实上，国家创新体系这个概念的提出也受李斯特使用的"政治经济学的国家体系"（The National System of Political Economy）这一概念的影响。[2]1985 年，伦德瓦尔（Bengt-Åke Lundvall）在一本册子中使用了这一概念，提到了高校与产业之间的关系，此后，这一概念逐渐被广泛使用。伦德瓦尔对国家创新体系的定义是："一个在国家层面上涵盖不同组织、机构和社会经济体内部组成，及彼此之间相互关联的、开放的、复杂的且不断演变的体系，这个体系决定了基于科学知识和技术经验学习过程中的创新能力建设的效率与方向。"[3]从理论上展开来说，任何创新体系的中心活动都是学习，而学习是一种涉及人与人之间互动的社会活动，故创新体系是一种社会体系。创新体系同样是一种动态系统，被积极的反馈和再生产赋予其特性。国家之间的政治与文化

---

[1] 詹·法格博格等主编：《牛津创新手册》，第229页。

[2] 克利斯·弗里曼、罗克·苏特：《工业创新经济学》，华宏勋等译，北京大学出版社2004年，第372—373、399页。

[3] 克里斯蒂娜·查米纳德、本特-艾克·伦德瓦尔、莎古芙塔·哈尼夫：《国家创新体系概论》，上海市科学学研究所译，上海交通大学出版社2019年，第2页。

差异,使创新体系具有国别性。[1]通过对创新的本质与机制的理论剖析,演化经济学家论证了国家创新体系概念的合理性,从而再一次继承并推进了德国历史学派的研究,也为工业文化提供了一种新的理论视角。

演化经济学将知识的搜寻、学习与积累视为创新的基本机制,因此,所谓国家创新体系,就是一个国家通过各种途径促进知识流动以方便新知识产生的体系。国家创新体系的广义定义包含塑造人力资源和学习过程的国家体制和组织,其中,部分机构是从事教育培训的正式组织,旨在直接培养能力,另一些则是非正式机构,构成经验学习的主体。[2]企业的创新活动,嵌入国家创新体系之中。表4-2为狭义国家创新体系与广义国家创新体系的区别:

表4-2:国家创新体系的狭义与广义之分

主要内容	狭义国家创新体系	广义国家创新体系
核心	国家科学体系	在经济体中,知识是最重要的资源,学习是最重要的过程
代表性学者	纳尔逊	李斯特、弗里曼、伦德瓦尔
关注点	科学型学习、颠覆性创新与企业层面的科技创新学习	科技创新学习同在工作中学习、在应用中学习和在互动中学习相结合,在使用者与生产者之间的互动,以及渐进型创新
政策影响	促进科学型学习,增加研发经费	作为一种能够提高跨组织学习效率的主体条件,将影响学习的机构纳入考量,促进经验式学习、隐性知识获取以及技术推广

资料来源:克里斯蒂娜·查米纳德、本特-艾克·伦德瓦尔、莎古芙塔·哈尼夫:《国家创新体系概论》,第5—6页。

[1] Bengt-Åke Lundvall edit: *National Systems of Innovation: Toward a Theory of Innovation and Interactive Learning*, London and New York: Anthem Press, 2010, pp.2-3

[2] 克里斯蒂娜·查米纳德、本特-艾克·伦德瓦尔、莎古芙塔·哈尼夫:《国家创新体系概论》,第7页。

　　国家创新体系理论弥补了熊彼特理论的不足，使演化与创新经济学能与讨论落后国家经济发展问题的发展经济学相融合。然而，在庞大的创新系统内，介乎国家与企业之间的部门（sector）也自成创新体系。此处的部门，在中文译著中通常被译为产业，但译者也会解释，在同一本书里有些地方也会译成部门。[1]在中文学界，广义的产业是指国民经济中的各行各业，包括农业、工业、服务业等一切领域，而每一个具体的产业如农业、工业等又是由同类型企业集合而成。狭义的产业则专门指工业或制造业内部的各种工业部门或行业，这些工业部门或行业也是由一些具有相同生产技术特点或产品特点的企业组合而成。[2]由此可见，在中文里，"产业""部门"与"行业"等概念存在交叉，在很多场合是可以互换使用的。而在演化与创新经济学里，部门（sector）是一组为了满足给定需求或正在出现的新需求，由某些关联的产品群组成，并拥有共同知识的活动集合体。一个部门系统框架关注的是三个维度：知识和技术领域、行为者和网络以及制度。[3]

　　马雷尔巴指出，部门层级的创新具有体系性的特征，部门体系拥有一个知识基础（knowledge base）、技术、投入以及潜在的或既存的需求。[4]一般来说，每一个部门体系都可能会建立一个技术–产品矩阵（technologies-product matrix），将产品与一系列技术连接起来。[5]部门体系除了可用于分析创新外，还可应用于研究生产（production）。[6]研究部门创新的重要性在于，创新具有部门异质性，一些部门相当重要，

[1]　詹·法格博格等主编：《牛津创新手册》，第466页。

[2]　芮明杰主编：《产业经济学》，上海财经大学出版社2016年，第5页。

[3]　詹·法格博格等主编：《牛津创新手册》，第471页。

[4]　Franco Malerba edit: *Sectoral Systems of Innovation: Concepts, Issues and Analyses of Six Major Sectors in Europe*, Cambridge: Cambridge University Press, 2004, p.10.

[5]　Franco Malerba edit: *Sectoral Systems of Innovation: Concepts, Issues and Analyses of Six Major Sectors in Europe*, p.18.

[6]　Franco Malerba edit: *Sectoral Systems of Innovation: Concepts, Issues and Analyses of Six Major Sectors in Europe*, p.1.

驱动了整个经济的增长，很多国家的经济发展是由特定部门驱动的。帕维特（Keith Pavitt）等学者认为，在经济系统中，存在着产生经济中绝大多数创新和资源以及技术来源的核心部门，如电子、机械、仪器和化工等；还有创新较少且需要从核心部门获取技术的次级部门，如汽车和冶金等；以及主要吸收技术的使用者部门，如服务业等。[1]部门之间在创新上的异质性源于知识的异质性，即不同部门拥有与需要不同的知识。马雷尔巴指出，不同的行动主体知道以不同的方式去做不同的事情，由此，学习、知识与行为使行动主体在经验、能力和组织上必然呈现异质性（heterogeneity），并带来行动主体不同的表现。这种观点吸收了演化经济学的理论框架。[2]知识的异质性与知识的分工有密切关联。知识还具有积累性，这是因为新知识创造的程度建立在现有知识的基础之上。知识积累的来源包括三种途径："（1）认知。学习过程和过去的知识限制了当前的研究，但也产生了新的问题和新的知识。（2）企业及其组织能力。组织能力是企业特有的、具有高度路径依赖的知识生产能力。组织能力定义了一个组织学习的内容和能够在未来获得什么。（3）来自市场的反馈，例如'成功孕育成功'的过程。创新成功产生了能够重新投入R&D活动的利润，并因此增加了再次创新的可能性。"[3]以对知识的特性的认知为基础，马雷尔巴描述了创新与部门演化的过程，即一个部门经历了知识、技术、学习、能力、产品类别与制度的转变过程，部门内行动主体之间的关系网络也发生了改变，这些行动主体影响了部门内的创新和绩效。在这一框架下，创新与部门演化可以看作企业和个体的学习过程的结果，它依赖于该部门特定的知识

---

[1]　马克·道奇森等：《牛津创新管理手册》，李纪珍等译，清华大学出版社2019年，第148—149页。

[2]　Franco Malerba edit: *Sectoral Systems of Innovation: Concepts, Issues and Analyses of Six Major Sectors in Europe*, p.14.

[3]　詹·法格博格等主编：《牛津创新手册》，第474—475页。

基础，在部门内，有着不同知识和能力的市场主体之间发生竞争与合作、市场与非市场、正式与非正式的相互作用，而整个过程不仅改变了产品和流程，还改变了行动主体及其联系、制度和知识。[1]创造包括新企业与非企业组织在内的新的行动主体，对于部门体系的动力机制来说特别重要。[2]由此可知，部门创新同样是创新要素积累、组合与变化的过程。

无论是国家创新体系还是部门创新体系，其最重要的行为主体均为企业，但这两种体系的存在，也提示着人们，在企业之外还存在着别的创新主体，企业往往是在与这些非企业主体的互动中完成其创新的。企业的创新依赖要素和知识的积累，国家创新体系和部门创新体系提供了不同的知识生产源头，并促成知识与要素在体系内流动，从而营造出有利于企业创新的社会环境。这种有利于创新的社会环境，在一定程度上就是工业文化。

三、基于中国企业史的自主创新理论

以路风为代表的中国学者提出了自主创新理论。路风通过接近于企业史研究的产业案例研究，总结出了自主创新理论并提出相关的政策建议。他与演化经济学有着学术上的渊源关系。1986—1991年，路风在国家经委和国家计委工作；1991—1998年，他赴美国哥伦比亚大学政治学系攻读博士学位。在哥伦比亚大学，路风遇到了现代演化经济学的开创者之一纳尔逊。路风称："我的早期研究偏重于工业企业的组织和制度方面，对创新和技术进步研究领域的兴趣与理解则要归

---

[1]　乌韦·坎特纳、弗朗哥·马雷尔巴主编：《创新、产业动态与结构变迁》，肖兴志等译，经济科学出版社2013年，第11—12页。

[2]　Franco Malerba edit: *Sectoral Systems of Innovation: Concepts, Issues and Analyses of Six Major Sectors in Europe*, p.29.

因于一个偶然,即在哥伦比亚大学遇到同时是政治学系、经济学系、法学院和商学院教授的理查德·纳尔逊先生(Richard Nelson,后来成为我的博士论文答辩委员会主席)。纳尔逊教授是现代经济学中研究技术进步领域的主要开创者之一,与他的密切交往很自然地使我逐渐熟悉这个领域。这种兴趣一发不可收,甚至促使我去听商学院的创新课程。"[1]路风与纳尔逊一样,使用了亲历史的研究方法。这种方法的意义,不妨直接引用路风的表述:"由于创新和技术进步有着演进性和不确定性,所以对创新的研究必须是经验性的。坚持经验研究(empirical research)本来就是我所践行的,而且与'动态能力'学派的历史主义精神相容——重视对技术、组织和工业的演进过程的研究,而不是正统经济学所热衷的形式化推导。"[2]动态能力学派指的就是演化经济学中的纳尔逊一派。

　　路风对自主创新的界定是:"一个企业或一个国家坚持技术学习主导权,并把发展技术能力作为竞争力或经济增长动力主要源泉的行为倾向、战略原则和政策方针。"[3]这一界定实际上融入了熊彼特式企业家精神。在路风笔下的成功案例中,创新的前提条件就是想要创新的意志,这种意志就是自主性,而这种自主性的功能就在于整合资源,将资源导向创新性活动。一个案例就是中国企业吉利的企业家李书福造汽车。在路风进行研究时,吉利不过是个饱受嘲讽的不被看好的民营企业。当时,中国轿车工业发展受政策束缚,李书福只能打政策擦边球取得造轿车的资质,而同已经和跨国巨头合资了20多年的大型国企相比,农民出身的李书福完全没有技术与经验上的优势。所以,路风说得好:"短短数年间,吉利就在自主开发的道路上实现了大型国企20来年都未能取得的进步。为什么?对比两者,吉利唯一的优势只有勇气。

---

[1]　路风:《走向自主创新:寻求中国力量的源泉》,中国人民大学出版社2019年,第11页。
[2]　路风:《走向自主创新:寻求中国力量的源泉》,第12页。
[3]　路风:《走向自主创新:寻求中国力量的源泉》,第10页。

但勇气的重要性恰恰得到一个逻辑顺序的证明：虽然职业管理者和专业技术人员对吉利做出了重要贡献，但自主开发企业的出现是使这些精英能够发挥潜力的前提条件。"[1]在事实与逻辑两方面，路风都是对的。自主创新不是违背市场原则的行为，在诸多产业案例里，路风恰恰一直主张强化企业这一市场主体，而反对那种倒果为因的计划经济式产业政策。

　　路风的自主创新理论强调的是技术引进后的消化、吸收与再创造能力，在此基础上，他进一步提出产品开发平台理论。路风认为，产品和工艺开发是工业组织把市场需求和技术可能性结合起来并转化为生产力的关键环节，所以是技术创新的中心过程。产品开发平台则是指以产品开发为目标的技术活动系统，其产出是双重的，既包括推向市场的产品，又包含积累于组织内部的技术能力。以这一概念模型为工具，路风区分了发展中国家技术学习的两种方式，一种发生在亚产品层次上，即在给定产品设计下的技术活动；一种发生在产品层次上，包括自主产品开发努力的技术活动。从理论上说，很明显的是，技术学习只有发生在产品层次上才是最有效的。而这也可以引申出"引进、消化、吸收"与"引进、消化、吸收、再创新"这两种模式在本质上的区别。[2]在进一步的论证中，路风运用了演化经济学、创新经济学与组织管理学的概念及理论进行分析，其关键之处包括将产品知识分为元件知识和建构知识，他指出："一次性的产品开发往往只需要静态的元件知识和建构知识（可以通过模仿获得的知识），但是一旦从一个产品开发平台向下一个平台演进，企业就必须开始学习如何塑造这种平台演进的知识，并且开始主动地关注技术变化对于产品演进的意义。"[3]企业学习塑造平台演进的知识的意愿和能力，就是自主创新的基本内涵。从这个角

[1]　路风：《走向自主创新：寻求中国力量的源泉》，第82页。
[2]　路风：《新火》，中国人民大学出版社2020年，第3页。
[3]　路风：《新火》，第37页。

度说,自主创新并不是要排斥从外界获取知识,而是强调必须具有自己去学习知识并自己拓展新知识的意愿。事实上,从中外企业史的案例看,并非所有企业都具有自己拓展新知识的意愿,甘于在既有技术轨道上按照现成的模式赚钱才是常态。自主创新理论所要强调的,无非是打破政策层面那种依赖既有轨道的意愿,为有志于从事创新的企业提供帮助,而不是去束缚它们。这一点之所以重要,是因为很多人根本不相信落后可以赶超,不相信发展中国家的企业也能击败发达国家的企业,就好像当初绝大多数人不相信"汽车疯子"李书福可以成功一样。就此而论,自主创新的逻辑其实很简洁,但在根源上还是一个关涉发展心态的工业文化问题。路风的自主创新理论可以视为中国学者对演化与创新经济学理论的一个发展。

四、长期投入与创新的企业史案例

信息化依赖于硬件设备来实现,必须与工业化相融合,制造业的发展对于信息产业仍然具有重要意义。芯片是信息产业的基础,光刻机是用来制造芯片的关键设备。进入21世纪的第二个十年,全球的高端光刻机几乎被荷兰ASML(阿斯麦)公司所垄断,该企业的企业史对于当代产业创新具有很强的启示性。

尽管信息技术产业有别于制造业,但信息技术产业的硬件基础仍然需要制造业部门来提供,而一国制造业的发展基础与生态体系,就成为促进或制约该国信息技术产业的重要变量,也就在很大程度上影响着该国的信息化进程。半导体产业于20世纪50年代兴起后,经过几十年的演化,已经成为一个高度全球化的产业,流行着设计与制造分离的"无厂模式"。所谓的无厂模式,其实遵循着经济学最基本的分工原理,即让半导体生产不同环节的企业充分专业化,发挥其比较优势,从而达致效率最优。这种分工使得台积电等芯片代工厂(foundry)能够充分实现规模经济,但也形成了具有垄断性的高进入壁垒,使后来想要发展自身的芯片制造能力的追赶者面临着成本过高的困境。在这条产业链上,台积电的设备供应商ASML同样在长期演化过程中构筑起了高进入壁垒,形成几乎一家独大的市场格局。

在20世纪信息产业的发展浪潮中,欧洲相对于美国和日本较为弱势,但ASML能成为全球半导体产业中不可或缺的关键供应商,得益于欧洲传统的制造业生态体系。ASML的前身可追溯至荷兰电气工业巨头飞利浦的物理实验室(Natlab)以及半导体和材料部(Elcoma),并与飞利浦的工业应用部门有直接渊源。在很大程度上,ASML光刻机就是老牌电气企业飞利浦引进新技术而拓展出的新业务。20世纪60年代,飞利浦追随美国进入半导体产业,从生产晶体管而逐步转向制造集成电路。为了高效制造集成电路,飞利浦需要更快的方法制作接触式掩模,而当时该公司所用的美国光刻机既不够精准,又耗费人力,这促使飞利浦决定自己制造光刻机,由半导体和材料部负责制造电子元件,由物理实验室负责协助。[1]飞利浦的战略决策成为ASML光刻机的起点,并体现了创新主体与技术传承的重要性。首先,高技术产品的制造与创新需要一定的主体去实现,该主体要组织与协调各种资源和要素,使创新活动得以展开。飞利浦在光刻机领域投入资源,缔造了一个创新主体,这是最为根本的基础。尤为重要的是,20世纪的飞利浦长期存在着一种"不爱用外来技术的文化",不仅自己生产终端产品,还自己制造生产终端产品所需的设备。飞利浦半导体和材料部的工程师便坚信"最好的生产工具是自己生产的机器"。[2]自行制造设备的企业文化,既使飞利浦顺理成章地从半导体制造领域进入半导体设备制造领域,又使飞利浦能够长期坚持对光刻机进行自主研发。其次,制造业的

[1]　瑞尼·雷吉梅克:《光刻巨人：ASML崛起之路》,金捷幡译,人民邮电出版社2020年,第7页。

[2]　瑞尼·雷吉梅克:《光刻巨人：ASML崛起之路》,第43、103页。

技术存在着演化性，既有技术储备往往决定了拓展新技术的能力。飞利浦能够下决心自主研制光刻机，源于其在电气化与机械制造领域均有技术积累，而光刻机恰好是一种机电结合的产品。因此，技术传承构成了飞利浦敢于研制光刻机的基本条件。无独有偶，1976年日本通产省启动了超LSI技术研究所，将日本国产光刻机的研发任务交给了尼康，其技术负责人吉田庄一郎认为光刻机的三个核心技术尼康均已具备，故有把握完成挑战。1978年，尼康取得了成功。[1]尼康与飞利浦的相同点在于都掌握着新技术所包含的已有技术元素，也就印证了技术积累与传承对于创新主体进入新领域的重要性。

　　产业发展具有演化性，起点至关重要。新技术往往是在已有技术的基础上发展起来的，已有技术积累越深厚，产生新技术突破的可能性越大，学习外部新技术并消化吸收的能力也越强。半导体技术的起点可以追溯至贝尔实验室，而贝尔与飞利浦实际上属于同一种类型的企业，均系19世纪后期制造业"科学化"的产物，这意味着飞利浦进入半导体领域的跨度并不算大。而20世纪中期所盛行的纵向一体化大企业模式，也使飞利浦自造光刻机有充分的组织与文化支撑。飞利浦在组织上缔造了一个研制光刻机的创新主体，在技术上具有自行研制光刻机的条件，这是荷兰光刻机产业崛起的基础。

　　半导体设备制造业属于第二次世界大战后兴起的高端制造业。高端制造业具有技术高度复杂且迭代快、资金需求量大、市场相对狭小而竞争激烈的特点，需要各种资源的高强度投入，并需要具有长期坚持的战略意志。高强度的战略投入正是ASML成功的关键。

　　尽管从事后来看，飞利浦进入半导体设备制造业是一个成功的决策，但在相当长的时间里，其光刻机研制困难重重，长期濒于失败的边

---

[1]　吉田庄一郎：《站在制造业原点：吉田庄一郎自传》，袁淼译，中信出版社2010年，第10—11页。

缘。飞利浦面对着多重困难。首先，尽管飞利浦具备了研制光刻机的技术基础，但光刻机是复杂的精密设备，其研制存在着技术难度，需要时间去攻克难关及转换技术路线。例如，飞利浦曾长期坚持其光刻机使用自行研制的油压驱动系统，直到20世纪80年代才将液压晶圆台改为性能更优的电动晶圆台。其次，飞利浦虽然较早构建了一个产品研发平台作为创新主体，但该产品研发平台系由企业实验室和制造部门强行组合而成，双方存在着文化冲突，故而飞利浦的光刻机研制存在着严重的组织问题。例如，生产部门抱怨研发部门草率，研发部门则批评生产部门不爱沟通，拿起图纸就开工。[1]这种内部冲突拖滞了研制进度。最后，飞利浦作为一个光刻机领域的追赶者，面对着技术更先进的美国企业构筑的进入壁垒，在市场竞争中承受着巨大的压力。由于飞利浦迟迟不能向市场供应成熟的光刻机机型，其预期的市场又被后来居上的尼康等日本企业占据，加剧了其生存压力。于是，飞利浦因为研发迟缓而投入缺乏回报，而缺乏回报又导致研发投入难以为继，形成恶性循环。1981年，飞利浦首席执行官传达指令："尽快结束光刻机这种没有意义的项目。"[2]这反映了飞利浦高层出于商业逻辑准备放弃光刻机的研制。

就在飞利浦高层准备放弃光刻机研制时，荷兰的先进半导体材料公司（Advanced Semiconductor Materials）即ASM公司寻求与其合作。1983年，ASM与飞利浦宣布将创立研制光刻设备的合资公司，这家合资公司就是ASML。1984年，47名飞利浦员工进入ASML。实际上，ASM进入光刻机领域源于其首席执行官阿瑟·德尔·普拉多（Arthur del Prado）对光刻市场一无所知而产生的乐观预期。[3]但是，ASM为飞利浦光刻机项目的存续提供了必不可少的资金支持。实际

---

[1]　瑞尼·雷吉梅克：《光刻巨人：ASML崛起之路》，第89页。
[2]　瑞尼·雷吉梅克：《光刻巨人：ASML崛起之路》，第97页。
[3]　瑞尼·雷吉梅克：《光刻巨人：ASML崛起之路》，第117页。

上，ASML成立后，其光刻机研制并不顺利，即使在公司能够向市场供应产品后，依然亏损。1987年，为ASML实际提供资金的母公司ASM损失了2 300万美元，其中800万美元的亏损系ASML造成的，到1988年年初，ASM的财务状况跌至谷底。最终，ASM从ASML撤资，由飞利浦承担ASM在合资企业中的股份和债务，而ASM的3 500万美元投资打了水漂。[1]高端制造业的高进入壁垒于此可见。不过，由于此时ASML已经有光刻机应市，母公司飞利浦没有将其放弃，这一战略坚守成为ASML走向全球光刻机垄断巨头的关键。在ASM撤资后，飞利浦的资金投入和政府补贴构成了ASML生存所需的资金来源。飞利浦与为ASML融资的银行合作，建立了一个可以接收来自荷兰与欧洲共同体的政府赠款的公司结构。荷兰与欧洲共同体向ASML提供的1 650万美元研发补贴，构成其开发PAS 5500机型总研发成本的60%。此后，荷兰政府还为该机型的研发提供了1 900万美元的技术开发贷款。1989年，ASML第一次赢利，但PAS 5500的研发构成其沉重负担。1992年上半年，由于ASML亏损严重，飞利浦内部又出现了将其关闭的声音，但飞利浦还是为其注资2 100万美元，使其挺过了夏季与秋季，但到了年底，ASML又面临资金匮乏。[2]最终，ASML的资金问题是靠资本市场解决的。1995年3月，ASML上市，1996年初，ASML实现财务独立，荷兰银行与德国商业银行荷兰分行将其信贷额度提高到1.2亿美元。[3]此处详述历史细节，意在表明资金问题是ASML发展初期所面临的最大困难，因为制造高技术产品需要高额研发投入，但也面临着回报周期长与市场不确定性的风险。如此一来，以战略定力长期保持高强度投入就成为创新主体成功的关键。就此而论，在光刻机等高端装备领域实施追赶的企业与国家，必须具有肯于长期高强度投入而不

---

[1]　瑞尼·雷吉梅克:《光刻巨人：ASML崛起之路》，第310—313页。

[2]　瑞尼·雷吉梅克:《光刻巨人：ASML崛起之路》，第314、327、347、380、383页。

[3]　瑞尼·雷吉梅克:《光刻巨人：ASML崛起之路》，第433页。

计短期回报的战略意志。实际上，ASML上市后继续依靠飞利浦注资以及政府补贴，直到2007年之后才真正获得市场优势地位。荷兰光刻机的崛起，保守地说耗时也近30年，后来者想要缩短追赶时间，只能以更高的强度进行投入。

　　从企业史的微观层面看，ASML成功研制出可以供应市场的光刻机，是飞利浦在ASM撤资后继续保持投入的关键原因。而ASML成功研制光刻机，离不开第一任首席执行官贾特·斯密特（Gjalt Smit）的领导。贾特·斯密特为ASML重新设计了架构，理顺了研发与制造的关系，注入了重视市场的观念。实际上，贾特·斯密特为了达成目标，在经营管理上进行了高强度的资金投入。例如，为了尽快生产出光刻机，ASML改变了飞利浦之前的研发模式，将机器拆分为各个模块，每个模块由专业团队并行开发，再将模块组装成系统。这一新的研发方案成本更高，但缩短了研发时间，使ASML能在落后的形势下抓住光刻机市场所剩不多的机会。贾特·斯密特在了解了研制中存在的问题后，向技术负责人表示："当然，这一切都要花钱。我们需要在开发、生产、营销、服务等方面进行投资。我们需要人才，我们将进行招聘。"[1]同样重要的是，贾特·斯密特为ASML营造了积极向上的企业文化，重振了飞利浦光刻机研制平台的低迷士气。在ASML才刚刚组建时，贾特·斯密特就鼓励员工："我们要争夺金牌……我们要成为市场的主导者。"[2]凭借高效务实的组织管理和锐意进取的企业文化，在高强度的资源与要素投入之下，贾特·斯密特领导ASML尽快完成了飞利浦蹉跎多年未能完成的光刻机研发。在这一点上，尼康再次展示了与ASML的相似性。对于坚持在技术研发上投入，吉田庄一郎称："技术与石油很像，如果资源不足，人们就会拼命挖掘寻找。不定什么时候，新的石油就会

---

[1]　瑞尼·雷吉梅克：《光刻巨人：ASML崛起之路》，第142、177页。
[2]　瑞尼·雷吉梅克：《光刻巨人：ASML崛起之路》，第177页。

喷出……技术人员们也在孜孜不倦的技术研究中获得源源不断的灵感与启发。"[1]此外，为了追赶领先的美国光刻机企业，吉田庄一郎也表达了强烈的进取心："使用高科技含量产品采取正面进攻，是取得胜利的根本原因。"[2]事实上，ASML后来能够击败一度领先的尼康，靠的也是以技术含量更高的产品在市场上正面进攻。

由历史可知，尽管ASML在当前几乎垄断了全球的高端光刻机市场，但在数十年的时间里，这家公司作为光刻机领域的后来者与追赶者，长期濒临关闭的边缘，依赖政府补贴而非市场盈利来维持。ASML在逆境中的成功再次说明了制造业中技术积累与传承的重要性，而技术积累与传承需要坚韧的战略意志去保持高强度投入。对试图追赶ASML的创新主体来说，高强度的战略投入同样是必不可少的条件。

在一定范围内，制造业往往是由上下游企业、政府、学校和社会组织构成的生态体系，不同的企业与产业在该体系内通过竞争与合作等关系，与体系一起演化。综观ASML光刻机崛起的历史，善于利用已有的制造业生态体系并形成自己的生态体系，是其成功的重要保障。

首先，ASML充分利用了荷兰的教育体系与人力资源。尽管工业革命以后，荷兰并非欧洲一流的工业强国，但其技术实力与技术底蕴在世界范围内仍属深厚。ASML光刻机的技术研发人员并不局限于荷兰，但仍以荷兰工程师为主体。实际上，ASML的母公司飞利浦在荷兰每所大学都有耳目，与荷兰几乎每个工程或科学教授都有联系，一旦公司在大学教授的人际关系网里发现人才，一有需要就会进行招聘。当ASML组建之初招聘员工时，有大约300人提出申请，荷兰工程技术人才的充足总量令ASML管理层都感到惊讶。[3]产品的研发与制造终究要由具体的人来承担，工程技术教育是制造业生态体系重要的组成

[1]　吉田庄一郎：《站在制造业原点：吉田庄一郎自传》，第122页。

[2]　吉田庄一郎：《站在制造业原点：吉田庄一郎自传》，第13—15页。

[3]　瑞尼·雷吉梅克：《光刻巨人：ASML崛起之路》，第79、181页。

部分，荷兰教育体系培养的工程师成为ASML研制光刻机的人力资源保障。

其次，ASML在与用户的交流合作中改进技术，提升制造水平，并与关键用户实现了共同壮大的协同演化。制造业的技术创新具有渐进积累的特征，经验的积累往往需要大量的实践，并不断对已有产品的设计与工艺进行改进，从而提升制造水平，因此，为制造业企业提供经验积累机会的用户至关重要。在飞利浦自行研制光刻机的阶段，研发部门具有较浓的科研风气，对产品的商业化和市场化不太重视。ASML成立后，首席执行官贾特·斯密特将研发的关注点从技术会议和科学文献转向顾客，询问顾客的需求，再把分析后的结论作为硬性要求交给ASML的工程师。[1] 由此，ASML改变了光刻机研制的技术路线，并能保证其新产品研发出来后有市场需求。在ASML的用户中，创办于1987年的台积电至关重要。台积电与飞利浦渊源颇深，第一批投资台积电的企业中就有飞利浦电子公司（该公司从飞利浦剥离后改名恩智浦），飞利浦电子公司也是购买台积电所造晶圆的首批客户之一。[2] 台积电的业务是为半导体公司提供制造服务，光刻机是其关键生产设备。实际上，台积电与ASML同为飞利浦投资参股的子公司，这层关系给了ASML向台积电出售产品的机会，但台积电在谈判中提出了苛刻的要求。具有偶然性的是，1988年底，台积电的工厂遭遇火灾，急需一批光刻机，只能向ASML订购，而正是这笔订单使ASML首次赢利。[3] 此后，双方的关系逐渐深化。随着台积电在芯片制造领域获得巨大的规模优势，全球半导体产业原有的产业链解体，产业生态系统重构，半导体设计与制造分离的无厂模式最终形成。在台积电推动形成的新的产

---

[1]　瑞尼·雷吉梅克：《光刻巨人：ASML崛起之路》，第210—211页。

[2]　丹尼尔·南尼、保罗·麦克莱伦：《无厂模式：半导体行业的转型》，王烁译，上海科技教育出版社2020年，第61页。

[3]　瑞尼·雷吉梅克：《光刻巨人：ASML崛起之路》，第318—319页。

业生态系统中，ASML作为台积电的设备供应商，依托台积旦的规模优势而同样壮大。事实上，台积电与ASML在芯片制造与芯片制造设备领域分别形成的行业领先地位，正是当前中国企业不得不克服的巨大的进入壁垒。换言之，要追赶ASML，也必须像ASML那样，与关键用户协同演化，构建新的自己的生态体系。

最后，ASML寻找与培育了自己的零部件供应商，并与供应商一起实现了共同提升的协同演化，作为用户，形成了以自己为中心的生态体系。自主制造设备的企业文化促使飞利浦进入光刻机领域，但项目的长期停滞迫使ASML组建后更弦易辙。实际上，ASML企业文化对于飞利浦原有文化的偏离，与首席执行官贾特·斯密特的个人理念有直接关系。贾特·斯密特在ASML成立之初，就决定新公司不自己生产任何元件，只进行研发和组装。[1]然而，ASML的这一定位能够实现，还是得益于当时的欧洲尤其是荷兰拥有可以为ASML制造元件的企业，其外包模式仍然建立在已有的制造业生态体系基础之上。实际上，由于大型机器制造企业不屑与ASML合作，ASML反而能与制造工具的小型专业公司共同成长，逐渐形成独立于飞利浦的制造业生态体系。ASML对其供应商的帮助，就如同台积电等用户对ASML自身的帮助一样。[2]不过，ASML最为关键的供应商是德国的世界一流光学企业蔡司。蔡司能够制造ASML不能生产的光学元件，也保障了ASML光刻机的光刻精度。但是，ASML同样具有一定的技术水准，能看到蔡司所存在的缺陷，并一起解决蔡司产品的技术问题。事实上，蔡司长期坚持手工制造的工匠传统，其产品精良，但无法满足市场对于产品数量的巨大需求。正是在为ASML光刻机供货的过程中，蔡司推行了制造方式的变革，引入数控机床和机器人等自动化系统代替工匠，实现了扩

[1]　瑞尼·雷吉梅克：《光刻巨人：ASML崛起之路》，第144页。

[2]　瑞尼·雷吉梅克：《光刻巨人：ASML崛起之路》，第191、219—220页。

产。[1]因此，ASML 促进了其供应商的成长，而强大的供应商反过来又保障了 ASML 光刻机的高精度与高性能，两者相得益彰，共同强化了市场竞争力，最终促使 ASML 形成了自己的具有垄断性的产业生态体系，为后来者与追赶者设置了极难逾越的进入壁垒。

总之，ASML 的演化表明，高端制造业的创新仍然遵循企业史的诸多一般性规律，例如，技术的积累与传承、研发模式的优化、勇于挑战的企业文化的营造等，这些依然是相关企业最基本的成长机制。而不可忽视的是，尽管渐进积累式创新对于 ASML 崛起至关重要，但技术路线与范式的大规模突变也是存在的，ASML 崛起的过程中也不乏不同技术路线的竞争。曾经领先的技术范式在短时间内被取代从而导致领先企业的急剧落败，在历史上存在先例。因此，追赶者在踏实学习先进的同时，也应该关注并探索不同的技术方案，积极寻求摆脱领先者技术轨道的束缚的可能性，实现具有战略意义的突破性创新。

本章参考阅读文献

詹·法格博格等主编：《牛津创新手册》，柳卸林等译，东方出版中心，2021 年

克里斯·弗里曼、卢克·苏特：《产业创新经济学》，华宏勋等译，东方出版中心，2022 年

理查德·纳尔逊：《经济增长的源泉》，汤光华等译，东方出版中心，2022 年

安德烈亚·普伦奇佩等：《系统集成之道》，孙喜等译，东方出版中心，2022 年

埃里克·希普尔：《用户创新：提升公司的创新绩效》，陈劲等译，东方出版中心，2021 年

埃里克·希普尔：《创新的源泉：追循创新公司的足迹》，柳卸林等译，东方出版中心，2022 年

---

[1]　瑞尼·雷吉梅克：《光刻巨人：ASML 崛起之路》，第364、367—369、371—374、418页。

内森·罗森伯格:《探索黑箱——技术、经济学和历史》,王文勇等译,商务印书馆,2004年

彼得·斯旺:《创新经济学》,韦倩译,格致出版社,2013年

马克·道奇森等:《牛津创新管理手册》,李纪珍等译,清华大学出版社,2019年

拉维·杰恩等:《研发组织管理:用好天才团队》,柳卸林等译,东方出版中心,2021年

奥利弗·索姆:《没有研发的创新——德国制造业中非研发企业的多样化创新模式》,郑刚等译,科学出版社,2015年

克里斯蒂娜·查米纳德、本特-艾克·伦德瓦尔、莎古芙塔·哈尼夫:《国家创新体系概论》,上海市科学学研究所译,上海交通大学出版社,2019年

理查德·尼尔森编著:《国家(地区)创新体系:比较分析》,曾国屏等译,知识产权出版社,2012年

乌韦·坎特纳、弗朗哥·马雷尔巴主编:《创新、产业动态与结构变迁》,肖兴志等译,经济科学出版社,2013年

大卫·莫厄里、理查德·纳尔逊编著:《领先之源——七个行业的分析》,胡汉辉等译,人民邮电出版社,2003年

史蒂文·克莱珀:《创新的演化》,林冬阳等译,江西人民出版社,2018年

瑞尼·雷吉梅克:《光刻巨人:ASML崛起之路》,金捷幡译,人民邮电出版社,2020年

路风:《走向自主创新:寻求中国力量的源泉》,中国人民大学出版社,2019年

路风:《新火》,中国人民大学出版社,2020年

陈劲编著:《技术创新管理》,科学出版社,2022年

黄阳华:《产业创新与高质量发展》,经济管理出版社,2020年

第五章　竞争中的企业及其文化

在绝大多数情况下,企业像有机体一样,存在着从诞生到衰亡的演化历程。创新与竞争是决定企业成长的两种基本活动,两者都意味着残酷的淘汰。毕竟,市场经济是有赢有输的生死游戏。以竞争为中心的企业成长是企业史研究的重要内容,与企业家精神也息息相关。企业自诞生后,就会形成或强或弱的企业文化,企业文化对企业发展起着重要作用。企业史与企业家精神是企业文化的重要组成部分,对工业企业来说,企业文化又是工业文化的一部分。

一、企业的生命力

尽管人们都希望企业永葆生命力,但企业史是一部记录着大量企业由兴到亡的历史。企业的成长绝非易事。一本美国的创业学教材列出了2002—2006年美国企业创业与失败的数据,提醒学生企业的世界充满动荡。相关数据见表5-1:

表5-1：美国创业、停业和破产企业数量（2002—2006）

类　别	2002年	2003年	2004年	2005年	2006年
创业企业数量	569 750	612 296	628 917	653 100	649 700
停业企业数量	586 890	540 658	541 047	543 700	564 900
破产企业数量	38 540	35 037	39 317	39 201	19 695

资料来源：斯蒂芬·斯皮内利、罗伯特·亚当斯：《创业学：21世纪的企业家精神（第10版）》,第80页。

受演化经济学启发的沙伦·奥斯特（Sharon Oster）指出，剧烈变化往往是一个产业或一个产品市场早期的特征，随着发展，产业开始较为稳定，新进入企业的数量增加放慢、利润和增长率趋于平稳。具体而言，这种细分产业兴起于某企业开发出一种新产品，创新者最初的生产能力往往不能满足市场需求，在新产业的成长性和获利机会的吸引下，出现了新的进入者，而这一过程往往伴随着产品技术和产品样式的改进。产业演化的这一阶段存在着很多不确定性和模仿行为，实际利润短暂而多变。然而，当产业吸引到的新进入者太多时，生产能力的扩大使得生产者发现市场需求不再能支持赢利。此时，在市场需求条件下，一些企业以比其竞争对手略低的成本生产产品，随着产业发展，这些企业的竞争优势开始显现。这导致了"达尔文适者生存式的淘汰"，与此同时，价格和利润下降。最终，只有最具竞争力的企业生存下来，产业进入稳定状态。[1]奥斯特描绘了具有普遍性的产业演化图景，企业的创新与竞争是其最重要的内容。在这幅图景里，产业有自己的生命轨迹，而它又建立在企业生命轨迹的基础上。

克里斯坦森等人描绘了一个相似的演化进程。在其模型中，一个创新企业在起步阶段，创始人的动力更多来自发现，也明显更有创业精神，因为在企业生命周期的早期，其关键任务是形成值得付诸实践的新商业想法，其需要的关键技能是发现或探索技能，而执行或实现技能次之。一旦创新型企业家将有商业潜力的新想法化成了真切的商业机遇，企业就会开始成长，这时企业家就必须花费精力搭建程序，将想法发展成宏伟的事业。在企业的成长阶段，由于创新型企业家更有可能根据直觉而非数据分析做决定，他们常被换成职业经理人，但这就会导致高管团队远离发现技能。在创始人企业家撤出后，企业生命周期进

---

[1]　沙伦·奥斯特：《现代竞争分析（第三版）》，张志奇等译，中国人民大学出版社2004年，第7—8页。

入成长和成熟阶段，在这两个阶段，经理人能登上管理金字塔的顶层，他们更关注的是执行而非开发新业务。最终，对大多数企业来说，最初使企业得以成立的创新精神走向衰落，企业上下再一次意识到需要发现技能。[1]这一企业生命周期模型是由企业家精神的盛衰主导的，也可以视为一种企业家精神在企业中的生命周期。

伊查克·爱迪思（Ichak Adizes）创立了一个更翔实的企业生命周期理论，他将企业的生命轨迹划分为：孕育期—婴儿期—学步期—青春期—壮年期—壮年晚期—稳定期—贵族期—官僚早期—官僚期—死亡。虽然这只是一个多少有些刻意的经验模型，但确实能从企业史中得到大量的案例支持。爱迪思的理论非常强调企业创始人和管理者在企业生命周期中的作用。例如，他认为，在企业的学步期，机会本身会成为问题："有些人总是觉得自己能做到任何事情，结果就是，处于学步期的公司可能会同时在多个方向上发展，它们不想放过任何一个可能的机会，这时很可能就会陷入麻烦。学步期的公司就像刚开始学爬的孩子一样，四处乱爬。永远看不到问题，看到的都是机会。"[2]在这一普遍存在的现象中，企业家的具体风格会影响企业处理问题的方式。企业生命周期理论和演化经济学一样，运用了生物学的隐喻。

多元化是企业成长的一种路径，也是企业成长的重要表现。多元化指的是企业在不同的市场上经营。有的企业进入一系列相互联系的市场，这被称为同心多元化（concentric diversifications），有的企业进入其上游或下游的市场，还有的企业在互不相关的市场上开展经营活动。早期研究强调企业的多元化能够降低企业收入波动，只要两项业务不是完全相关的，同时经营这两项业务就可能减轻企业总收入的波动，所谓"东方不亮西方亮"。[3]不把鸡蛋放在一个篮子里，这是一种古老的

[1] 戴尔、葛瑞格森、克里斯坦森：《创新者的基因》，第18—21页。
[2] 伊查克·爱迪思：《企业生命周期》，王玥译，中国人民大学出版社2017年，第62页。
[3] 沙伦·奥斯特：《现代竞争分析（第三版）》，第205、211页。

商业智慧。现代企业的多元化要复杂得多。企业的多元化一般有四种动因:(1)帮助企业更好地利用核心优势,形成范围经济(economy of scope)优势或协作(synergies)优势;(2)从新市场赢利,以使企业获得稳定的回报;(3)企业寻求更有效地利用内部资源的途径;(4)企业追求高成长性。[1]纵向一体化或垂直一体化是一种重要的多元化策略,它又有两种形式:(1)后向一体化(backward integration),指企业自己生产原料向上游产品扩展的一体化;(2)前向一体化(forward integration),指企业向下游产品扩展的一体化。[2]根据科斯的理论,纵向一体化为企业节约了交易成本。

　　为了扩展业务,企业可能以投资的方式形成新的生产能力,但企业也可以通过合并和收购业已存在的企业达到进入新市场的目的。企业的合并大致分为三种方式: 水平合并(horizontal merger)将同一市场内的两个或多个竞争对手合而为一; 垂直合并(vertical merger)将不同市场内同一产品链上的企业联系在一起; 聚结型合并(ccnglomerate merger)涉及的企业既不是同一市场中的竞争对手,也不在同一产品链中。合并或收购业已存在的企业往往能够加快主导合并或收购的企业进入新市场与新产业的进程。当产业不具备扩张生产能力的条件时,合并或收购可以使企业的进入避免价格下降的恶果,因此,在生产能力过剩的产业中,新企业的进入大部分以合并的形式发生。[3]合并会改变企业的生命轨迹。但除了合并,企业还可以通过战略性联合(strategic alliance)的方式快速进入新市场。战略性联合包括两家或多家企业以市场之外的方式将其资源整合在一起,以达到一个或一组目标的各种形式。联合的核心特征是,在一定时期内,几家企业针对特定的业务在市场之外进行合作。企业间的合作可以是长期的、多目标的,

---

[1]　沙伦·奥斯特:《现代竞争分析(第三版)》,第207页。
[2]　沙伦·奥斯特:《现代竞争分析(第三版)》,第224页。
[3]　沙伦·奥斯特:《现代竞争分析(第三版)》,第240—241、250—251页。

或者相反。有些联合涉及股权，如企业组建合资公司（joint venture）；有些联合不涉及股权，如企业间签订专利使用权转让协定。[1]与合并不同，企业的联合不会消灭参与联合的企业的独立生命，那些对自主权和自己历史感到骄傲的企业更倾向于以联合而非合并的方式展开合作。企业的合作也是为了竞争。合作使企业增强力量以应对更大的竞争。

企业要想延续生命，必须在市场竞争中立于不败之地。创新是企业赢得竞争的有力武器，但除了创新之外，企业的竞争还包含着一般性的策略与模式。

二、企业的市场竞争

企业的成长与兴亡与竞争伴随始终，即使某些垄断企业，也是通过在竞争中消灭掉其对手而获得垄断地位的。德鲁克指出了竞争是现代工业文化的一大特征："工业体系的生产是竞争性的，而不是互补性的；是变化无定的，而不是固定不变的。"[2]竞争是企业史的轴心，企业史围绕着这一主题不停息地运转。

竞争需要战略与对策，迈克尔·波特对此多有研究。他指出："形成竞争战略的实质就是将一个公司与其环境建立联系。尽管相关环境的范围广阔，包含着社会的，也包含着经济的因素，但公司环境的最关键部分就是公司投入竞争的一个或几个产业。"[3]因此，企业制定竞争战略首先要分析产业结构。市场竞争本身就意味着企业并非一种孤立的存在，它时刻在与竞争对手互动。产业是由一群生产相近替代产品的企业组成的，以此为出发点，波特分析了五种竞争作用力（competitive

---

[1]　沙伦·奥斯特：《现代竞争分析（第三版）》，第259—260页。
[2]　彼得·德鲁克：《工业人的未来》，余向华等译，机械工业出版社2009年，第43页。
[3]　迈克尔·波特：《竞争战略》，陈小悦译，华夏出版社2005年，第3页。

force），分别是：进入威胁、替代威胁、客户价格谈判能力、供应商价格谈判能力，以及现有竞争对手的竞争。波特认为，这五种竞争作用力的存在，表明一个产业的竞争大大超越了现有参与者的范围，客户、供应商、替代品和潜在的进入者均为该产业的"竞争对手"，这种广义的竞争可称为"拓展竞争"（extended rivalry）。[1] 实际上，创新会使产业结构剧烈变化，从而改变产业内的竞争格局。例如，一家纺织企业如果自己生产纺织机械并出售，就会变成其原有的设备供应商的竞争对手。生产商发现客户突然变成竞争对手的事并不鲜见。这就是企业所生存的不确定性的世界，而这种不确定性主要就通过竞争来展现。企业必须在竞争中形成优势，在波特看来，竞争优势来源于企业为客户创造的超过其成本的价值。价值是客户愿意支付的价钱，而超额价值产生于以低于对手的价格提供同等的效益，或者所提供的独特的效益补偿高价而有余。[2] 企业的竞争始终围绕着客户展开，这体现了市场经济的特性。

波特指出，在与五种竞争作用力抗争中，企业可以选择三种基本的竞争战略：（1）总成本领先战略（overall cost leadership），要求企业积极地建立起达到有效规模的生产设施，在经验基础上全力以赴降低成本，抓紧成本与管理费用的控制，以及最大限度地减少研发、服务、推销、广告等方面的成本费用；（2）差异化战略（differentiation），指企业将提供的产品或服务差异化，形成一些在全产业范围中具有独特性的东西；（3）目标集聚战略（focus），指企业主攻某个特定的顾客群、其产品链的一个细分区段或某一个地区市场，可以用该战略来选择对替代品最具抵抗力或竞争对手最弱之处作为企业的战略目标。[3] 这三种竞争战略所需要的基本技能和资源以及对企业基本组织提出的要求．是不一样的，如表5-2所示：

[1]　迈克尔·波特：《竞争战略》，第5页。
[2]　迈克尔·波特：《竞争优势》，陈小悦译，华夏出版社2004年，第3页。
[3]　迈克尔·波特：《竞争战略》，第34—38页。

表5-2：企业基本竞争战略的不同要求

基本战略	通常需要的基本技能和资源	基本组织要求
总成本领先战略	持续的资本投资和良好的融资能力 工艺加工技能 对工人严格监督 所设计的产品易于制造 低成本的分销系统	结构分明的组织和责任 以满足严格的定量目标为基础的激励 严格的成本控制 经常、详细的控制报告
差异化战略	强大的生产营销能力 产品加工 对创造性的鉴别能力 很强的基础研究能力 在质量或技术上领先的公司声誉 在产业中有悠久的传统或具有从其他业务中得到的独特技能组合 得到销售渠道的高度合作	在研发、产品开发和市场营销部门之间的密切协作 重视主观评价和激励，而不是定量指标 有轻松愉快的气氛，以及吸引高技能工人、科学家和创造性人才 重视主观评价和激励，而不是定量指标 有轻松愉快的气氛，以及吸引高技能工人、科学家和创造性人才
目标集聚战略	针对具体战略目标，由上述各项组合构成	针对具体战略目标，由上述各项组合构成

资料来源：迈克尔·波特：《竞争战略》，第39页。

　　不过，波特也指出，企业采用基本竞争战略存在着风险，要么未能形成或未能保持这种战略，要么既定战略带来的战略优势的价值会随着产业演化而发生变化。[1]这些风险是由竞争对手的模仿、技术革新、需求消失、战略对客户的吸引力削弱、细分市场与其他市场的差异减小等因素造成的。

　　波特对企业的竞争优势进行了拆解，引入了价值链作为基本分析工具。波特认为，将企业作为一个整体来看无法认识其竞争优势，竞争优势来源于企业在设计、生产、营销、交货等过程及辅助过程中所进行

---

[1]　迈克尔·波特：《竞争战略》，第43页。

的许多相互分离的活动。这些活动中的每一种都对企业的相对成本地位有所贡献，并奠定了差异化的基础。企业正是通过比其竞争对手更廉价或更出色地开展这些活动来赢得竞争优势的。企业的价值链就体现在被波特称为价值系统的一连串活动之中。[1]波特从竞争的角度将价值界定为买方愿意为企业提供给他们的产品所支付的价格，价值用总收入来衡量，总收入则是企业产品得到的价格与所销售的数量的反映。价值链展示了总价值，并包括价值活动和利润。价值活动是企业所从事的界限分明的各项活动，是企业创造对买方有价值的产品的基础。利润是总价值与从事各种价值活动的总成本之差。分析价值链首先要识别价值活动。波特将企业的价值活动分为基本活动和辅助活动这两大类，其中，基本活动包括内部物流、生产作业、外部物流、市场和销售、服务等五类，辅助活动则包括采购、技术开发、人力资源管理、企业基础设施这四类。[2]企业的这九类价值活动构成了价值链分析的基础，所谓价值链，就是这些价值活动环环相扣组成的系统。波特认为，为企业带来竞争优势的相对成本地位的显著变动最常见于采用与竞争对手有显著差异的价值链，这就是价值链重构。重构价值链可以源于不同的生产工艺、自动化方面的差异、直接上门推销而非间接销售、新分销渠道、新原材料、纵向一体化的重大差异、厂房设施的迁移、新的广告宣传媒介等因素。[3]对比一下熊彼特对创新的定义可知，波特所说的重构价值链在很大程度上依赖于企业的创新。由此可见，创新是企业获得巨大竞争优势的基本来源。

　　企业从事竞争需要企业家精神。奥斯特指出，企业要想获得比同期其他企业更高的回报，方式之一是在其他企业觉察到之前，抢先寻求并抓住有利的机会，这便是企业家精神。基于产业回报趋于降

---

[1]　迈克尔·波特:《竞争优势》，第33页。
[2]　迈克尔·波特:《竞争优势》，第36—42页。
[3]　迈克尔·波特:《竞争优势》，第106页。

低的演化模型，企业家精神在发现市场的缺口并以产品填补这个缺口的产业兴起初期可以带来收益，尽管这种收益有自我消亡的趋势，但在短期内，企业家精神的回报能够很好地补偿其承担的风险。渴望拥有企业家精神的企业，其中心任务是从环境变化中抓住机遇，占据优势地位。企业为了不断重塑自己，必须具备三种能力：对未来世界的预知能力，对可能发生的变化的分析能力，以及实施变革的意志和努力。企业家精神的首要之处在于拓展管理的视野，情景式规划（scenario planning）是鼓励拓展管理思维的一种方式，其意义在于找出现存企业一系列可能的变化的内在含义。企业家精神在于企业接受新思想的能力，但对成功的企业来说，关键点是坚持自己正确的判断不动摇，以此为出发点来分析未来的变化和抓住能为自己所用的机遇。企业必须有能力让自己的核心竞争力（core competencies）与市场机遇相适应。核心竞争力是一组相互关联的技巧、经验和技术，它使企业在市场上胜出。[1]奥斯特的这些论述，是从现代管理学的角度对熊彼特企业家精神理论的拓展。企业家精神使市场竞争发生着结构性的变化。

三、企业创新的窘境

创新是企业赢得竞争的重要武器，但创新的不确定性在于，不同类型的创新对企业的影响不同，某些从事创新的企业反而可能陷入某种丧失优势地位的窘境，甚至被市场淘汰。克里斯坦森的《创新者的窘境》（*The Innovator's Dilemma*）对此进行了经典性的研究。

大企业会遭遇意想不到的失败是企业史上常见的现象，克里斯坦森在《创新者的窘境》中从硬盘行业的企业史案例开始进行探讨，试图

---

[1]　沙伦·奥斯特：《现代竞争分析（第三版）》，第129、134—136页。

解释这一现象。克里斯坦森指出了企业史研究的重要性："一些读者可能会对历史本身感兴趣,但了解历史的价值在于,在其纷繁复杂的外表之下,存在着一些极其简单和一致的因素,而正是这些因素在不断决定着这个行业顶级企业的成与败。"[1]克里斯坦森任教于哈佛商学院,采用亲历史的方法研究企业并不奇怪。

克里斯坦森善于创造概念,他提出了"科技泥流假设"(technology mudslide hypothesis),用来描述企业所面对的不确定性:"企业在面对永无止境的科技变革时,就像在泥流上求生,它必须永远保持在泥流之上移动,稍一停顿下来,就会遭遇灭顶之灾。"[2]这个比喻生动形象。通过梳理技术上颇为复杂的硬盘行业史,克里斯坦森发现,该行业存在着两种类型的技术变革,对领先企业的影响各不相同:第一种技术变革延续了硬盘行业对产品性能的改善幅度,且性能改善的难度可以划为一个从渐进到突破的范围,在研发和采用这些技术方面,硬盘行业的主流企业总是处于领先地位;第二种技术变革或创新则破坏或重新定义了产品的性能改善模式,这常常导致行业领先企业走向失败。[3]克里斯坦森由此定义了两种创新,一种是延续性(sustaining)创新,一种是破坏性(disruptive)创新。在硬盘行业史里,大多数技术变革都是延续性技术变革,即一个技术沿着既定的轨道,去延续或强化产品性能的改善过程。但是,少数几次"破坏性创新"却颠覆了硬盘行业的领先企业。他总结称,破坏性创新并不涉及特别复杂的技术变革,其主要表现形式是将成品元件组装在一起,但相比之前的产品,产品结构通常会变得更加简单。破坏性创新并不能为主流市场的客户提供更好的产品,故这种创新首先发生在主流市场的可能性很小;相反,破坏性创新提供的是一种完全不同的产品组合,只有在远离主流市场或对主流市场没有太大

---

[1]　克莱顿·克里斯坦森:《创新者的窘境》,胡建桥译,中信出版社2014年,第4页。

[2]　克莱顿·克里斯坦森:《创新者的窘境》,第8页。

[3]　克莱顿·克里斯坦森:《创新者的窘境》,第9—10页。

意义的新兴市场,客户才会重视这些产品组合的属性。[1]具体的企业史案例是,1978年至1980年间,一些新兴企业开发了尺寸更小的8英寸硬盘,但大型计算机制造商对这些硬盘不感兴趣,这些新兴企业只能将8英寸硬盘销往微型计算机市场这个当时全新的应用领域。在微型计算机开始大规模使用8英寸硬盘后,中等价位微型计算机的硬盘容量开始以每年约25%的速度增长,而8英寸硬盘制造商则发现通过积极开展延续性创新,它们能够以每年超过40%的速度增加其产品的容量。于是,到20世纪80年代中期,8英寸硬盘制造商已经能够满足低端大型计算机的容量要求。随着产品的不断完善,8英寸硬盘在三年至四年的时间内,开始蚕食更高端的市场,并取代了大型计算机低端市场上的14英寸硬盘。这一过程导致了14英寸硬盘的知名企业开始衰落,在这些成熟企业中,有三分之二从未推出过8英寸硬盘产品,另有三分之一落后于8英寸硬盘制造商大约两年才推出自己的8英寸硬盘。最终,14英寸硬盘制造商全部被淘汰出硬盘行业。然而,14英寸硬盘制造商并非由于技术原因被取代,因为8英寸硬盘使用的零部件一般是标准的现成组件。[2]这个企业史故事表明,即使在高科技产业里,技术也并非创新的全部内容。创新以及与此关联的企业生死,由复杂的因果机制决定。一个进行延续性创新的企业可以长期保持竞争优势,但在破坏性创新的大浪袭来时,很可能突然被淹没于竞争的浪潮中。值得注意的是,破坏性创新的存在表明,真正具有重大突破性的创新往往发生于边缘而非主流,毕竟,边缘是缺少主流权威的压制的。

　　克里斯坦森指出,14英寸硬盘制造商完全具备生产8英寸硬盘的技术能力,它们之所以遭遇失败,是因为迟迟未做出进入8英寸硬盘这一新兴市场的战略决策,从而贻误良机。讽刺的是,这些14英寸硬盘制造商实际上受制于大型计算机制造商这一客户,因为这些客户当时并

---

[1]　克莱顿・克里斯坦森:《创新者的窘境》,第10、15—16页。

[2]　克莱顿・克里斯坦森:《创新者的窘境》,第18—19页。

不需要8英寸硬盘,并明确表示它们需要的是单位容量存储成本更低且容量更大的硬盘。14英寸硬盘制造商听取了这些大客户的意见,并作出回应,而这些大客户也确实继续引导着14英寸硬盘制造商沿着既有轨道增长。[1]但后来的事情证明,这是一个致命的错误。根据这种制造商与客户之间的关系所导致的失败,克里斯坦森提出了价值网络(value network)理论,用来说明为什么优秀的企业也会遭遇失败。所谓价值网络,是一种大环境,企业在这个大环境下确定客户的需求,并对此采取应对措施,解决问题,征求客户的意见,应对竞争对手,并争取利润最大化。在价值网络内,每一家企业的竞争策略,尤其是它过去对市场的选择,决定了它对新技术的经济价值的理解。这些理解反过来又反映了不同企业希望通过延续性创新还是破坏性创新来获得回报。在成熟企业中,预期回报推动资源流向延续性创新而非破坏性创新。[2]简单地说,客户就是企业价值网络的一部分,保守的客户会使那些以客户为中心的企业在技术预测与选择上也跟着变得保守,从而维系其价值网络,但这就会错失破坏性创新的良机并招致变动后的市场的惩罚。换言之,企业的创新与命运并不完全由它自己决定,而是由它在价值网络中所处的位置和其他相关因素决定。克里斯坦森总结称:"决定创新能否取得商业化成功的一项关键因素是,创新能在何种程度上满足价值网络内已知参与者的已知需求……破坏性创新非常复杂,因为根据成熟企业所使用的标准,破坏性创新的价值和应用领域并不确定。"[3]不确定性与企业如影随形。

在分析了其他行业的若干企业史案例后,克里斯坦森指出:"有明显的证据表明没有所谓的最佳战略,着力采取任何一种战略都有可能取得成功……成功的战略实施者都有一个共同的特点,那就是不管是有意识的还是出于本能,他们都深刻理解了客户的需求曲线和技术人

[1] 克莱顿·克里斯坦森:《创新者的窘境》,第19页。
[2] 克莱顿·克里斯坦森:《创新者的窘境》,第34页。
[3] 克莱顿·克里斯坦森:《创新者的窘境》,第59页。

员的供给曲线。到目前为止，理解这些曲线是他们获得成功的关键。但能够长期做到这一点的企业屈指可数。"[1]成功本身蕴藏着失败的陷阱，这就是创新者的窘境。

克里斯坦森后来又出了一本《创新者的解答》(*The Innovator's Solution*)，试图帮助企业化解创新者的窘境。关键的答案是要在企业内创造新的增长。表5-3是克里斯坦森给出的企业建立新成长业务的三种策略：

表5-3：企业建立新成长业务的三种策略

研究层面	延续性创新	低端市场破坏性创新	新市场破坏性创新
目标产品或服务的质量	为满足业内最高端的客户最重视的需求而作出改进，这类改进可能是渐进式的，也可能是突破性的	对主流市场的低端客户来说已经足够好的传统性能	低端的"传统"性能表现，但是增加了新的特性——特别是在简洁性和便利性上
目标客户和市场应用	主流市场最有价值的（例如利润最大的）客户，愿意为产品性能的改进而埋单	主流市场中被过度服务的低端客户	定位于"零消费"市场：这部分客户过去没有资金或技术来购买和使用这种产品
对业务模式的要求（业务流程和成本结构）	利用现有的竞争优势，对当前的业务流程和成本结构作出改善以提高或维持利润水平	采用新的运营模式或财务模式（或两者兼备）——在提高资产使用率的同时接受较低的毛利率，在用折扣价格争取低端市场的同时保护可观的回报率	此业务模式要求在单价较低、起初产量不高的情况下仍能赚钱，单品销售的毛利润非常低

资料来源：克莱顿·克里斯坦森、迈克尔·雷纳：《创新者的解答》，李瑜偲等译，中信出版社2013年，第41页。

---

[1]   克莱顿·克里斯坦森：《创新者的窘境》，第223—224页。

　　和其他管理学家一样,克里斯坦森试图对不确定性的创新进行预测,而这就需要理论。他指出,理论就是陈述清楚什么样的因可能产生什么样的果,以及为什么会有这样的因果关系。建立理论有三个步骤,首先要描述想了解的现象,其次要将现象进行分类,分类是为了在复杂的现象中找到重要的差别,并对其加以强调,最后,研究者会得出一个理论,说明该现象产生的原因,以及为什么这个原因会产生这个结果。与此同时,根据分类标准和当时的情况,这个理论还必须说明同样的机制产生其他不同的结果的可能性及其原因。理论建立的过程相当烦琐,研究者必须一直在这三个步骤中循环往复,以完善其预测能力。[1]企业史若想真正成为一门对企业有用的学问,企业史研究者必须具有理论思维并努力建立理论。

四、企业文化及其功能

　　《辞海》第六版虽然没有收录“企业家精神”一词,但对‘企业文化”青睐有加,收录了三个相关词条。该书对企业文化的解释是:“企业在生产经营实践中形成的具有本企业特征的一种基本精神和凝聚力,以及为全体员工所认同并遵守的价值观念和行为准则。由三个层面构成:(1)表面层的物质文化,包括厂容、厂貌、产品造型、产品质量等。(2)中间层次的制度文化,包括管理体制、人际关系以及各项规章制度和纪律等。(3)核心层的精神文化,包括经营理念、行为规范、价值观念、社会责任等,是企业文化的核心,被称为‘企业精神’。”[2]该书还收录了“企业文化学派”一词,解释称该学派为管理学学派之一,认为管理并不是自然世界的一部分,管理以文化为基础,植根于文化之中,构成企业文化的五个要素包括:企业环境、价值观、英雄人物、典礼及

---

[1]　克莱顿·克里斯坦森、迈克尔·雷纳:《创新者的解答》,第13—15页。

[2]　辞海编辑委员会:《辞海》(第六版彩图本),第1779页。

仪式、文化网。该学派强调管理不仅涉及企业形象、企业环境条件，还涉及职工的价值观等，是一个表里互动的过程。该学派的代表性学者有大内（William Ouchi）、德鲁克、迪尔（Terrence Deal）和肯尼迪（Allan Kennedy）。[1]这些介绍勾勒了企业文化这一概念的基本轮廓。

值得注意的是，《辞海》第六版还收录了"企业文化：企业生存的习俗和礼仪"这一词条，而这是前述迪尔与肯尼迪合撰的一本书，出版于1981年。词条撰写者对该书赞誉有加，称该书系"集中对80家企业进行详尽调查所写成的关于企业文化的著作。用丰富的例证指出：杰出而成功的企业都有强有力的企业文化。在两个其他条件都相差无几的企业中，由于其文化的强弱，对企业发展所产生的后果完全不同"。[2]这本书的一个中译本名字稍有不同，叫《企业文化——企业生活中的礼仪与仪式》（*Corporate Culture: The Rites and Rituals of Corporate Life*）。迪尔和肯尼迪在书中也是先引述了词典和大企业高管关于文化的定义，指出文化"包括思想、言谈、行动和人造物品的人类行为的综合形式，并依赖于人们的学习和传递知识的能力向后代传递"，更简单地说，企业中的文化即"我们做事的方式"。两位作者继而提出："每个企业（实际上应该说是每个组织）都有自己的文化。在有些组织中，它显得支离破碎，局外人很难理解……还有一些组织的文化强有力并且富有凝聚力，每个人都知道组织的目标，并为这些目标而努力工作。无论组织文化的力量强弱，它都会对整个组织产生深刻的影响，它影响着企业实践中的每一件事：从晋升什么样的人到作出什么样的决策，从员工上班的着装到他们所热衷的运动。正是由于这种影响，我们认为文化对于企业的成功起着重要作用。"[3]

---

[1]　辞海编辑委员会：《辞海》（第六版彩图本），第1779页。
[2]　辞海编辑委员会：《辞海》（第六版彩图本），第1779页。
[3]　特伦斯·迪尔、艾伦·肯尼迪：《企业文化——企业生活中的礼仪与仪式》，李原等译，中国人民大学出版社2008年，第4—5页。

　　迪尔和肯尼迪认为企业文化的构成要素包括：企业环境、价值观、英雄人物、礼仪和仪式，以及文化网络。企业所处的环境决定了它应该怎样做才能成功，因此，在塑造企业文化的过程中，企业所处的环境是最重要的单一影响因素。价值观是一个组织的基本理念和信仰，构成了企业文化的核心，为员工界定了关于成功的具体内容。英雄人物是企业文化的体现，为员工提供了有形的榜样。礼仪和仪式是企业日常生活中一些系统化和程序化的惯例，向员工表明了企业期望的行为方式。文化网络则是组织内部的主要沟通手段，是非正式的关于信念与英雄神话的传播渠道。迪尔和肯尼迪将人视为企业最重要的资源，对人的管理要运用文化的微妙影响。[1]这就是迪尔和肯尼迪构建的关于企业文化的基本模型。这个模型是非常清晰易懂的。

　　与迪尔和肯尼迪出版其著作同一时期，美国学者威廉·大内也提出了企业文化的Z理论。大内从1973年起就开始研究表现强势的日本企业，比较日美两国的管理经验。所谓Z理论管理法，其基本原则是"认为牵涉其中的工人是提高生产力的关键"，其中一个原则是"信任"，另一个原则是"微妙性"。[2]这是当时在全球市场上不断打败美国企业的日本企业所表现出来的管理特性。大内提出了Z型组织的概念，指出在Z型组织中，典型的决策过程是一个体现出集体意志和重视雇员参与的过程，其中，组织选择许多人参与重大决策。这种参与式的决策过程是组织的机制之一，有助于在组织内部广泛地传播信息和价值观，还象征性地、明明白白地传达出企业的合作精神。[3]对Z型企业来说，哲学观尤其重要。大型组织随着时间的推移会逐渐形成特殊的个性，也就是组织文化。要形成始终如一的组织哲学观，组织首先必须

---

[1]　特伦斯·迪尔、艾伦·肯尼迪：《企业文化——企业生活中的礼仪与仪式》，第13—14页。

[2]　威廉·大内：《Z理论》，朱雁斌译，机械工业出版社2013年，第3—4页。

[3]　威廉·大内：《Z理论》，第65页。

具有一组基本的价值观和理念。[1]换言之，企业文化是一个体系。大内认为，企业的哲学观必须包括：（1）组织的目标；（2）组织的经营管理程序；（3）组织所处的社会和经济环境施加给组织的制约因素。因此，企业的哲学观不仅规定目标，还规定手段。[2]尽管进入20世纪90年代后，日本企业风头不再，日式企业管理也多受质疑，但大内从日本企业成功经验中提炼出来的Z理论仍不乏真知灼见。毕竟，企业的成功经验往往具有跨越历史的普遍性。

　　1981年与1982年，管理学界陆续出版了一批企业文化研究的经典著作，不过，对企业文化及其功能的相关探讨可以追溯至20世纪前半叶。企业是由人构成的组织，人在组织中的关系与状态是企业管理的重要对象，而这就不可避免涉及企业文化。德鲁克对企业的探讨就触及企业的价值观与社会性等后来被归为企业文化的主题。在《新社会》中，德鲁克写道："企业作为一个社会机构所面临的问题，与其作为一个经济或政治组织所面临的问题是完全不同的……企业、个体成员和社会的目的与客观需求是协调一致的。工业社会要求其成员必须具备'管理者态度'，这一点与……个人必须获得'人的尊严'的要求一脉相承。"[3]随着时间推移，企业的社会责任越来越被人们所重视，而企业对其社会责任的履行必然是其自身价值观也就是企业文化的一种投射。

　　企业文化不是一成不变的，对企业文化的研究同样在变化。在20世纪80年代后期，科特（John P. Kotter）与赫斯克特（James L. Heskett）对早期的企业文化理论提出了质疑，他们称："尽管今天人们普遍相信，强文化能够创造优秀的绩效，我们发现近二百家企业的近期经验并不支持这个理论。在具有强文化的公司里，管理者往往和谐一致，

[1]　威廉·大内：《Z理论》，第108—109页。
[2]　威廉·大内：《Z理论》，第110页。
[3]　彼得·德鲁克：《新社会》，第165页。

奋勇向前。这种团结、激励组织和控制能够助力绩效,但前提是产生的作用仅适合于企业特定环境中的智慧型公司战略。"[1]他们在1987年8月到1991年1月间,做了四个研究来探讨企业文化与企业长期绩效之间的关系,其成果为《企业文化与绩效》(*Corporate Culture and Performance*)。在这本书中,科特与赫斯克特也是从对文化的界定开始研究的。他们指出"文化的概念在一个宽泛宏观的意义上代表了任何一个特定人群的本质,而且代代相传",而从"更为深入和不可见的层面"上看,"文化是指被一群人分享的价值观,甚至在群内成员发生变化时,这种价值观也会长期持续"。所谓价值观,通俗说就是关于"什么是生活中重要的东西"的理念,这种理念因企业而异,例如有的企业非常在乎金钱,而有的企业则关注技术创新或员工福利。[2]科特与赫斯克特支持适应性文化的理论,该理论的基本逻辑非常简单:"长期以来,只有有助于组织预测和适应环境变化的文化,才与优越的绩效有关。"[3]这一点非常重要,因为企业生存的不确定性世界是变动不居的。科特与赫斯克特的理论实际上是一个关于企业文化随着环境变化而演化的模型。他们指出,在企业的初创阶段,企业家所拥有的企业哲学与适应特定局势的企业战略对实现促进绩效的企业文化至关重要,大量的成功案例会使企业家及其哲学得到员工高度认可。然而,促进绩效的企业文化常常在漫长的时间里被慢慢腐蚀,或者是由于它们没有有效地在新一届领导储备层中成长,或者是因为时间和成功模糊了人们的记忆,使其忘记了自己成功的初始原因。在缺乏此类能促进绩效的文化的成熟企业中,变革会被强烈抵制,克服这种倾向需要管理者的个人品质与行动相结合。在成功变革的企业中,领导者有制造巨变

---

[1]　约翰·科特、詹姆斯·赫斯克特:《企业文化与绩效》,王红译,中信出版集团2019年,第171页。

[2]　约翰·科特、詹姆斯·赫斯克特:《企业文化与绩效》,第3—4页。

[3]　约翰·科特、詹姆斯·赫斯克特:《企业文化与绩效》,第51页。

的经验，并且在信任和权力的基础上将企业"局外人"的观点与企业自己人结合起来。这些领导者以制造一种危机感或改变的需要为出发点，进而通过创立企业发展的新方向来推进重视满足客户、员工及股东需求的哲学基础，以及与环境相适应的企业战略，最终重新创建绩效提升型企业文化。[1]科特与赫斯克特实际上批判了成熟企业或大企业中的官僚主义及其领导者的傲慢，这类企业偏离了初创时的企业文化，需要通过变革来重塑适应环境的企业文化，以保持其生命力。科特与赫斯克特对适应性企业文化与非适应性企业文化的区分如表5-4所示：

表5-4：适应性企业文化与非适应性企业文化

特　征	适应性企业文化	非适应性企业文化
核心价值	大多数管理者都非常关心客户、股东和员工。他们也非常重视能够创造有用的、变化的流程（领导上下级管理阶层）	大多数管理者主要关心的是他们自己、他们直属的工作小组，或者与该工作小组相关的一些产品（或技术）。他们更重视有序的、少风险的管理过程，而非领导举措
共性行为	管理层密切关注其所有支持者，尤其是客户，并在需要时发起变革，为他们的合法利益服务，即使这意味着要冒一些风险	管理者往往表现得有些狭隘、政治化和官僚主义，因此，他们不会迅速改变策略，以适应或利用商业环境的变化

资料来源：约翰·科特、詹姆斯·赫斯克特：《企业文化与绩效》，第59页。

　　企业史为企业文化变革与企业文化冲突提供了丰富的案例，德国西门子公司创业之初的经历就颇为典型。维尔纳·冯·西门子（Werner von Siemens）生于1816年，年轻时改进了一台有缺陷的指针式电报机，发现"解决问题的最可靠的办法，那就是给指针电报机制作自动部件，从而使电流可以自动切断和产生"。发现原理后，维尔纳·西

---

[1]　约翰·科特、詹姆斯·赫斯克特：《企业文化与绩效》，第173—174页。

门子将制造任务委托给了一名青年机械师哈尔斯克（Johann Georg Halske），后者在柏林经营着一家小型机器公司。哈尔斯克造出了维尔纳·西门子需要的产品，并异常兴奋于两人的成果。[1]1847年，西门子与哈尔斯克一起创立了西门子–哈尔斯克（Siemens & Halske）公司，其目标为"主要制造和生产电报机，但也不排除其他业务"。从形式上看，早期的西门子公司就是一家手工工场。最初，哈尔斯克只是带着10名工人在一栋年租金300塔勒的房子里制造电报机及其配件。维尔纳·西门子住在房子的一楼，二楼是车间，哈尔斯克住在三楼，每层楼有6个房间和1个厨房，车间面积只有150平方米，生产设备只有3台车床。1848年，公司雇用的工人数量增加了近一倍，就把隔壁的房子也租下来了。在1870年之前，西门子公司只有少量通用机床，直到1863年，公司才添置了第一台靠蒸汽驱动的机器。实际上，西门子公司并非无法负担购置机器设备的费用，但公司依靠工匠进行手工制造，对机床与动力机器的需求不高，甚至当公司雇工数量达到150人时也是如此。在这一阶段，西门子公司主要接受特定顾客的订单，并不面向市场生产，故手工制造方式可以满足需求。19世纪中叶，西方国家的电气化方兴未艾，各种电气产品的需求持续增长。维尔纳·西门子的兄弟威廉·西门子（William Siemens）负责在英国为公司联系业务，他向公司施加压力，要求通过扩大劳动分工而引入标准化与更便宜的制造方法。威廉对柏林寄到伦敦的工匠制造的昂贵配件不满，威胁公司说他要在英国自行制造或以更低价格采购。西门子家的另一个兄弟卡尔·西门子（Carl Siemens）1855年进入公司工作，持同样的态度。卡尔和威廉都注意到，英国制造的同样产品虽然工艺性不如德意志的产品，但更便宜。工匠制造方式在早年间为西门子公司生产的电报机带来了耐用而

---

[1]　维尔纳·冯·西门子：《西门子自传》，博达译，民主与建设出版社2003年，第46—47页。

精致的高品质名声，但那是一个缺乏竞争的年代，且昂贵的电报机具有40%的利润率。然而，随着技术的扩散，市场竞争的压力产生了。1861年，西门子公司已经失去在德国电气工业的垄断地位，维尔纳写道："错误在于，没有资本和才智，任何技师都无法为我们提供关键的竞争力。"于是，西门子公司开始进行一些改革。改革首先从基础设施建设启动。维尔纳·西门子宣称："到目前为止，低成本生产的障碍是我们缺乏铸造部门，木工活也随便找个什么地方就干……在太多犹疑之后，最终，我们决定建立一个木工车间和铸造厂。"基础设施建设意味着西门子公司从形式上开始由作坊扩展为工厂。公司的组织也变得更复杂。19世纪50年代中期，西门子公司已经有了一个"规章房间"，用来检查即将出厂的产品，此后，简单的检查工作逐渐转移到了零件组装线上。与此同时，未来将成为实验室的"实验房间"也开辟出来了。为了提升效率，计件工资制被引入公司。不过，这些改革举措遭到了早期服务于公司的工匠的抵触，其中也包括公司创始人之一哈尔斯克。带着大约100名工人和5名监工，哈尔斯克在不断扩展的工厂里保留了一个自己的车间，而且不愿意放弃他的工匠制造方式。进入到19世纪70年代后，西门子公司的改革才较大规模地展开。此时一个有利的条件是，公司创立时期发挥了骨干作用的工匠纷纷退休或去世。例如，哈尔斯克就于1868年退休了。1869年11月，维尔纳·西门子写道："我们现在花了很大的力气从事优良的设计……我们努力的方向是引入标准设计，这可以使生产变便宜从而消除竞争。"他宣称"工匠的设计"已经是过去的事情了。就在1868年前后，西门子公司设置了最初的设计部门。从哈尔斯克退休的1868年到1873年，西门子公司购买机床的投资增长了7倍，购买动力设备的投资增长了差不多6倍。[1]西门子公司的早期历史，展现了企业面对变动了的市场环境，是如何进行组织与技术

---

[1]　Jürgen Kocka: *Industrial Culture and Bourgeois Society: Business, Labor, and Bureaucracy in Modern Germany*, New York and Oxford: Berghahn Books, 1999, pp.2–18.

变革的,这种变革意味着"做事的方式"要发生改变,也就是以观念为内核的企业文化要得到重塑。

企业史与企业家精神均可被视为企业文化的一部分。构成企业文化的价值观、英雄故事通常包含在企业的历史中,而企业记录和学习自己的历史,本身就可以被视为一种礼仪和仪式。企业家通常就是企业的英雄,企业文化往往也是由企业家塑造的,这使得企业家精神会渗透至企业文化中。因此,对企业而言,企业史与企业家精神是其建设企业文化必须重视的重要内容。

五、工业遗产与企业博物馆

企业必须面向未来创新,但历史作为企业文化的一部分,是企业值得继承并善加利用的遗产。管理学家早已指出:"历史故事或传奇可能会一再地被重述以唤起组织内每一位成员的价值观及其意义。"[1]因此,企业史是企业培育企业文化的重要工具。由此引申,工业遗产与企业博物馆也是企业文化的重要组成部分。

工业遗产是工业发展过程中留存的物质文化遗产和非物质文化遗产的总和。物质层面的工业遗产主要是以工业建筑为核心的工业遗址,它们形成了独特的景观,甚至成为某些社区的地标。工业景观以其震撼的视觉冲击力和独特的历史印迹,成为工业遗产最重要的标志之一。非物质层面的工业遗产因其无形而较少被人们关注,但实际上,包括企业史、企业文化、工业精神在内的非物质工业遗产,赋予了工业遗产真正的文化价值,是工业遗产所具有的文化传承功能的内核。

工业发展需要一定的精神动力。英国工业革命的爆发本身就取决于瓦特、阿克莱特等人以创新为内核的企业家精神。法国的工业革命

---

[1] 约翰·科特、詹姆斯·赫斯克特:《企业文化与绩效》,第7页。

也大大得益于圣西门鼓吹的实业精神。培育工业精神以及营造有利于实体经济发展的社会文化氛围，是一个系统性的文化工程，需要学校教育、图书出版、新闻传媒等各个方面的努力，工业遗产也是其中重要的一环。工业遗产所见证的工业史值得被铭记的最大理由，就在于它包含了工业企业的艰苦创业与开拓奋进历程，以及企业艰苦奋斗背后的精神源泉。在工业革命的浪潮中，技术不断换代，设备不停淘汰，生产场所也可能迁移，唯有内在的精神力量能够穿越时空得到传承，鼓舞一代又一代人去拓展工业革命的新边疆。各种有形的工业遗产就是无形的工业精神的载体，是激发后人工业精神的可依托之物。事实上，有一些工业遗产属于"活态遗产"，即老厂房与设备等物质性的工业遗产本身还在发挥着工业生产上的作用，这一类工业遗产就更加具有凝聚企业文化和进行工业精神教育的功能了。例如，济南二机床集团是一家将大型锻压生产线成套出口到发达国家汽车厂的中国企业，该集团虽然不断革新拓展，但保留了从20世纪30年代至今的老厂房，因此被工信部评为国家工业遗产。济南二机床集团将最老的厂房设为企业博物馆，其他一些老厂房则在保留原建筑风貌的基础上，进行了内部的技术改造，生产制造着具有前沿技术的产品。置身济南二机床集团这类活态工业遗产，人们将直观地看到企业筚路蓝缕的奋斗历程，感受到创业的艰难，体悟创业与发展的初心，更加容易被激起传承发扬的意志与信念。再如，中信重工所继承的洛阳矿山机器厂工业遗产，不仅见证了中国共产党领导中国人民白手起家干工业的奋斗史，也传承着不忘初心的焦裕禄精神。可以说，以企业史为依托的工业遗产就是学习工业精神和传承企业文化的重要课堂。

为了纪念企业史与传承企业文化，不少企业会自主建设企业博物馆或企业历史陈列馆，部分企业博物馆本身就是工业遗产。在企业博物馆中，工业企业的博物馆作为工业博物馆的重要组成部分，往往与技术和创新联系紧密，对企业与社会发挥着工业文化教育与科普教育的功能。有学者认为："工业博物馆应被视为工业遗产的一部分,不仅仅是因为它们利用了遗留的建筑,更因为它们的历史与收藏。它们的主要作用是保护这些遗产,保障包括财政与智力在内的合适资源,去促进教育与公共辩论。"[1]在19世纪的德国,早期的工业博物馆被设想能够促进艺术家、工匠和商人的技术与审美教育,由此来提升产品的质量,以便与先进的英国和法国制造品竞争。由于当时德国的制造品在世界博览会上表现糟糕,1864年到1890年之间,有超过20家此类博物馆在较大的德语邦国建立。随着德国工业的发展,该国工商业者关于历史与进步的叙事开始出现于文化史博物馆(cultural history museum)中。作为博物馆的负责人,中产阶级通常将他们的价值观,例如勤奋工作与经济成功,灌注进博物馆中。至于技术博物馆(museum of technology)则通过收藏与展示具有历史意味的技术产品,成为国家的记忆与教育场所。这些技术博物馆在19世纪通常展示的是发明家、工程师和企业家的技术成就与生平故事,其专业化程度很高。[2]很明显,从一开始,工业博物馆就具有开展工业教育与保存集体记忆这两种功能,满足了工业文化发展的需求,这两种功能也是工业企业自建博物馆的基本诉求。

在中国的企业博物馆中,创办于1872年的大企业招商局的博物馆极具特色。[3]2003年,为了提高招商局档案的管理水平,招商局集团斥资千万,将原蛇口工业区天元工业厂房改建成档案馆新馆,占地面积3 430平方米,建筑面积6 000多平方米。2004年,在深圳市文化局的大力支持与指导下,招商局集团在招商局档案馆的基础上建立了招商局

[1] Heike Oevermann and Harald A. Mieg edited: *Industrial Heritage Sites in Transformation: Clash of Discourses*, London and New York: Routledge, 2015, p.146.

[2] Heike Oevermann and Harald A. Mieg edited: *Industrial Heritage Sites in Transformation: Clash of Discourses*, pp.147-148.

[3] 关于招商局历史博物馆的资料系由该馆提供。

历史博物馆，并在 9 月 6 日，即招商局第一个"公司日"的同一天，举行了隆重的开馆揭牌仪式。这是深圳市第一家反映企业历史的博物馆，填补了深圳市行业博物馆的空白。也是在 2004 年，招商局集团设立了招商局史研究会，以此为平台，发掘招商局历史资源、加强招商局及相关历史的学术研究、发展和壮大招商局事业、培育和建设招商局企业文化。对历史的重视，对历史教育的推动，同样是招商局履行社会责任的重要方式。从 21 世纪初开始，为了应对数字化时代的挑战，学界、业界开始探索图书馆、档案馆、博物馆（Library、Archive、Museum）三者合作的路径，重构公共文化信息资源的管理模式，以"一站式"服务满足大众日益多元化的文化需求，即"LAM 合作模式"。招商局在企业文化建设长期积累的基础上，形成了一套既适应新时代中国档案事业发展潮流并契合 LAM 合作模式理念，又为企业档案馆发展提供了新思路的"AAM 一体化模式"。AAM 是 Archive、Association、Museum 首字母的组合，分别指代三个机构：招商局档案馆、招商局史研究会、招商局历史博物馆。"AAM 一体化模式"是指在招商局集团的主导下，以招商局档案馆为基础，以企业文化建设需求为导向，建立招商局史研究会、招商局历史博物馆，以一体化运行实现学术搭桥、资源共享、文化共建的模式。招商局档案馆、招商局史研究会、招商局历史博物馆是"三块牌子，一套人马"，但"合而不同"、角色有异。以招商局文化资源为核心，招商局档案馆是保管基地，招商局史研究会是研究平台，招商局历史博物馆是传播主体。

在招商局档案体系不断完善、历史研究持续推进的同时，档案社会化传播成为招商局档案事业发展和企业文化建设的一大主题，这就凸显了招商局历史博物馆的意义。招商局历史博物馆设有常规展览"一八七二到今天"，由晚清时期的招商局（1872—1911）、民国时期的招商局（1912—1949）、新中国成立后的招商局（1949—1978）、改革开放以来的招商局（1978—2000）和走向新世纪的招商局（2000 年至今）

共五部分组成。"一八七二到今天"展览以招商局历史为明线,以中国
近现代史为暗线,展示了招商局从1872年成立至今的风雨历程。在具
体展陈中则充分利用多媒体、声光电等新型数字化手段,营造庄重典
雅、久远深邃的历史气息。博物馆另外设有三个小型专题展:招商局
港航、招商局印谱、招商局历史建筑。招商局历史博物馆还结合招商
局历史节点和社会发展热点,每年举办短期专题展览,如:"春天的故
事""袁庚""香港招商局起义""李鸿章与招商局"等大型图片展览。
2022年,在招商局诞生150年之际,招商局历史博物馆也搬迁至了功能
更先进的新馆。

　　人类存在于时间之中,历史、现实与未来在不断的位移中,铺就了
人类文明的演化之路。时间对于人类创造的企业也具有同样的意义。
企业的文化遗产与企业博物馆,是企业对自身历史的铭记,是企业生命
力的见证,也启示着企业的未来。

本章参考阅读文献

沙伦·奥斯特:《现代竞争分析(第三版)》,张志奇等译,中国人民大学出版
　　社,2004年

伊查克·爱迪思:《企业生命周期》,王玥译,中国人民大学出版社,2017年

杰弗里·摩尔:《公司进化论:伟大的企业如何持续创新》,陈劲译,机械工业
　　出版社,2007年

迈克尔·波特:《竞争战略》,陈小悦译,华夏出版社,2005年

迈克尔·波特:《竞争优势》,陈小悦译,华夏出版社,2004年

安迪·格鲁夫:《只有偏执狂才能生存:特种经理人培训手册》,安然等译,中
　　信出版社,2013年

克莱顿·克里斯坦森:《创新者的窘境》,胡建桥译,中信出版社,2014年

克莱顿·克里斯坦森、迈克尔·雷纳:《创新者的解答》,李瑜偲等译,中信出版
　　社,2013年

戴尔、葛瑞格森、克里斯坦森：《创新者的基因》，曾佳宁译，中信出版社，2013年

乔治·埃尔顿·梅岳：《工业文明的社会问题》，费孝通译，群言出版社，2013年

特伦斯·迪尔、艾伦·肯尼迪：《企业文化——企业生活中的礼仪与仪式》，李
    原等译，中国人民大学出版社，2008年

威廉·大内：《Z理论》，朱雁斌译，机械工业出版社，2013年

约翰·科特、詹姆斯·赫斯克特：《企业文化与绩效》，王红译，中信出版集团，
    2019年

严鹏：《红色中车：国家名片的红色基因》，中国人民大学出版社，2021年

彼得·圣吉：《第五项修炼：学习型组织的艺术与实践》，张成林译，中信出版
    社，2018年

杰里·吉雷、安·梅楚尼奇：《组织学习、绩效与变革——战略人力资源开发导
    论》，康青译，中国人民大学出版社，2005年

严鹏、陈文佳、刘玥、秦梦瑶：《工业文化研学：国家创新体系的视角》，上海社
    会科学院出版社，2022年

第六章　企业史的钱德勒范式

美国学者小艾尔弗雷德·钱德勒（Alfred D. Chandler Jr.）被认为是企业史作为现代学科的奠基人，以至于有所谓钱德勒范式（Chandlerian paradigm）之说。[1]根据《牛津企业史手册》的索引，"钱德勒"一词作为人名共出现在了72个页面，"钱德勒式企业"共出现于8个页面，"钱德勒范式"则见于12个页面。[2]在这部企业史研究的百科全书式工具书里，没有任何一个其他学者出现的次数多于钱德勒，也很少有学者的名字能够产生衍生词语。例如，熊彼特只出现了26次，而且没有衍生词语。[3]这从侧面说明了钱德勒对于企业史研究作为一个专门领域的巨大影响力。诚然，不少学者对钱德勒的观点或钱德勒范式持批判态度。例如，彼得·特明（Peter Temin）等人就将钱德勒的历史观视为辉格史观，认为历史发展存在着与已知结果不同的另一种可能性，这值得去探讨，而"主流经济学为满足这一目的提供了充足而适用的武器"[4]。但是，钱德勒在企业史研究领域是这些挑战者绕不开

---

[1] Geoffrey Jones and Jonathan Zeitlin: *Introduction*, in Geoffrey Jones and Jonathan Zeitlin edit: *The Oxford Handbooks of Business History*, Oxford: Oxford University Press, 2007, p.2.

[2] Geoffrey Jones and Jonathan Zeitlin edit: *The Oxford Handbooks of Business History*, p.640.

[3] Geoffrey Jones and Jonathan Zeitlin edit: *The Oxford Handbooks of Business History*, p.700.

[4] Naomi R. Lamoreaux, Daniel M. G. Raff and Peter Temin: *Economic Theory and Business History*, in Geoffrey Jones and Jonathan Zeitlin edit: *The Oxford Handbooks of Business History*, p.55.

的先驱，则毋庸置疑。因此，批判性地继承钱德勒的学术遗产，对于企业史研究仍然具有重要意义。

一、钱德勒的家世与早期作品

1918年9月15日，钱德勒生于美国特拉华州一个与杜邦（Du Pont）家族沾亲带故的家庭，他的外祖父曾担任杜邦得尼莫斯化学品公司的首席工程师，而他的曾祖父则是标准普尔与普尔指数的创始人亨利·瓦纳姆·普尔。这一显赫家世对于钱德勒从事企业史研究可能有着决定性的影响。从某种意义上说，钱德勒继承了普尔的事业，将工业分析延伸到工业史领域，而杜邦公司则是钱德勒笔下反复出现的主角。1940年，钱德勒从哈佛大学毕业后进入美国海军服役，第二次世界大战结束后，他重返哈佛大学研究生院求学，成为熊彼特参与创办的企业史研究中心的研究助理。1952年博士毕业后，钱德勒先后到麻省理工学院和约翰·霍普金斯大学执教，直到1970年再次回到哈佛商学院，并于1989年7月作为荣誉教授退休。著作等身的钱德勒独立出版的第一部著作便是他曾祖父普尔的传记《亨利·瓦纳姆·普尔：商业编辑、分析家与改革者》（*Henry Varnum Poor: Business Editor, Analyst, and Reformer*），时在1956年。但直到1962年《战略与结构》出版，钱德勒才真正确立了自己的研究风格，并随着时间的发展而成为某种范式。

《战略与结构》通过对杜邦公司、通用汽车公司（General Motors）、新泽西标准石油公司（Standard Oil Company［New Jersey］）和西尔斯·罗巴克公司（Sears, Roebuck and Company）这四家美国大企业成长过程中各自的一段经历的分析，总结其共性特征，探讨了现代工商企业管理制度的成因与特点。这是一种将历史案例与理论分析结合起来的写作方式，与此前企业史研究通行的人物传记等纯粹的叙事史范式完全不同。毫无疑问，这本书的关键词是"战略"与"结构"。钱德勒对企业的战略与战术进行了区分，又指出其共性："战略决策关乎企业的长期健康。战术决策处理的是为了企业高效平稳运行而采取的必要的日常行为。但无论是战术决策还是战略决策，通常都仰赖对于资源分配或再分配的贯彻，这些资源包括钱、设备或人。"[1] 进一步说，钱德勒对战略进行了定义："战略可以被定义为企业对基础性的长期目标与任务的决策，以及为了实现这些目标而采取的必要的行为进程和资源分配。"至于结构，也被钱德勒赋予了定义："结构的定义可以指被设计出来的组织，企业通过它得以管理。"[2] 在钱德勒看来，企业的战略与结构具有理论上的动态关系，"采取新战略就意味着增加新的人员和设施类型，并改变企业负责人的商业眼界，这就能对企业组织的形式产生深远影响"，换言之，"结构随战略而变，最复杂的结构类型是几种基本战略相互关联的结果"，而"一个扩大了的企业若想有效运行，它的新战略就需要新的或至少改进了的结构"[3]。因此，钱德勒实际上构建了一种企业发展模型，即企业在成长过程中需要用新战略来应对新问题，而新战略的落实需要新结构予以制度上的保障。历史在这一模型中有着重要地位，因为该模型是一个刻画成长型企业的模型，而企业的成长壮大是一个在时间中演变的过程，也就是一个历史过程。

但对钱德勒来说，历史更为重要的意义在于，它是《战略与结构》的基本研究方法。《战略与结构》不是单纯的记录历史事件长企业传记，它只是要借助特定企业的历史来总结一般性的企业发展规律。事实上，这正是哈佛商学院案例研究法的基本路径，也是德国历史学派方法论之神髓。在美国大力宣扬韦伯学说的社会学家帕森斯（Talcott

---

[1] Alfred D. Chandler Jr.: *Strategy and Structure: Chapters in the History of the American Industrial Enterprise*, Washington,D.C.: Beard Books, 2003, p.11.

[2] Alfred D. Chandler Jr.: *Strategy and Structure: Chapters in the History of the American Industrial Enterprise*, pp.13-14.

[3] Alfred D. Chandler Jr.: *Strategy and Structure: Chapters in the History of the American Industrial Enterprise*, pp.14-15.

Parsons）也是在德国学习的经济学，就职于哈佛大学后，与熊彼特走得很近。钱德勒只与熊彼特见过几次面，但曾直接受教于帕森斯。[1]因此，钱德勒在哈佛大学很容易受到一种将历史与理论结合起来的学风之熏陶。至少，在结构主义者帕森斯的影响下，钱德勒的作品使企业史研究与社会科学产生了实质性和可理解的关联。[2]作为钱德勒著作的关键词，"结构"一词本身就暗示了帕森斯思想的笼罩。

具体而言，《战略与结构》撰写的是比较企业史（comparative business history），其历史方法的要旨在于对不同历史案例进行比较分析，即"检验不同企业的相同行为"，而不是考察"单一企业的所有行为"[3]。这就是社会科学而非传统历史学的思维方式。钱德勒以具体的历史事实来为其方法的可行性辩护："对这项研究来说很重要的是，这四家企业的管理者开始发展他们的新结构时是相互独立的，而且独立于任何其他企业。不存在模仿。当赋予大企业新的管理方式时，每家企业都认为它们的问题是独特的而其解决方式亦具有真正创新性。但这些创新迟早将成为众多美国企业相似变化的模式。"[4]换言之，不同企业的成长存在着相同或相似的共性特征，这种共性特征便是规律。要揭示共性特征，只能选择多个案例作为样本，并控制所要研究的变量，观察各个案例在同一问题上的变化有无共同点。在这种历史方法的指引下，钱德勒在《战略与结构》中首次展示了他一生钟爱的研究母题：多部门（单位）现代大企业的崛起。对这种企业出现的原因，钱德勒总结道："当企业变得太复杂，而为了同时处理长期性的创业活动和

---

[1] 托马斯·麦克劳：《创新的先知：约瑟夫·熊彼特传》，陈叶盛等译，中信出版社2010年，第560页。

[2] William Lazonick: *Business History and Economic Development*, in Geoffrey Jones and Jonathan Zeitlin edit: *The Oxford Handbooks of Business History*, p.70.

[3] Alfred D. Chandler Jr.: *Strategy and Structure: Chapters in the History of the American Industrial Enterprise*, p.1.

[4] Alfred D. Chandler Jr.: *Strategy and Structure: Chapters in the History of the American Industrial Enterprise*, p.3.

短期性的经营活动所进行的协调、评估和政策规划对于企业顶层的数量不多的领导来说过于繁重时，新形势就出现了。为了满足这种新需求，创新者打造了多部门结构，其中既包括一个一般性的管理部门来集中处理具有企业家精神的创业活动，又包括自主的且自我管理的分支机构来应对日常营业活动。"[1]简言之，企业成长需要新战略，新战略需要新结构。

因此，假如企业史研究确实存在着一种钱德勒范式，则这种范式在《战略与结构》中已初见雏形。《战略与结构》展示了钱德勒范式的两大基本特征：其一是以社会科学化的历史方法作为研究工具，其二是以大型工商企业的历史命运作为研究母题。终钱德勒之一生，他的著作基本上没有脱离过比较企业史这种写作模式，他对于企业历史的探讨始终是为理论命题服务的。而在《战略与结构》中粉墨登场的大型企业，也将成为钱德勒一生所要探讨的几乎唯一的企业类型。从这两点来看，《战略与结构》在整个钱德勒著作体系中都有着独一无二的开创性地位。

尽管《战略与结构》一反传统的叙事史，将结构分析等社会科学思维方式引入到企业史研究中，从而具有了范式革命的意义，但钱德勒并未完全抛弃传统历史方法。《战略与结构》中四家企业案例的材料，主要利用了公司档案和对当事人的采访记录，[2]换言之，这是一本基于原始史料写就的历史著作。钱德勒引用大量信件和内部报告来阐述或证明其论点。例如，他曾引用杜邦公司管理者于1919年说的一段话："我强烈地感觉到，我们现在到了杜邦公司领导层事务的又一个转折点；所以，将发展与管理未来生意的责任交给下一代人，看上去会很明

---

[1]　Alfred D. Chandler Jr.: *Strategy and Structure: Chapters in the History of the American Industrial Enterprise*, p.299.

[2]　Alfred D. Chandler Jr.: *Strategy and Structure: Chapters in the History of the American Industrial Enterprise*, p.vii.

智。"[1]这比史家自己的话语能更有力地反映企业的发展到了变革期。再如，当行文至杜邦公司初步创造管理体制的新结构以后，钱德勒引用了公司的内部报告："做生意的方法要通过其组织……（杜邦公司在颜料和用品两项生意上已经有了）对生意每一块内容负责的激动人心的管理线……（但）我们还没有看到对利润的精确负责。"[2]这段引文既能显示企业的结构变革是由企业主动实施战略所致，又表明企业的战略与结构变革不会立即解决所有问题，企业发展始终是动态的。同样，让企业自己发声，也比由史家操刀代言更具感染力。尽可能使用一手史料而非二手材料，是历史学的基本原则，钱德勒很好地践行了这一点。而这也是钱德勒范式与同一时代美国兴起的所谓"新经济史"的显著差异。从这一点也可以看出，钱德勒对第二次世界大战后数学化的主流经济学及受其影响的经济史研究范式，保持着相当的距离。

二、钱德勒式企业与挑战主流经济学

1971 年，钱德勒与史蒂芬·萨尔斯伯里（Stephen Salsbury）合撰的《皮埃尔·杜邦与现代公司的形成》（*Pierre S. Du Pont and the Making of the Modern Corporation*）出版。在钱德勒的著作体系中，此书既是个副产品，又具有某种过渡性。谓之副产品，是因为皮埃尔·杜邦的故事本就是《战略与结构》的案例之一，基本内容与观点早已被钱德勒讲述。谓其具有过渡性，则是因为此书在很大程度上回归了企业史研究的以叙事体书写单一企业历史的传统，而此后钱德勒再无此类著作，一意贯彻在《战略与结构》中尝试的体例。用钱德勒自己的话说，"这项

---

[1]　Alfred D. Chandler Jr.: *Strategy and Structure: Chapters in the History of the American Industrial Enterprise*, p.67.

[2]　Alfred D. Chandler Jr.: *Strategy and Structure: Chapters in the History of the American Industrial Enterprise*, pp.95-96.

研究既是历史又是传记。当它作为一个人物的故事多过于作为一家企业的经历时，它同样包含了企业史的意图"。[1]因此，《皮埃尔·杜邦与现代公司的形成》体现了钱德勒驾驭企业史研究传统风格与题材的能力，但学术创新性不似《战略与结构》那么高。这部厚达722页的巨著除去导论外，分为23章，钱德勒撰写了导论和总共13章的内容。仅从全书庞大的规模上看，就不难想象这部著作充满了以一手史料为基础的翔实的历史细节，对《战略与结构》中的相同案例是一个巨大的扩充。但也可以认为，钱德勒查阅了杜邦公司丰富的原始档案，在《战略与结构》中仅能用到一小部分，剩余部分则在《皮埃尔·杜邦与现代公司的形成》中得到了完全的利用，充分实现了宝贵史料的价值。当然，这部著作不会缺乏理论，但钱德勒确实没有太直接地去论说那些抽象理论，从而避免了对故事节奏的破坏。

真正令钱德勒范式大放光彩的著作，是1977年出版的《看得见的手——美国企业的管理革命》(*The Visible Hand: The Managerial Revolution in American Business*)。这本书不但在母题与方法上延续了《战略与结构》的基本精神，从而使具有钱德勒个人风格的企业史研究能够定型为某种范式，而且其研究对象后来被其他学者称为"钱德勒式企业"(Chandlerian firm)，[2]这可以说是钱德勒范式的一大胜利。

《看得见的手》刻画了两个层次的历史变革，第一个层次是企业类型的变革，即"由支薪经理所管理的大企业，已取代了传统的家族小公司而成为管理生产和分配的主要工具"，第二个层次的变革则涉及整个资本主义的转型，即"现代工商企业在协调经济活动和分配资源方面已经取代了亚当·斯密的所谓市场力量的无形的手。市场依旧是

---

[1]　Alfred D. Chandler Jr. and Stephen Salsbury: *Pierre S. Du Pont and the Making of the Modern Corporation*, Washington,D.C.: Beard Books, 2000, p.xix.

[2]　Youssef Cassis: *Big Business*, in Geoffrey Jones and Jonathan Zeitlin edit: *The Oxford Handbooks of Business History*, p.178.

对商品和服务的需求的创造者，然而现代工商企业已接管了协调流经现有生产和分配过程的产品流量的功能，以及为未来的生产和分配分派资金和人员的功能"，由此导致美国"出现了所谓经理式的资本主义（managerial capitalism）"[1]。这两个命题都是对《战略与结构》母题的发展。一方面，《看得见的手》依旧以大企业为主角，而且明确宣告了大企业在现代市场经济中的胜利；另一方面，在《看得见的手》中，大企业的成长依旧是由战略变革带来结构变革的历史过程，只不过，这本书更强调的是变革所催生出的职业经理人员以及他们对变革的进一步推动。比《战略与结构》雄心更大的是，《看得见的手》以具体的企业史研究为载体，开始探讨更为宏大以及抽象的资本主义类型学，并因此而直接去挑战现代主流经济学的核心理论。故而，仅从学术规范角度说，《看得见的手》就实现了观点与理论上的双重创新，并成功地创造了一种能够广泛传播的学说。而学说的广泛传播性，是一种研究体系成为范式的前提条件。

为了论证其命题，钱德勒依然采取了比较多个经验案例来寻求共性的历史方法。同《战略与结构》相比，《看得见的手》中的案例要多得多，首先按"运输与通讯""分配和生产"以及"大量生产与大量分配的结合"划分了三大种类，然后再挑出每一种类型中的典型企业进行比较分析。但由于案例众多，钱德勒没有像在《战略与结构》中那样给每个案例较均衡的篇幅，而是有详有略地展开论述。例如，在第12章《中阶层管理：功能和结构》中，钱德勒挑选出来单独论述的案例是美国烟草公司、阿穆尔公司、辛格公司和麦考密克公司，而在第13章《高阶层管理：功能和结构》中，案例企业为标准石油托拉斯、通用电气公司、美国橡胶公司和杜邦炸药公司。自然，钱德勒能够给予每一个单列

---

[1] 小艾尔弗雷德·钱德勒：《看得见的手——美国企业的管理革命》，重武译，商务印书馆2004年，第1页。

案例的字数不会太多,至于散见于一般论述中的众多案例,更可能只被分配给寥寥数语。从这个角度看,《看得见的手》已经出现了由严格意义上的企业史书写向行业史书写发展的趋向。可以说,在《看得见的手》中,钱德勒进一步从描画具体事物特殊性的叙事史原则,迈向了罗列众多变量并归纳其抽象共性的社会科学原则。也正因为如此,钱德勒能够从数量众多的美国企业的历史中提炼出"经理式的资本主义"这一概念,并以此来挑战主流经济学的一般性理论。当然,在尽可能使用一手史料这一点上,钱德勒仍然恪守了历史学的古训。在必要的时候,他仍然大段引用历史人物的原话,[1]直观地展示历史。

　　《看得见的手》在母题与方法两方面完全继承了《战略与结构》并有所发展。总体而言,方法上的发展或改进是不大的,但以大企业为主角的母题在《看得见的手》中得到了真正的发扬光大。不夸张地说,《看得见的手》是一曲美国大企业的赞歌。这本书在宏大叙事层面展现的历史图景,是以大量生产和大量分配为特征的美国工商大企业逐步主导美国经济生活的高歌猛进史。在美国文化中,公众对具有垄断性的大企业一直不抱好感,而这种心态甚至可以追溯至英国思想传统中对垄断的憎恨。[2]考虑到亚当·斯密的《国富论》实际上是对他所谓的重商主义垄断特权的批判书,就不难理解以斯密为鼻祖的现代主流经济学在自由市场学说的名义下强化了舆论对于大企业的文化反感。就此而论,《看得见的手》不啻一场小规模的思想革命。或者说,《看得见的手》接续了19世纪末20世纪初德国历史学派和美国老制度学派对于古典经济学的革命。钱德勒同历史主义的先驱者一样,将美国大企业的成长过程还原到历史情境中,指出大企业的出现满足了经济发展的功能需求,由此揭示了大企业形成的历史性,而这种事实层面

---

[1]　小艾尔弗雷德·钱德勒:《看得见的手——美国企业的管理革命》,第314—315页。
[2]　查理斯·吉斯特:《美国垄断史——帝国的缔造者和他们的敌人》,傅浩等译,经济科学出版社2004年,第1—4页。

的历史性也就是逻辑层面的合理性与必然性。钱德勒写道："必须强调指出，多单位的工商企业乃是一种现代的现象。1840年时，在美国还不存在这种企业。当时经济活动的规模尚未大到足以使管理的协调能比市场的协调具有更高的生产率，从而更为有利可图。"但到了19世纪后期，"在对大量生产和大量分配进行管理协调能带来利润的那些工业中，少数大型纵向结合的公司很快就取得了支配地位。集中和寡头垄断的局面就会出现，这是管理协调的需要和追求利润的结果"[1]。因此，包括垄断企业在内的美国大企业的崛起，是孕育于市场经济内部的自然进程，或者说，这种反自由市场的发展本身是自由市场发展到高级阶段的产物。不同的发展阶段需要不同的理论去进行解释，低级阶段产生的理论无法完全匹配高级阶段出现的新的事实。于是，钱德勒很自然地写道："许多人都满足于亚当·斯密的说法，认为劳动分工反映了市场发展的程度……这种分析对1850年以前的情况来说，有其历史正确性，但对于完成了运输和通讯方面基础设施后的经济体系却不适切。除了忽视历史的经验之外，这种观点还错在未能考虑下述事实，即：几乎由定义就可了解，如果想达到大量销售的市场所需要的高额产量，则日益增加的专业化必然要求有更为仔细的规划来协调。"[2]亚当·斯密眼中的世界，毕竟只是一个传统农业经济主导的世界，他没有意识到工业革命的到来，更无法预见技术进步将改变资本主义经济的运行机制。然而，主流经济学仍然是以斯密的基本预设为其理论内核的。但钱德勒可以看到历史的后续发展，也就能够产生新的思想。

由此，在《看得见的手》中，钱德勒实际上没有探讨所有类型的企业，而只集中刻画了一种特殊类型的企业，那就是具有多单位的现代大企业。由于这种企业事实上也是《战略与结构》的主角，故学者将其称

---

[1]   小艾尔弗雷德·钱德勒：《看得见的手——美国企业的管理革命》，第572、577页。
[2]   小艾尔弗雷德·钱德勒：《看得见的手——美国企业的管理革命》，第578页。

为"钱德勒式企业"就不足为奇了。在1990年出版的《规模与范围：工业资本主义的原动力》(*Scale and Scope: The Dynamics of Industrial Capitalism*)中，钱德勒对钱德勒式企业的研究可谓登峰造极。《规模与范围》在方法上没有实质性的突破，用钱德勒自己的话说："如同过去一样，我按老办法来完成我的研究和写作。这部著作是经过阅读和讨论企业的记录、政府报告、其他原始资料和大量的辅助性著作而拼合起来的。"[1]换言之，钱德勒仍然立足于一手史料从事研究。不过，与此前的著作相比，运用比较历史研究法的《规模与范围》所用来比较的案例，在规模与范围上均有极大的扩展。在钱德勒的主要著作中，《规模与范围》第一次将视线投向美国之外，进行了美国、英国与德国的工业资本主义类型学比较研究。钱德勒对他的方法进行了解释："为了正确可靠，历史分析必须有比较。这种分析必须在同一工业内将企业的历史进行比较，然后将这一特定工业内的企业的集体历史与同一国家其他工业的企业的集体历史进行比较，还要与其他国家同一工业的企业的集体历史进行比较。只有这种广泛基础的数据才可能提供表明制度发展的共同模式的比较，并揭示文化、经济和历史差别对制度发展的影响。"[2]从逻辑上说，历史案例法对共性规律的揭示程度，与用来比较的案例的数量多少呈正相关性，案例的数量越多，推导出的结论越具普遍性，案例越少，结论越可能不具有普遍意义。不具有普遍意义的结论在社会科学里是难以被称为规律的，也就失去了理论价值。因此，《规模与范围》以其历史案例的规模与范围，将钱德勒范式的方法优势发挥到了极致。

　　从母题上说，《规模与范围》的主角仍然是钱德勒式企业，所以，它同《战略与结构》和《看得见的手》一起，构成钱德勒最为经典的三部

---

[1]　小艾尔弗雷德·钱德勒：《规模与范围：工业资本主义的原动力》，张逸人等译，华夏出版社2006年，"致谢"第1页。

[2]　小艾尔弗雷德·钱德勒：《规模与范围：工业资本主义的原动力》，第9页。

曲。钱德勒将概念性的理论嵌入历史写作的风格，也在《规模与范围》里得到延续。在这本书里，钱德勒直言不讳地将"大制造公司"视为"现代工业企业的样板"，指出它们比小公司能以较低单位成本进行生产的原因在于实现了规模经济与范围经济。规模经济与范围经济取决于投资，这些投资包括："第一是对大得足以利用技术的规模或范围的潜在经济的生产设施进行投资。第二是对本国和国际的销售和批发网络进行投资，这样，销售量就可能与新的生产量并驾齐驱。最后，为了充分地从这两种投资中获利，企业家还必须对管理进行投资。"而投资的结果自然是大型企业的出现。钱德勒式企业以强大的组织力量改变了市场竞争的规则："他们的行业很快成为寡头垄断行业，即由少数先行者统治的行业。这些企业以及后来进入该行业的少数挑战者不再主要地在价格基础上进行竞争，而是通过职能和战略的效力为市场份额和利润进行竞争。在职能上，他们通过改进其产品、生产工艺、销售、采购及其劳资关系来进行竞争；在战略上，他们通过比其竞争者更快地打进日益发展的市场并且更快地撤离日益衰退的市场来进行竞争。" [1] 因此，钱德勒式企业既是市场演化的产物，又因其强大的竞争优势而保持生命力。与《看得见的手》一样，《规模与范围》同样是现代大企业的赞歌，并且从理论上进一步揭示了大企业产生的必要性与存在的合理性。无论是规模经济还是范围经济，都与斯密式自由市场无关，因此，《规模与范围》也延续了对于主流经济学的挑战。比《看得见的手》更进一步的是，《规模与范围》对于工业资本主义的动力来源给予了直接的正面解释，即"组织能力"："作为核心动力的是企业作为一个整体的组织能力。这种组织能力是在企业内部组织起来的物质设备和人的技能的总和，包括每个运作部门——工厂、办公室、实验室——以及这些部门的员工的技能。但是，只有当这些设备和技能得到合理的整合

---

[1] 小艾尔弗雷德·钱德勒：《规模与范围：工业资本主义的原动力》，第7页。

和协调的时候,企业才能达到国内国际市场竞争以及企业发展所需的规模经济和范围经济。"[1] 至此,钱德勒范式在企业史理论上已臻完备。可以说,钱德勒范式以组织能力理论挑战了主流经济学的标准自由市场理论。

尽管钱德勒从企业史领域对主流经济学发起的挑战,与德国历史学派和美国老制度学派对古典经济学的挑战有异曲同工之处,但钱德勒只是一个主流体制内的异端,不是真正的体制外理论与思想革命者。《规模与范围》第2章的注释显示,钱德勒对于规模经济和范围经济的理论灵感主要来自威廉森(Oliver Williamson)、阿尔奇安(Armen Alchian)和谢勒(Frederic M. Scherer)等人。钱德勒也提到了熊彼特。[2] 这些学者的思想与理论多多少少都背离了最标准的正统主流经济学,但这种背离不尽等于完全背弃。因此,钱德勒范式对于主流经济学的挑战程度也必须考虑其规模和范围。

《规模与范围》是钱德勒范式的巅峰时刻,但危机与挑战早已涌动。钱德勒范式主要建立在美国历史经验的基础上,甚至可以说,正是美国工业资本主义的扩张需要得到理论上的解释,才催生了钱德勒范式为其代言。然而,《战略与结构》出版时,确实是美国工业在全球如日中天的时代,但到《看不见的手》出版时,美国工业在资本主义阵营里已经遇到了德国和日本强有力的挑战,而《规模与范围》出版之际也是美国人反思制造业为何衰落之时。因此,历史的变化快于史家对历史的总结。从某种角度说,《规模与范围》对于美国视野的超越,也是美国工业国际地位变化的潜在反映。为了巩固自己开创的范式,尤其为了替大企业辩护,钱德勒主编过两本有趣的著作。1996年,钱德勒与人合作编写出版了《管理的历史与现状》(*Management Past and*

---

[1]　小艾尔弗雷德·钱德勒:《规模与范围:工业资本主义的原动力》,第693—694页。

[2]　小艾尔弗雷德·钱德勒:《规模与范围:工业资本主义的原动力》,第42—45页。

Present: A Casebook on the History of American Business)。这本书可以说只是一本工商管理教学的案例集，不过，它具有非常强烈的企业史研究色彩。这是一本以钱德勒范式为框架编撰的案例集，除了精心挑选的案例能够尽可能与钱德勒的理论吻合外，案例集的中心思想也几乎是《看得见的手》中的原话："1840年的企业与现代企业有何区别呢？最重要的区别是，无论从哪个角度来讲，不论从员工数量、日交易量，还是销售总额来看，1840年时都没有真正的大企业，很少有专业经理。"[1] 这是钱德勒对美国经济史的基本判断。1997年，钱德勒主持出版了论文集《大企业和国民财富》(*Big Business and the Wealth of Nations*)，该书系对1994年一次探讨各国大企业历史的会议的论文集结，而大多数论文成文于1992年之前。钱德勒贡献了三篇论文，分别为两篇与人合写的会议综述性文章及理论概括性文章，以及一篇独撰的对美国资本密集型与知识密集型产业中经济增长动力的探讨。在会议综述性文章中，钱德勒与其合作者为论文集定下了钱德勒式基调："本书作者将大型企业，尤其是大型工业企业，看作是一种关键的微观经济部门。"[2] 在理论概括性文章中，钱德勒与合作研究者肯定了大型工业企业在20世纪对于经济增长的贡献，并运用组织学习理论解释了大型工业企业的发展动力。钱德勒与合作研究者正确地指出："在技术转变方面的变化过程中，大型企业一直是开发利用新产品、新工艺商业潜力的主要机构。"而大企业通过自身的组织学习能力获取竞争优势："经理及员工的知识技能通过反复试验、反馈、评价的学习之后得到了进一步的提高，其中评价是在企业内部边学边干中形成的。这样，个人的能力很大一部分取决于组织环境，在其中个人能力得以开发和利用。"[3] 总体来

---

[1]　小阿尔弗雷德·钱德勒等：《管理的历史与现状》，郭斌等译，东北财经大学出版社2007年，第4页。

[2]　钱德勒主编：《大企业和国民财富》，柳卸林等译，北京大学出版社2004年，第3页。

[3]　钱德勒主编：《大企业和国民财富》，第36页。

说,这些文章较《规模与范围》又有新拓展,但缺乏实质性突破。只不过,钱德勒对美国资本密集型与知识密集型产业的探讨,已预示了他下一本重要著作的主题。

三、钱德勒与演化经济学方法

演化经济学家提出的熊彼特式竞争非常符合那些高强度投入技术研发的行业的特点,而这些行业中广泛存在着钱德勒式企业。因此,曾与熊彼特产生交集的钱德勒,与现代演化经济学发生关联,也在情理之中。

在收录于《大企业和国民财富》的一篇文章中,钱德勒批评了包括内生增长理论在内的主流经济学理论"没有认识到实物资本投资与无形资本形成的相互作用的互补关系",而"只要它们忽略这种互补关系,企业,尤其是作为相互作用的主要经济实体承担者的大企业,就不能作为也不应作为一个分析单位"。相反,钱德勒对演化经济学家赞誉有加,并专门提到纳尔逊:"然而一些经济学家已开始确切地强调技术进步同有形资本及与无形资本间的相互关系问题。纳尔逊致力于研究教育与科学体系、技术发展、生产率增长之间的相互作用问题,因为'导致增长的某些因素传统上被视为相互分离,而实际应该是相互紧密联系的,其相关作用的特征是其中一个重要的部分'。"[1] 很显然,纳尔逊为钱德勒分析大企业的组织学习能力提供了一个理论基础。钱德勒称"职能、技术、管理的技能在经过垄断竞争的磨炼之后",为大企业的不断进步提供了动力,而这种组织学习对两种类型的资本的积累都有益处:"这样学习到的能力会在增强企业设施,即它的有形资本的生产率时充分表现出来。它们也会提升企业特定产品、特定工艺的人工技

---

[1]　钱德勒主编:《大企业和国民财富》,第30—31页。

能，即更为充分地表现在它的无形资本方面。"[1]因此，尽管钱德勒一度深受威廉森的交易成本（transaction cost）理论的影响，但他最终与这种研究路径保持距离，而选择支持纳尔逊的演化经济学理论，因为这种理论不仅同样以企业为基本分析单位，而且也考察组织能力与组织学习。[2]事实证明，演化经济学的理论神髓，对于钱德勒将研究向多企业聚集的行业史扩展是一个很有用的工具。

从一开始，钱德勒范式就与传统企业史研究有很大的差异性。除去《亨利·瓦纳姆·普尔：商业编辑、分析家与改革者》和《皮埃尔·杜邦与现代公司的形成》外，钱德勒几乎没有以单独的企业或企业家为主题写过著作。钱德勒研究的是企业群体。在中文语境里，作为个体的企业与由数量众多的企业组成的行业，显然有差异。但由于钱德勒的早、中期研究并不特别关注某一行业或部门，而是将各种行业门类里的企业均视为比较研究的对象，故其著述仍然属于企业史研究，而与中文语境里的行业史研究有区别。但到了2001年出版的《发明电子世纪：消费电子工业与电脑工业的史诗》（*Inventing the Electronic Century: The Epic Story of the Consumer Electronics and Computer Industries*），钱德勒的关注点就集中到特定行业了。当然，钱德勒的行业史研究仍然立足于对个别企业的分析，再将这些企业的历史组织成整个行业的历史，从理论上说仍可视为企业史研究，但其视线毕竟有了一定程度的偏移。2005年，钱德勒又出版了《塑造工业时代：现代化学工业和制药工业的非凡历程》（*Shaping the Industrial Century: The Remarkable Story of the Modern Chemical and Pharmaceutical Industries*），与《发明电子世纪》同属对行业史的刻画，共同构成钱德勒

---

[1] 钱德勒主编：《大企业和国民财富》，第36页。

[2] Matthias Kipping and Behlül Üsdiken: *Business History and Management Studies*, in Geoffrey Jones and Jonathan Zeitlin edit: *The Oxford Handbooks of Business History*, p.103.

最重要的晚期作品。

　　早在20世纪90年代，钱德勒就已经开始关注电子工业等新兴的资本与知识密集型产业，毕竟，这些二战结束后才真正崛起的产业在很短的时间里重构了工业革命的技术基础，而与之相映成趣的是，19世纪后期崛起的钱德勒式企业，到了20世纪末在不少行业里遭遇了衰败危机。钱德勒是立足于现实并试图判断历史发展趋向的史家，历史的新发展不可能不对他的研究产生影响，涉足新兴产业的历史对这位大师来说实属必然之事。2000年，钱德勒与人合编的《信息改变了美国：驱动国家转型的力量》(*A Nation Transformed by Information: How Information Has Shaped the United States from Colonial Times to the Present*)出版，可谓紧随"信息革命"与"新经济"的时代潮流。这本文集共有九篇文章，钱德勒只撰写和参与撰写了其中的导论和结语，故钱德勒没有为该书贡献具体的历史案例。但钱德勒在这本书里明确将人类近现代史划分为商业时代(Commercial Age)、工业时代(Industrial Age)和信息时代(Information Age)，[1]暗示他的历史观与研究兴趣有了新的发展。毕竟，从《战略与结构》到《规模与范围》，钱德勒主要研究的还是工业时代的企业史。事实上，《信息改变了美国》主要探讨的半导体、计算机等工业，正是《发明电子世纪》的主角。

　　《发明电子世纪》按时间顺序讲述了消费电子工业和电脑工业在美国、欧洲和日本的发展历程，同《规模与范围》一样，钱德勒考察了国家间的工业竞争。这种视野，当然与新兴产业诞生于美国而美国企业却被外国企业击败的事实不无关系。钱德勒解释了书名为何使用"史诗"(epic)一词："因为一些国家的工业死了而另一些完成了征服。"以美国来说，"没有企业有能力将新的消费电子技术商业化"，而日本的四家领军企业"征服了消费电子产品的世界市场"，且第五家企业"正

---

[1]　钱德勒等编：《信息改变了美国：驱动国家转型的力量》，第3页。

在世界范围内严肃地挑战着美国的电脑工业"[1]。这确实是20世纪末的全球电子工业竞争格局。解释这种格局的成因，也就成了《发明电子世纪》事实上的写作主旨。因此，与分析性的《战略与结构》等书不同的是，《发明电子世纪》没有从企业历史中挑出特定问题详加分析，而是用叙事的笔法按时间顺序讲述了行业演化的故事，只是在故事中突出了重要企业的经历，并借助一个通用性的理论框架分析重要企业的成败得失。这种历史书写方法是演化性的，而非结构性的。同时，钱德勒使用的理论框架也具有演化经济学色彩。组织是钱德勒理论的核心，用他的话说："个人来又去，组织却长存。"而在现代工业经济中，大企业仍然是工业演化最重要的组织，不仅因为大企业"是一个用来执行建立在信息流动基础上的交易的单位"，更因为大企业"是创造者与嵌入了特殊产品的组织知识的存储器"[2]。在强调了组织的重要性后，钱德勒指出组织的能力取决于三种类型的知识：技术知识、功能知识与管理知识。在行业中，先驱企业（first-movers）不是最先生产和销售新产品的企业，而是率先发展出可以在世界市场上将新产品商业化的功能能力（functional capabilities）的企业。对企业来说，技术知识、功能知识与管理知识只有经过整合，方能成为企业的组织能力。而企业整合后的组织能力会成为一个学习基础（learning base），来改进既有产品与生产，并针对技术知识与市场的变化发展出新的产品，还要对诸如战争与萧条等宏观经济进程作出反应。这种学习基础，在技术性强的新行业中，往往会造成一种有力的进入壁垒（barrier to entry），阻碍后来者进入，由此划定了行业演化路径的边界。一旦行业被建立起来，

---

[1]　Alfred D. Chandler, Jr.: *Inventing the Electronic Century: The Epic Story of the Consumer Electronics and Computer Industries*, Cambridge: Harvard University Press, 2005, p.1.

[2]　Alfred D. Chandler, Jr.: *Inventing the Electronic Century: The Epic Story of the Consumer Electronics and Computer Industries*, p.2.

企业的学习就会呈现持续性的强劲势头。先驱企业的学习基础也将成为其所在行业通过将新技术知识商业化而继续演化的主要动力。[1]综上,钱德勒运用"组织能力""先驱企业""学习"和"进入壁垒"等概念建立了一个行业演化的模型。在该模型中,先驱企业通过打造整合了技术与管理能力的学习基础而取得领先地位,学习基础的继续学习推动了行业向前发展,并强化先驱企业的优势地位,后进入行业的企业如果不能打造出自己的学习基础,将无法留在行业内,反过来说,先驱企业一旦失去学习基础,也将被行业发展淘汰。学习是一种探索未知的行为,是演化理论的基础,故钱德勒的这一理论框架具有演化性。事实上,"演化"确实是《发明电子世纪》中反复出现的词语。

　　利用其演化模型,钱德勒解释了20世纪末全球电子工业格局的成因。简单地说,美国企业最先发展出学习基础,但这一学习基础后来遭到破坏,所以美国消费电子工业出现衰败,而日本在这个行业里发展起自己的学习基础后,对他国产业构成了强大的进入壁垒,欧洲国家的企业几乎难以在这个行业有所作为。从结果来看,拥有学习基础的领先企业仍然是大型企业,这是钱德勒乐意看到的符合其理论预期的事实。当然,真正的学术挑战与实质性的历史研究,体现在对于各企业打造学习基础或成或败的历史进程的描画上,这也是《发明电子世纪》之重心所在。钱德勒在书中着力描写了美国无线电公司(Radio Corporation of America)的历史,因为该公司打造学习基础的失败,对整个美国消费电子行业产生了连带性的冲击。美国无线电公司失败的原因之一,是被吸引到了电脑行业里,但该行业里的先驱企业IBM有着远胜过美国无线电公司的学习基础,其1970年在电脑领域的投资额两倍于美国无线电公司,这些构成了实实在在的进入壁垒。因此,进入

---

[1] Alfred D. Chandler, Jr.: *Inventing the Electronic Century: The Epic Story of the Consumer Electronics and Computer Industries*, pp.3-5.

电脑行业这一错误战略拖垮了美国无线电公司这一消费电子行业的巨头。然而，美国消费电子工业里的其他那些企业因为都是些单一产品制造企业，规模甚小，最终被比它们大得多的日本企业收购，于是，"当美国无线电公司垮台后，整个美国消费电子工业也完蛋了"[1]。就这样，利用"学习基础"和"进入壁垒"等概念构建的演化理论，钱德勒从美国无线电公司的历史中发现了美国消费电子工业失败的原因。从学术规范角度看，钱德勒对历史的分析与解释逻辑自洽，是成功的。

《塑造工业时代》是《发明电子世纪》的姊妹篇，不过，在这一本书里，钱德勒回归到了他熟悉的那些诞生于19世纪末的工业行业，其中的典型企业又一次出现了杜邦。钱德勒坦言，他在这本书里采用了和《发明电子世纪》"相同的概念和相同的历史分析方法"，区别在于，《发明电子世纪》书写的是"新兴产业的创造"，《塑造工业时代》研究的是"成熟产业的演进"[2]。与《发明电子世纪》一样，《塑造工业时代》的历史方法是演化性的而非结构性的，用钱德勒自己的话说："我的基本目的是要承担历史学家的基本任务：记录何时、何地、由谁使科学和技术知识商品化为新产品，这些新产品创造了形成现代工业经济核心的、广泛多样的人造材料和支撑现代医学的人造药品。我把关注的焦点集中在欧洲和美国的国家产业中，第一推动者及其紧密跟随者的相应成功和失败上，以此完成这个任务。"[3]因此，钱德勒仍然运用了挑选重点企业深度刻画并从事跨国比较的方法来研究行业历史。同时，运用《发明电子世纪》中的概念和理论框架，钱德勒在《塑造工业时代》中发现："在关于长期技术创新和财务绩效方面，公司战略决定了成败。

---

[1]　Alfred D. Chandler, Jr.: *Inventing the Electronic Century: The Epic Story of the Consumer Electronics and Computer Industries*, pp.38-47.

[2]　小艾尔弗雷德·钱德勒：《塑造工业时代：现代化学工业和制药工业的非凡经历》，罗仲伟译，华夏出版社2006年，第3—4页。

[3]　小艾尔弗雷德·钱德勒：《塑造工业时代：现代化学工业和制药工业的非凡经历》，第11页。

最成功的战略，我称之为优势战略（virtuous strategy），涉及利润再投资和学会强化现有的综合学习基础，然后构造持续增长的基础。最不成功的战略与非相关多元化联系在一起，因为追求非相关多元化的公司不可能获得降低了单位成本的规模经济和范围经济，所以几乎一成不变地遭遇失败。"[1]这段话，几乎可以用来解释美国无线电公司的失败。更为重要的是，在这段话里，钱德勒把"学习基础"这一晚年使用的概念，与此前使用的"战略""规模经济"和"范围经济"等概念结合了起来，尝试着发展自己早年所创造的理论。因此，钱德勒向行业史研究的扩展，不仅是他个人学术生命的拓展，也是钱德勒范式的改进。

　　《塑造工业时代》出版两年后，钱德勒与世长辞。作为一个年轻时便开宗立派的学者，在辞世前还能推出富有原创性的厚重的学术专著，其生命力之旺盛，在学术史上亦不多见。值得一提的是，钱德勒几乎只以挂名的方式参与编撰过一些论文集。例如，1998年出版的《透视动态企业：技术、战略、组织和区域的作用》（*The Dynamic Firm: The Role of Technology, Strategy, Organization, and Regions*）中，钱德勒仅作为第二作者与人合撰了导论部分。但这本论文集已经相当具有演化理论的色彩了，事实上，纳尔逊正是其作者之一。在导论部分，钱德勒与合作者对所谓"动态企业"进行了说明："有关动态企业的研究视角包括：以企业所采用的技术作为主要特征来对企业进行深入研究；以企业所采用的战略和组织结构来研究企业的行为；研究企业的地理根植性以及其在区域经济中所起的作用。"[2]因此，所谓"动态企业"只是指出了企业研究或企业史研究可以努力的方向。2005年，钱德勒挂名主编之一的《利维坦们：跨国公司与新全球史》（*Leviathans:*

[1]　小艾尔弗雷德·钱德勒：《塑造工业时代：现代化学工业和制药工业的非凡经历》，第16页。

[2]　钱德勒等编：《透视动态企业：技术、战略、组织和区域的作用》，吴晓波等译，机械工业出版社2005年，第1—2页。

Multinational Corporations and The New Global History）出版。"新全球史"差不多算是一个流行的历史学范式，这本论文集的性质于此可见一斑。在这本文集里，钱德勒也只是与人合写了导论。由于跨国公司必然是大企业，钱德勒参与该项研究亦合情合理。仔细分析导论的文字，可以看出不少内容属于历史学家特有的思考。例如，将跨国公司比喻为霍布斯（Thomas Hobbes）笔下的利维坦，但又称这个人类创造的新型利维坦缺乏神圣的起源，云云。[1]这种形而上的哲理思考，很难认为是钱德勒的风格。再如，宣称新全球史使人们认识到跨国公司的起源不只是经济因素造成的，云云。[2]但事实上，钱德勒自己的著作甚少考虑非经济因素或非经济逻辑。不过，钱德勒乐意支持这本论文集是可以理解的，毕竟，文集肯定了跨国公司这种钱德勒式企业的重要性。此外，文集合编者认同跨国公司是一种近代历史产生的新事物，它也符合钱德勒一贯的重视"现代"的历史图式。文集导论指出，有些研究者将跨国公司的历史追溯到2000年前的亚述和古罗马，但是，导论作者认为，这种观点将"跨国"（multinational）一词进行了时代误置，因为今天的"国"（nation）有着远不同于亚述或罗马帝国时代的含义。而"公司"（corporation）也是一个相对晚近的词语，有着特殊的法律哲学与实践之背景。导论作者相信，将跨国公司历史远溯至古代的观点，忽略了这种新利维坦的关键特质。[3]总而言之，历史学家借助钱德勒的名声来推广新全球史研究，本身也说明了钱德勒范式的巨大影响力。当研究企业史时，无论在哪个学科里，钱德勒都是无法绕过去的高山。

---

[1]　Alfred D. Chandler, Jr. and Bruce Mazlish edit: *Leviathans: Multinational Corporations and The New Global History*, Cambridge: Cambridge University Press, 2005, pp.1–2.

[2]　Alfred D. Chandler, Jr. and Bruce Mazlish edit: *Leviathans: Multinational Corporations and The New Global History*, p.4.

[3]　Alfred D. Chandler, Jr. and Bruce Mazlish edit: *Leviathans: Multinational Corporations and The New Global History*, p.3.

本章参考阅读文献

小艾尔弗雷德·钱德勒:《看得见的手——美国企业的管理革命》,重武译,商务印书馆,2004年

小艾尔弗雷德·钱德勒:《规模与范围:工业资本主义的原动力》,张逸人等译,华夏出版社,2006年

小艾尔弗雷德·钱德勒:《塑造工业时代:现代化学工业和制药工业的非凡经历》,罗仲伟译,华夏出版社,2006年

钱德勒主编:《大企业和国民财富》,柳卸林等译,北京大学出版社,2004年

阿尔弗雷德·钱德勒、詹姆斯·科塔达编:《信息改变了美国:驱动国家转型的力量》,万岩等译,上海远东出版社,2008年

杰弗里·琼斯:《再造联合利华》,王莉等译,上海远东出版社,2008年

杰弗瑞·琼斯:《美丽战争:化妆品巨头全球争霸史》,王茁等译,清华大学出版社,2014年

玛格丽特·格雷厄姆等著:《康宁公司和创新的技能:一个企业的世代创新史》,施尔畏编译,科学出版社,2014年

马丁·弗朗斯曼:《赢在创新:日本计算机与通信业成长之路》,李纪珍等译,东方出版中心,2022年

曾小萍:《自贡商人:近代早期中国的企业家》,董建中译,江苏人民出版社,2014年

马敏:《官商之间:社会剧变中的近代绅商(修订本)》,社会科学文献出版社,2022年

朱荫贵:《国家干预经济与中日近代化(修订本)》,社会科学文献出版社,2017年

张忠民:《艰难的变迁:近代中国公司制度研究》,上海社会科学院出版社,2002年

高家龙:《中国的大企业——烟草工业中的中外竞争(1890—1930)》,樊书华等译,商务印书馆,2001年

杜恂诚:《中国的民族资本主义(1927—1937)》,上海财经大学出版社,2019年

朱英:《曲折的抗争:近代上海商会的社会活动与生存策略》,四川人民出版

社,2020年

彭南生:《半工业化——近代中国乡村手工业的发展与社会变迁》,中华书局,
　2007年

卞历南:《制度变迁的逻辑:中国现代国营企业制度之形成》,浙江大学出版
　社,2011年

严鹏:《战争与工业:抗日战争时期中国装备制造业的演化》,浙江大学出版
　社,2018年

路风:《光变:一个企业及其工业史》,当代中国出版社,2016年

吴晓波:《激荡三十年:中国企业1978—2008》,中信出版社,2017年

武田晴人:《财阀的时代》,王广涛译,社会科学文献出版社,2021年

附

录

中国企业史与企业家精神案例

国运、市场与能力：企业生命周期视角下的招商局史 *

招商局集团（简称"招商局"）是创办于1872年的中国现代企业的先驱，改革开放以来重焕光彩，在中央直接管理的国有重要骨干企业中绩效名列前茅。在150年的发展历程中，招商局经历了自身生命周期的演化，外部环境的剧烈变动又使企业生命周期中断与重启。可以说，招商局的企业生命周期不完全由企业自身发展所决定，而反映了中国近现代史的一般进程。因此，招商局史在中国企业史上具有典范性与代表性，从长期视角研究招商局史，对于分析中国"百年老店"型大企业尤其国企的演化规律，有着重要参考价值。招商局对自身历史文化的传承极为重视，协助专家进行了大量企业史研究，[1] 这些研究与招商局的"官修"史书一起，构成了招商局史研究的坚实基础。本文在此基础上，拟从演化经济学的角度，对招商局的企业生命周期及其反映的中国企业史的一般性问题，进行探讨。招商局的命运与中国的命运休戚与共，这是由其特殊地位决定的，因此，招商局的企业生命周期，是国运、市场这两种外部因素与企业能力这一内部因素共同作用下的演化轨迹。

---

* 本文修改稿曾发表于《求索》2022年第6期。

[1] 相关的文集如：易惠莉、胡政主编：《招商局与近代中国研究》，中国社会科学出版社2005年；虞和平、胡政主编：《招商局与中国现代化》，中国社会科学出版社2008年；胡政、陈争平、朱荫贵主编：《招商局与中国企业史研究》，社会科学文献出版社2015年；胡政、陈争平、朱荫贵主编：《招商局历史与创新发展》，社会科学文献出版社2018年。

一、演化视角下的企业生命周期问题

　　企业是现代经济发展的基石，是创造国民财富最基本的组织之一。在激烈的市场竞争中，企业有兴有亡，成功的企业必然以保持长久的生命力为其重要表征。当引入时间的视角后，演化就不可避免，而演化通常具有阶段性，类似某种生命周期。

　　科斯（Ronald H. Coase）在其1937年的经典研究中，指出交易成本决定着企业的边界："在边缘点上，企业内部组织交易的成本，或者与另一企业组织此交易成本相等，或者与价格机制'组织'此交易的成本相等。"[1] 这一理论解释了人们会在何种情形下组建企业，而在何种情形下到企业之外的市场中去配置资源。用科斯后来的话说："通过企业的存在而产生的收益的源泉……来自交易成本的减少。但是被节省下来的主要交易成本，是由于在企业内部生产要素间的相互协作，否则就会在市场交易中发生。正是这些成本与经营一家企业所发生的成本的比较，决定了建立一家企业是否会赢利。"[2] 企业是获取利润的组织，当收益大于成本时利润才会产生。科斯的交易成本理论分析了企业创建与成立的理由。这一理论是高度抽象的，它指向了企业与市场交会的均衡点，是一个一般性的模型。不过，科斯的理论更侧重于静态地从剖面解释企业作为一种制度的性质，但现实中具体的企业的经营，是一个运用能力在市场中竞争的过程。这里的能力，包含了企业的生产能力、技术、营销手段、管理技能、战略规划、策略选择等等。毫无疑问，企业的这些能力不是一成不变的，而是从某种初始状态开始发展变化的。企业能力的变化牵引着企业的变化，或者使企业成长，或者导致企业灭亡。从这一点

---

[1]　奥利弗·威廉姆森、西德尼·温特编：《企业的性质》，姚海鑫等译，商务印书馆2010年，第41—42页。

[2]　奥利弗·威廉姆森、西德尼·温特编：《企业的性质》，第85页。

来说,企业可以被类比为生物,生物在环境中演化,企业亦然。

将企业视为演化的存在,就必然会关注组成企业的人,而首先会被感知到的就是企业家。19世纪德国历史学派的经济学家施穆勒(Gustav von Schmoller)将企业家视为生意的组织者与风险承担者。奥地利学派的早期经济学家将企业家精神与不确定性联系起来,并指出创造力的经济重要性。[1]德语经济学的土壤最终诞生出了熊彼特这一企业家精神理论的代言人。熊彼特将创新视为企业家精神的核心,而创新又是现代经济发展的动力。[2]企业的演化,与其内在的企业家精神的演化,是紧密联系在一起的。彭罗斯(Edith Penrose)对企业家的野心进行了类型学的分析,指出一种企业家关注企业作为生产和提供产品服务的组织所创造的利润及其成长性,可称为生产型思维(product-minded)或生产者思维(workmanship-minded)的企业家,这类企业家关注产品质量的提高、成本的降低、技术的改良;另一种企业家则想创建覆盖领域广大的产业"帝国",对企业的扩张更感兴趣,更喜欢用收购或消灭竞争对手的方式实现扩张,可称为"帝国缔造者"(empire-builder)。[3]彭罗斯区分的企业家野心类型,在现实中是企业家精神发挥的不同方式,会影响到企业的策略与成长路径。企业家存在着不同的人格类型,表明企业家不是抽象的理念集合,而是在具体情境中作出不同风格决策的具体的人。具体的人在企业中的重要性,使人尤其是企业领导人的生命周期不可避免影响到企业的成长,并使企业的生命周期不完全是一种比喻。霍奇逊(Geoffrey M. Hodgson)将彭罗斯的理论也列入基于能力的(competence-based)企业理论的传统中,并认为这与科斯的契约理论形成对比。[4]

---

[1] Mark Casson, Bernard Yeung, Anuradha Basu and Nigel Wadeson edit: *The Oxford Handbook of Entrepreneurship*, Oxford: Oxford University Press, 2006, p.141.

[2] 约瑟夫·熊彼特:《经济发展理论》,何畏等译,商务印书馆1990年,第76页。

[3] 伊迪丝·彭罗斯:《企业成长理论》,赵晓译,格致出版社2007年,第44页。

[4] 杰弗里·霍奇逊:《演化与制度:论演化经济学和经济学的演化》,任荣华等译,中国人民大学出版社2017年,第244页。

当代演化经济学家将企业定义为一种改变经济决策规则的普遍活动,其重点在于将新奇(novelty)引入到任何层次的经济结构中,而新的行为方式一般建立在新的信念和很多种类的新知识的基础上。与之相应的是,企业家被定义为引起规则变化并影响其实施效果的代理人。[1]这一论点指出了企业是一种由企业家作为代理人推动创新的组织,而创新的基础是知识。企业要实现创新,必须从外部或内部产生新的知识。此处的知识并非中文语境中狭义的科学与技术等,而是泛指有用的信息,包括对市场的新的认知、进行制度变革的新的信念等等。也是在创新的基础上,企业才会出现演化,而不是停留在与市场交界的静态的均衡点上。温特(Sidney G. Winter)区分了企业理论中的四种当代范式,如表1所示,从中可见,演化经济学的企业理论是一种预设有限理性下侧重讨论生产问题的理论。新奇的创造本身就是一种生产。

表1：企业理论中的四种当代范式示意

对理性的态度	中 心 问 题	
	生　产	交　换
无限	正统教科书范式	正统修正范式
有限	演化经济学范式	交易成本经济学范式

资料来源：奥利弗·威廉姆森、西德尼·温特编：《企业的性质》,第283页。

在演化视角下,历史对企业是重要的。因为企业作为知识的贮藏库,必须靠时间去积累知识。温特举例称："考察财富500强中的顶尖企业,你通常会发现某些企业在其主要产品线的鼻祖发明后就长期存在,或者先于这些发明存在,并在这些鼻祖生产线的早期阶段就很活跃。"[2]

---

[1]　Mark Casson, Bernard Yeung, Anuradha Basu and Nigel Wadeson edit: *The Oxford Handbook of Entrepreneurship*, p.61.

[2]　奥利弗·威廉姆森、西德尼·温特编：《企业的性质》,第280页。

对企业来说,能力是贯穿其内部历史的一条主线。

伊查克·爱迪思(Ichak Adizes)创立了一个企业生命周期理论,将企业的生命轨迹划分为:孕育期—婴儿期—学步期—青春期—壮年期—壮年晚期—稳定期—贵族期—官僚早期—官僚期—死亡。虽然这只是一个多少有些刻意的经验模型,但确实能从企业史中得到普遍的案例支持。爱迪思的理论非常强调企业创始人和管理者在企业生命周期中的作用。例如,他认为,在企业的学步期,机会本身会成为问题:"有些人总是觉得自己能做到任何事情,结果就是,处于学步期的公司可能会同时在多个方向上发展,它们不想放过任何一个可能的机会,这时很可能就会陷入麻烦。学步期公司就像刚开始学爬的孩子一样,四处乱爬。他们永远看不到问题,看到的都是机会。"[1]在这一普遍存在的现象中,企业家的具体风格会影响企业处理问题的方式。企业生命周期理论和演化经济学一样,运用了生物学的隐喻。企业的生命周期本身就是一个演化轨迹,那些影响企业生命周期的内部观念,也可以视为某种企业的知识集合。因此,如果将知识和能力视为企业演化的动力,则企业生命周期理论与演化经济学存在着相通的逻辑。对企业生命周期的探讨,可以成为演化经济学企业研究的重要组成部分。表2对爱迪思的企业生命周期理论进行了简化处理:

表2:企业生命周期与演化

阶　段	企　业　状　态	演　化　意　义
孕　育	企业家产生新想法	企业的知识基础开始形成
婴儿期	企业家将新想法付诸实践进行创业	企业知识基础的诞生
学步期	企业家寻找与尝试各种机会发展	广泛搜寻与学习新知识
青春期	企业主营业务或主打产品的培育	知识与能力进入特定演化路径

---

[1] 伊查克·爱迪思:《企业生命周期》,王玥译,中国人民大学出版社2017年,第62页。

阶　段	企 业 状 态	演 化 意 义
壮年期	企业在市场上形成竞争力	知识与能力的积累和发挥
衰老期	企业在管理或市场上出现结构性问题	产生新的知识与能力需求
死　亡	企业破产	搜寻新知识失败

　　企业会破产与消亡，这是完整的企业生命周期的终点。然而，一些企业延续百年，甚至不乏涅槃重生者，这就是最值得探讨的问题：企业如何打破生命周期的制约？从逻辑上说，企业打破生命周期制约的方式有两种，一种是在既有周期轨迹里不断推迟衰老期的到来，一种则是在滑落至周期终点前实现跳跃，开启新一轮周期。在现实中，企业如同生态系统中的生物，其生命周期既由自身繁殖能力驱动，又被整个环境所左右。

二、政局左右企业演化：近代招商局的生命周期

　　一般的企业理论都不太考虑战争、革命等环境巨变对企业发展产生的影响。可以注意到的是，产生了现代经济学的英国，自19世纪以后，其本土未被敌国踏足过；接替英国成为世界体系霸权的美国，在19世纪中期的内战之后，本土也未再经历战火。兴盛于英美的主流经济学，缺乏对动荡环境的切身感受。反过来说，英美尤其是美国的企业，在相当长时间里不存在政治环境变动导致的历史断裂，其生命周期似乎主要由经济力量所决定，其企业历史的延续与否，主要也是经济问题。然而，对很多国家来说，自19世纪以来，这种长期的政治稳定性是不存在的，企业的生命周期与国家政局变动密切相关。

　　中国的"百年老店"招商局就是一个典型。招商局创办于1872

年,到2022年已走过了150年的风风雨雨。在这150年中,1949年是一道分水岭,明显将招商局的历史截为两个部分。政权的鼎革,改变了招商局内在的生命周期。然而,除去1949年显著的历史断裂外,招商局生命周期中的每一阶段都与国家命运息息相关。

从根本上说,招商局的诞生就是国家意志在现代化进程中的投射。中国的工业化发端于第二次鸦片战争后的洋务运动,洋务派最初建立的是江南制造局、福州船政局等军工企业。1872年,在围绕着是否应停造轮船的清廷大辩论中,李鸿章指出中国只能学习西方先进的工业文化以应对数千年未有之大变局:"西人专恃其枪炮轮船之精利,故能横行于中土,中国向用之弓矛小枪土炮,不敌彼后门进子来福枪炮;向用之帆篷舟楫艇船炮划,不敌彼轮机兵船,是以受制于西人……自强之道,在乎师其所能,夺其所恃耳。" [1] 面对宋晋等反对派以成本问题提出的停造轮船驳难,李鸿章给出了自己的建议,把政策议程引向了军工厂制造商船来发展"各口岸轮船生意已被洋商占尽"的航运事业,以减轻军工厂财务负担,即所谓令闽沪两局"间造商船,以资华商领雇" [2]。由此,围绕停造轮船的争论直接启动了招商局的创设进程。实际上,宋晋并非一个完全闭目塞听的腐儒,他是最早倡议使用轮船的大臣之一,而与宋晋产生辩论的李鸿章,与宋晋私交甚笃,关系非比寻常。[3] 因此,停造轮船之争背后或许存在着复杂的政治派系因素与官场斗争动因。但是,李鸿章公开提出的大变局之论,不管在象征意义上还是实践过程中,都成为中国工业文化乃至现代化得以继续推进的合法性论说。于是,招商局作为中国第一家民族现代航运企业,其诞生虽然适应了经济现代化内在的趋势,但从一开始就被赋予了为中国应对千年大变局的政治色彩。1872年11月29日,《申报》刊登《中国轮船招商》,从经济

---

[1]　宝鋆等编:《筹办夷务始末(同治朝)》第9册,中华书局2008年,第3476页。

[2]　宝鋆等编:《筹办夷务始末(同治朝)》第9册,第3476—3479页。

[3]　易惠莉:《易惠莉论招商局》,社会科学文献出版社2012年,第3—4页。

动因的角度介绍了招商局的创立旨趣："中国近年各处设立制造专局，仿照西法，创造轮船，兹因各处军务肃清，轮船岁须修艌，经费浩繁，是以李中堂议立招商局，为客商装运货物，籍资修艌。" [1] 12 月 23 日，李鸿章上奏清廷《设局招商试办轮船分运江浙漕粮由》，对创办招商局的意义则如此阐述："若从此中国轮船畅行，闽、沪各厂造成商船亦得随时租领，庶使我内江外海之利，不致为洋人占尽，其关系于国计民生者实非浅鲜。" [2] 这意味着招商局被定位为一家捍卫国家经济权益的战略性企业。尽管招商局当时并非国营企业，但与国家的这种紧密联系由此将一直伴随招商局。换言之，招商局在其孕育过程中，本身就不止包含了纯商业的观念，而是有着承担国家事业的思想底色。

　　模型作为一种思想的抽象，并不能完全与具体的现实对应，只是揭示出具有普遍性的逻辑。以晚清招商局的生命周期来说，确实很难辨识婴儿期、学步期与青春期的区别。但可以肯定的是，在招商局早期发展阶段，主要从事航运主业，并学习各种知识，与外资航运企业竞争，通过并购美商旗昌，招商局在航运业站稳了脚跟。与此同时，招商局为了解决航运业的燃料、保险等问题，向相关产业进行了投资，成为中国工业、金融业等多部门现代化的开拓者。招商局早期的非主业投资有一个重要背景，即当时的中国缺乏轮船航运业所需要的配套产业，招商局只能靠自己的投资来满足自己的主业需求。这个过程，既可以用交易成本经济学解释，也可以用演化经济学分析，它意味着招商局要填补大块空白才能抵达与市场交会的边界，而招商局只能用新的知识和能力与填补空白。

　　招商局的官督商办体制以及早期企业家徐润与盛宣怀等人的纠葛，历来是招商局史研究的一个焦点。这些问题反映的是晚清中国尚缺乏健全的市场经济体系与良性的官商关系。在 1883 年的上海金融

---

[1]　李玉主编：《〈申报〉招商局史料选辑·晚清卷》第 1 册，社会科学文献出版社 2017 年，第 3 页。

[2]　胡政主编：《招商局珍档》，中国社会科学出版社 2009 年，第 5 页。

风潮中,主持招商局的徐润因投资广泛而遇到了个人财务危机,他被发现挪用招商局的公款,引发了李鸿章的不满。[1]李鸿章的不满,可见于他给盛宣怀的批示中:"轮船招商局之设,原冀收回洋商已攘之利权,立中国经久不弊之商政。该局自归并旗昌码头、船只,于南北洋、长江揽载生意,扩充不少。去年复添局股百万,本有深固不摇之势,乃唐(廷枢)、徐(润)二道,因开平、承德矿务,擅自挪移局本、息款八十余万,几致掣动全局,实有应得之咎。"[2]在李鸿章看来,徐润因"擅自挪移局本、息款八十余万"而出局,实属咎由自取,然而,"开平、承德矿务"本身就是招商局推动中国工业化的举措。徐润的遭遇反映了官督商办体制中"公"与"私"关系的模糊,这是该体制的一大弊端,即使在后来的盛宣怀时代亦未很好地解决。不过,随着徐润的出局,可以认为招商局结束了青春期,开始了一种更具常态化的发展。

招商局的创办打着承运漕粮的旗号,漕粮运输也成为清廷为扶持招商局而给其部分垄断的一块特殊市场。1873年8月29日,徐润在致函盛宣怀时,称:"运粮多寡关系局务盛衰,卓然名论,佩服之至。"[3]招商局的漕粮海运,代替了传统的沙船运输,解决了清政府长期以来的漕粮运输艰难的困境,也为清政府节省了大量的漕运开支。但据倪玉平研究,在招商局成立之初,沙船等传统木帆船的运载能力实际上是过剩的,因此,并非沙船无法承担漕粮海运任务,而是清政府通过行政权力让招商局强行侵占了沙船的漕运份额。[4]实际上,包括英国在内的发达国家在其工业革命初期都普遍通过政策手段强力压制传统产业,以确保新兴的工业文化能冲破传统阻力,成长壮大。招商局承运漕粮,可以视为清政

[1]　朱荫贵:《朱荫贵论招商局》,社会科学文献出版社2012年,第24页。
[2]　陈旭麓、顾廷龙、汪熙主编:《轮船招商局·盛宣怀档案资料选辑之八》,上海人民出版社2002年,第130页。
[3]　陈旭麓、顾廷龙、汪熙主编:《轮船招商局·盛宣怀档案资料选辑之八》,第7—8页。
[4]　虞和平、胡政主编:《招商局与中国现代化》,第142—144页。

府对中国新式航运业的一种扶持。1884年9月26日，马建忠在给盛宣怀的信中，提到了漕运对于招商局的重要性，认为清政府给予招商局的漕运特权并非与传统沙船业竞争，而是要阻止在华外资轮运企业进入这一市场："若一旦漕运归各国洋船抢装，则三家船只尽足敷运百余万石之漕……法国津贴公司船只每岁不下七八十万；即蕞尔日本，亦且津贴三菱公司数十万，岂我朝反与民争此十数万耶？推此，而商局仍当承运漕米者，又不待言矣。"[1]清政府为招商局运漕支付了较高的运价。在1879年之前，漕粮每石运价为0.561 583 3两，扣除海运局公费10%和招商局用款5%，每石净得运费0.477 3两，另每石付给轮船维修费0.15两，再加上耗米补贴和空船免税二成等，招商局运漕价格实际高于沙船。1879年海运局公费增加到运漕收入的30%，招商局每石漕米运价仍达0.56两以上。从1880年起，每石漕粮运价降为0.531两，但据说公开市场的运价仅此一半。运漕给招商局带来了可观的收入，从1873年到1884年，以各年平均计，运漕收入约占招商局总收入的18%，且每年均有部分盈余。[2]清政府给予招商局的漕运特权，体现了官督商办体制的"官为维持"，也体现了晚清国家对招商局这一战略性企业在青春期的培育。在清政府灭亡后，招商局实际上长期未能得到类似的政府扶持。

　　辛亥革命改变了招商局所处的外部政治环境，也使招商局终于摆脱官督商办而实现完全商办。但招商局在清末新政期间已经开始探索商办，民国初年执掌招商局的势力在革命前亦已存在，故辛亥鼎革没有从根本上改变招商局的生命周期。民国初年的政局动荡引发招商局营业衰退，1913年，招商局轮船局部停航，原因正是"兵戈所指满目疮痍"。[3]第一次世界大战期间，由于欧洲列强无暇东顾，招商局利用外轮撤走的有利时机，在长江航线增加运力，甚至还一度开辟东南亚航线，向海外扩

---

[1]　陈旭麓、顾廷龙、汪熙主编：《轮船招商局·盛宣怀档案资料选辑之八》，第177页。

[2]　张后铨主编：《招商局史·近代部分》，中国社会科学出版社2007年，第69—70页。

[3]　胡政主编：《招商局史稿·外大事记》，社会科学文献出版社2014年，第147页。

张。然而,战争结束两年后的1920年,招商局轮运业持续滑落,"查本届水脚较上届短收一百十万两",不得不感慨:"欧战告终已届两年,华洋轮船纷至沓来,故货脚争跌不可终日,而各项开支尚在步涨,航业颇有江河日下之慨矣。"[1]一战结束后,中国轮运市场重新面临外资航企的降价竞争,招商局承受了巨大的营业压力。1921年,招商局总结亏损原因时称:"自欧战以还,泰西各国注重商战。商战首重交通而皆集矢于远东,去年英商曾一再宣告货脚以少收为满足,屡次跌价至今未已,美商则投巨资以竞争,日商则恃公家津贴,其他各国商船尚在络绎而来,要皆惧得政府为后盾。我国航业公司以招商局为巨擘,而又不善整理,日趋腐败,强敌当前,其何以堪耶?"[2]此后数年,招商局的轮运营业报告整体基调颇为惨淡。1926年,受政局影响,招商局再度局部停航,导致"损失之巨,为历来所未有"。[3]表3为1912—1926年招商局的运营收入情况,从中可见招商局在第一次世界大战期间获利颇丰,但战争结束后,其运费结余就经常为负了。招商局商办阶段的管理不善以及北洋政府的扶持不力,使这家企业大有步入衰老期之势。也就是说,国运不昌与市场竞争加剧这两个外部因素,加上招商局自身能力缺乏突破这一内部因素,使已经成为成熟企业的招商局面临着潜在的失败危险。

表3: 招商局运营收入情况(1912—1926)

年 度	运费收入(两)	运 费 结 余	
		数额(两)	占运费收入%
1912	2 670 369	483 138	18.09
1913	2 426 000	240 626	9.92
1914	3 006 000	491 092	16.34

[1] 胡政主编:《招商局史稿·外大事记》,第168页。
[2] 胡政主编:《招商局史稿·外大事记》,第170页。
[3] 胡政主编:《招商局史稿·外大事记》,第175、182、186、190、193页。

续　表

年　　　度	运费收入（两）	运 费 结 余	
		数额（两）	占运费收入%
1915	3 415 200	779 885	22.84
1916	3 962 400	1 335 774	33.71
1917	5 665 000	2 485 434	43.87
1918	7 028 000	3 523 438	50.13
1919	5 100 000	1 269 048	24.88
1920	3 823 200	305 001	7.98
1921	3 750 000	56 504	1.51
1922	3 871 100	−232 846	−6.01
1923	3 996 100	−118 865	−2.97
1924	3 774 963	−97 232	−2.58
1925	5 309 219	1 212 489	22.84
1926	2 800 366	−375 874	−13.42

资料来源：张后铨主编：《招商局史・近代部分》，第291页。

　　南京国民政府的成立使招商局的生命周期有了较大的改变。从1927年开始，国民政府就派人对招商局进行清查、整理，于4月30日成立了国民政府清查整理招商局委员会，从5月中旬着手清查，到9月底结束，又于当年11月成立了招商局监督办公处，由交通部部长王伯群兼任监督，交通部参事赵铁桥任总办。国民政府将招商局视为战略性企业，宣称："衣食住行为人民之四大需要，故本党总理之民生主义及建国大纲皆以解决此四者为首要。国民政府既为实现总理之民生主义而设立，对于此关系全国民生命脉之招商局，自当力谋整顿。"[1]国民政府宗奉的意识形态民生主

[1]　陈玉庆整理：《国民政府清查整理招商局委员会报告书》，社会科学文献出版社
2013年，第11页。

义，是主张国家对社会经济进行干预的，这就使国民政府插手具有官方渊源的招商局顺理成章。经过整顿，1930年10月28日，南京国民政府行政院发布命令，明确下令将招商局收归国营。1932年11月15日，国民政府正式颁布了《招商局收归国营令》，在组织形式和法律程序上完成了将招商局收归国营的全部过程。国民政府主要以"着财部迅筹现款，收回股票"的形式将招商局收归国营，这对于招商局的制度与性质变更具有釜底抽薪的效果。到1934年9月13日，收回股票工作全部结束，国民政府的中央银行一共用银2 126 340.45两，而当时招商局账面资本即股本为840万两，实际资产则远高于此数。[1]以国家战略名义创办的招商局正式成为中国国家资本的一部分。招商局被国民政府收归国营后，在企业家刘鸿生、职业经理人蔡增基的领导下，进行了运力扩张、陋规革除、重启清末尝试过的水陆联运等一系列改革与创新，到1937年全面抗战爆发前确实有了新气象。由此可见，1927年的政局变动打断了招商局原有的生命周期轨迹，使企业摆脱暮气，重新进入扩张与上升的曲线中。

招商局的这一复兴势头被日本全面侵华战争打断，然而，抗战胜利后，随着对日伪资产的接收，以及美援物资的补充，招商局反而在东亚新的地缘政治格局中壮大了势力。据1947年统计，招商局的船舶吨位占全国轮船商业同业联合会船舶总吨位数的36.14%，远远超过排第二的民生公司的7.60%。[2]从当年开始，招商局对营业方针作了较大调整，把近海及外洋运输摆在更为重要的地位。国民政府交通部一再指示招商局"业务方面应多向发展国际航线，争取南洋市场"。[3]这与二战结束后日本势力在东亚地区一度被清空不无关系，世界政治的变局为招商局提供了开拓市场的空间。招商局在当年调整了沿海分支机构并相继开辟了多条海外航线。如果将招商局开拓海外航线看作新能力

---

[1]　张后铨主编：《招商局史·近代部分》，第362页。
[2]　张后铨主编：《招商局史·近代部分》，第509页。
[3]　张后铨主编：《招商局史·近代部分》，第477页。

形成的机会，那么非常清楚的是，这种能力的发展是外部政治环境巨变下的产物。政局对企业能力的形成与发展能施加同市场相似的直接影响，是近代中国历史特殊性的体现。换言之，与政府关系密切的近代中国企业的生命周期，很难由企业内部的演化动力所决定。

新中国的成立，是千年未有之大变局中的又一新变局，从此，中国历史翻开了新的一页，招商局也开始书写新的历史篇章。在国民政府统治时期，被国营化的招商局已经开始与国家和政府有了更紧密的联结，这实际上体现了中国现代化的一种长期趋势，即依靠国家集中资源来进行社会动员，以期快速实现工业化与现代化，走上富强之途。这一国家深度介入工业化与现代化的特点，在后发展国家历史上屡见不鲜，具有普遍性。但是，国民政府自身存在极大缺陷，无法承担国家主导型工业化的历史使命。因此，中国的现代化，在历史演化中形成了以政治革命和社会革命为其前提的实际局面。招商局作为中国现代化的代表性产物，也在革命洪流中重启了自己的生命周期。实际上，招商局并非被迫顺应新的变局，而是主动选择了参与新政权。在上海解放过程中，招商局码头工人和海员分别组成保安队和纠察队，保护码头、仓库和轮船。招商局的胡时渊总经理等人听到人民广播电台的号召后，也决定留在上海。在广大员工的积极斗争下，招商局在上海地区的设施和船舶，除四号码头受轻微损伤，一、二、六号码头部分物资被弄走外，其余各码头、仓库均无损失，保留下来的船舶共约10万载重吨。[1]1950年年初，中央人民政府交通部设立航务总局。同年4月，招商局轮船总公司改为国营轮船总公司，翌年2月又改名为中国人民轮船总公司，并迁至北京，与交通部航务总局合署办公，下设上海、天津、青岛、广州、汉口区人民轮船公司。[2]这意味着中国内地的招商局从形式上结束了，

---

[1]　朱士秀主编（代）：《招商局史（现代部分）》，人民交通出版社1995年，第2页。
[2]　《当代中国》丛书编辑委员会编：《当代中国的水运事业》，当代中国出版社2020年，第44页。

对于招商局来说,这是其历史上的一次重大断裂。另一方面,随着海辽轮等海轮与香港招商局起义,招商局以实体的形式在香港得到了延续。1951年3月16日,中央人民政府交通部航务总局向香港招商局分公司下发通知,同意在中英关系建立前,香港招商局暂用原名。[1]于是,原本统管江河、沿海、远洋运输,集港口、栈埠、船舶修造于一体的老牌企业招商局完全解体,形成了一个按专业由全国统一管理的水运运输体系,仅有香港分公司仍以招商局母体的名义继续存在。毫无疑问,香港招商局与1872年至1949年间形成的庞大的招商局是无法等量齐观的,两者从实体角度说是两家完全不同的企业,这就意味着,招商局的生命周期真正重启了。

三、在市场中构筑能力:当代招商局的生命周期

1949年后的招商局重启了生命周期,比起近代招商局不断被动荡政局改变演化轨迹,当代招商局的发展趋向是较为稳定的。换言之,招商局的近代史更多地体现了中国近代史的特殊性,而招商局的当代史与发达国家企业史的规律则有了更多的一致性。当然,无论从国情还是从具体的历史情境来说,招商局作为一家中国企业,都只可能呈现中国式企业生命周期。这一点,与"日本式经营"或者"莱茵模式"等企业发展类型所呈现出的特殊性,从原理上来说是相通的。

纵观1949年后招商局的历史,尽管大体上是一个连续的整体,但仍然可以以1978年为界划分为两个大的阶段。这一划分,又是招商局受国运左右的体现。1978年开始的改革开放,改变了中国的命运,也使招商局从一家地处香港的航运类企业,向中国内地扩展第二基地,并成长为航运一度不被视为主业的多元化综合性大企业。从某种意义上

---

[1] 胡政主编:《招商局珍档》,第591页。

说，在大的生命周期之内，1978年后的招商局实际上开启了一个新的改革开放生命周期。这一改革开放生命周期与原来的香港招商局的生命周期既存在包含关系，又存在并行关系；既相对独立，又构成整体，而且其整体性随着时间推移越来越强。毋庸置疑，招商局的新生命周期不仅受到改革开放的影响，这家企业作为"改革试管"，其发展本身就是中国改革开放早期探索的重要内容。然而，1978年之前的香港招商局历史是不能被改革开放生命周期排除掉的。招商局的航运业能够得以保留，以及由航运业衍生出的海洋装备制造业能够成为招商局重要业务板块，均须追溯至1978年前香港招商局的艰苦奋斗。可以说，在1978年前的香港，在特殊的年代里，香港招商局经历了一个漫长的类似婴儿期与学步期的演化阶段。这一阶段持续时间过长，亦不取决于香港招商局内部的动力机制，而与国家政策和大环境直接相关。

　　严格来说，计划经济体制下的中国企业并非真正意义上的现代企业，因其缺乏在不确定性的市场中搜寻新知识这一企业演化的基本特征。香港招商局地处资本主义环境，体制上所受束缚较小，但也长期缺乏完整的企业能力。据1958年就到招商局工作的张振声回忆："在计划经济的年代里……对在香港工作的人员限制很多，不能随便说话，出门也要二人同行，思想上限制，业务上也管得死死的……记得60年代，招商局的办公室非常小，只有一座四层小木楼，旁边的房主想卖房，招商局想买下来。为了大小不过1 000平方米的房子，我去北京跑了两次，结果没有得到同意……眼看香港飞速发展，我们啥事都不能做，大家都觉得非常压抑。我在这样的情况下干了二十年，心里憋了一股劲。"[1]因此，招商局在1978年确实重新经历了一个由孕育期开始的新的小生命周期，只不过这一生命周期的重心在蛇口而不在香港。中央政策给予了招商局重新创业的必要机会，但招商局职工自身的思想观念也是

---

[1]　周祺芳主编：《见证蛇口》，花城出版社1999年，第14—15页。

演化的起始动力。前述张振声所言"心里憋了一股劲"正是引发演化的思想观念的基础。对招商局再次创业厥功至伟的袁庚，也曾于1986年追溯带领招商局改革的思想动机："我在七十年代后期到了香港……香港商品琳琅满目，非常繁华。这种情景的出现，使我们在香港工作的同志非常痛心。大家都想振作一番。"[1] 这种想法孕育了招商局的新生命。1978年10月，在听取袁庚汇报的基础上，中共交通部党组草拟了一份《关于充分利用香港招商局问题的请示》，报送党中央和国务院。这份报告提出要"利用招商局这个现成基础，多办一些事情，更多地为国家增加外汇收入，积累建设资金，引进新技术、新设备，为加速四个现代化服务"。[2] 这一目标继承了招商局作为战略性企业为国家担当重任的传统。为了实现这一目标，报告请求中央准许招商局市场化经营："鉴于港澳的资本主义竞争剧烈，情况瞬息多变，一定要改革上层建筑，简化审批手续。应该确定就地独立处理问题的机动权。建议授权港澳工委可以一次批准招商局动用当地贷款五百万美元的权限，从事业务活动；可以批准从港澳派去海外进行业务活动的人员，不必再报经国内审批。"[3] 尽管招商局提出的市场化请求还非常有限，但这在当时的中国已经是一个创新性的重大突破。党和国家领导人批准了招商局扩大经营自主权的请求，李先念还批示："手脚可放开些，眼光可放远些，可能比报告所说的要大有作为。"[4] 有了来自中央的支持，招商局的重新创业就由观念落实于行动。1979年，招商局在广东省的支持下，开始筹建蛇口工业区。如此一来，招商局新的生命周期就由孕育期而进入婴儿期了。

以蛇口工业区为主线的招商局新的企业生命周期，作为"改革试管"的重要内容，在其婴儿期就充满了创新。这一点也是时代的产物。当招

---

[1]　招商局集团办公厅、招商局史研究会编印：《袁庚文集》，2012年，第83—84页。
[2]　招商局集团办公厅、招商局史研究会编印：《袁庚文集》，第21页。
[3]　招商局集团办公厅、招商局史研究会编印：《袁庚文集》，第22页。
[4]　朱士秀主编（代）：《招商局史（现代部分）》，第179页。

商局提出"时间就是金钱，效率就是生命"的口号时，实际上重构了中国工业文化，为在中国盛行了几十年的自力更生时代的工业文化增添了新的内容。1988年，袁庚在一次讲话中提出："我以为，要引进外国的资金、技术、设备等等，并不是十分困难的事，而要创造一个适应这个经济发展的社会环境，则要困难得多……有人问：'蛇口是怎么发展起来的？'我回答：'是从人的观念转变和社会改革开始的。'"[1]这是对招商局在改革开放大潮中快速成长的总结。企业家精神的重要内涵在于企业家必须相信别人不相信的事。[2]以袁庚为代表的改革开放初期的招商局领导班子具有这样的企业家精神。袁庚曾说："蛇口连山在内不过十几平方公里，从零开始开发至今也不过两三万人，对于九百六十万平方公里和十亿人口来说，真是九牛一毛，试验遇到挫折也无关宏旨，所以中央放心让我们探索，先行一步，我们也就比较有胆量去进行各种富有挑战性的试验。"[3]不过，招商局的改革开放史不仅仅有蛇口工业区，如前所述，招商局的香港基地也一直在发展。作为一个整体的招商局，在20世纪80年代进入名副其实的学步期，如同近代招商局曾面对的产业空白环境一样，再一次在充满机会的环境里尝试各种投资，使企业能力发散化地发展，最终演化为多元化经营的企业。表4为招商局1978—1988年的利润增长指数表，从增长情况看，这一阶段招商局的经营总体来说是成功的。

表4：招商局利润增长指数表（1978—1988）

年　份	增　长　指　数
1978	100.00
1979	113.94

[1]　招商局集团办公厅、招商局史研究会编印：《袁庚文集》，第253页。
[2]　Mark Casson, Bernard Yeung, Anuradha Basu and Nigel Wadeson edit: *The Oxford Handbook of Entrepreneurship*, p.69.
[3]　招商局集团办公厅、招商局史研究会编印：《袁庚文集》，第177页。

续　表

年　　份	增 长 指 数
1980	157.79
1981	192.78
1982	251.84
1983	191.76
1984	245.04
1985	316.29
1986	316.30
1987	506.69
1988	794.89

资料来源：朱士秀主编（代）：《招商局史（现代部分）》，第441页。

　　以航运及相关产业起家的招商局，每进入一个新产业都需要学习新知识，都要以创新的胆识去突破边界。招商局进军金融业就很典型。1986年春，中国人民银行行长陈慕华到深圳考察，招商局领导袁庚、王世桢等向其汇报蛇口工业区的情况，并提出中国的政治体制改革和经济体制改革的步伐都很大，但在金融体制改革方面却很不够，除了四大专业银行以外再没有其他商业银行，鉴于这种情况，可不可以让招商局在这方面也闯一闯，创办一家完全由企业持股、严格按照市场规律运作的中国式的商业银行。陈慕华听后很感兴趣，支持招商局领导的想法。[1]得到陈慕华的首肯后，招商局于1986年5月5日起草了《关于成立"招商银行"的报告》，向中国人民银行正式申请由招商局独资创办一家地区性银行，注册资本为1亿元。8月11日，中国人民银行正式下

[1]　周祺芳主编：《见证蛇口》，第204—205页。

文批复，同意试办招商银行。然而，招商银行在聘请高级管理人员时遇到了困难，在物色不到外部人才的情形下，王世桢被推为招商银行首任总经理。1987年4月8日，新中国第一家由企业创办的股份制商业银行招商银行在蛇口工业区正式宣告成立。招商银行创办之初，总共只有36人，平均年龄24.3岁，挤在一个很小的地方办公，总经理王世桢的办公室也只有6平方米。王世桢认为，招商银行能够发展主要得益于创新。在筹办招商银行的初期，王世桢思考的首要问题就是招商银行的特色与办行方针。他分析后认为，招商银行最大的优势就是地处深港之间的地理位置和招商局这一"后台老板"，故该行一定要利用这一优势，发展海外业务。因此，在第一届董事会上，王世桢等就要求招商银行25%的资本金是外币，以表明该行重视国际业务、外汇业务的发展。[1]然而，在当时的情况下，国际业务、外汇业务很难形成规模和招商银行自身的特点，于是，该行又思考开辟新的业务生长点。王世桢回忆："我们开始对国外的离岸业务开展调查研究。离岸业务即Offshore banking business，就是在境外吸取资金并用于境外，形象地说，就是'两头在外'。研究透了，我们即于1988年7月1日提出开办离岸业务的申请。1989年5月23日，国家外汇管理局批准了我们在国内独家试点，正式试办离岸业务。可以说，离岸业务是招商银行最具特色的业务，也是我们的第一个拳头产品。"[2]演化经济学家指出，所有的知识都是个人的，只存在于个体的头脑中。[3]这凸显了企业中的个体进行学习的必要性。创新以学习为基础。王世桢等招商银行早期员工，正是通过学习新知识而在陌生的领域里找到了企业的竞争策略。不断地学习新知识，在市场中构筑新能力，是招商局从学步期过渡到青春期直至

---

[1]　周祺芳主编：《见证蛇口》，第209—210页。

[2]　周祺芳主编：《见证蛇口》，第210页。

[3]　Mark Casson, Bernard Yeung, Anuradha Basu and Nigel Wadeson edit: *The Oxford Handbook of Entrepreneurship*, p.69.

在壮年期以新产业参与市场竞争的动力机制。只有在掌握了新能力的条件下,招商局才能顺利地在新的生命周期中成长。

企业在学步期的扩张往往受到创业型企业家信心自我强化机制的引领。爱迪思形象地描述:"眼下的成功使得创始人忘记了在婴儿期所遭遇的那些困难。学步期的成功实现了创始人的梦想,既然一个梦想可以实现,为什么别的梦想就不能呢?"[1]然而,创新的演化性就在于创新的结果是不确定的。以招商局来说,在改革开放后的学步期所进行的多元化扩张中,并非每个领域都取得了等量齐观的成功。旅游业就是一个典型。招商局进入旅游业源于开发蛇口工业区产生的接待宾客需求,其标志为"海上世界"娱乐中心。"海上世界"原系法国1962年建造的豪华邮轮,1973年中国购下该船,将其更名为"明华",投入中国至坦桑尼亚航线。1983年8月27日,明华轮驶抵蛇口,由广州远洋运输公司移交给招商局。招商局将明华轮改造成中国第一座以海洋为主题的船体酒店,由海上世界股份有限公司经营管理。[2]海上世界股份有限公司总经理王潮梁回忆,袁庚在"海上世界"开业报告上批示:"人是要有点精神的,把企业成败当成个人的成败,呕心沥血,全力以赴,搞好经营作风,服务一流。哪怕一时赚不了钱,甚至赔钱,也是可以的,谁也没有把握一定赚钱。但有一点我是始终相信的,蛇口工业区需要像明华轮这样一个'海上世界'……对经理部人员我是相信的,应该给予他们更大的自主权,以便于发挥他们群策群力的创新和负责精神。让这些青年人去闯出一条新路子吧。要支持,不要一遇挫折,就泼冷水。"[3]袁庚的批示体现了招商局进入前景不确定的旅游业时所依托的企业家精神。在招商局领导班子的支持下,"海上世界"于1984年1月26日顺利开业,接待了前来视察的邓小平,此后更发展成为蛇口的重

---

[1] 伊查克·爱迪思:《企业生命周期》,第63页。

[2] 胡政主编:《招商局船谱》,社会科学文献出版社2015年,第197页。

[3] 周祺芳主编:《见证蛇口》,第141页。

要展示窗口。1985年，招商局组建招商局国际旅游公司。1986年，国家旅游局正式批复同意中国招商国际旅游总公司在京成立。1987年，招商局所属各旅游公司共接待游客7万人次，其中外国游客约占60%，中国香港游客约占40%。在各旅游专线中，长江游客为3 230人次，海南岛游客640人次，西藏游客约1 000人次。1988年，集团各旅游公司共接待游客96 443人次。[1]然而，1989年，蛇口旅游业遭受前所未有的冲击，业务量锐减，特别是深圳华侨城等景区迅速崛起后，夺走了大量客源，使蛇口旅游业雪上加霜。[2]1992年，袁庚在"海上世界"重整的报告上批示："海上世界……应该自己办起来，用事实证明我们是可以办好工业区的，也可以办好海上世界的。"[3]这从侧面反映了当时"海上世界"未能办好的困境，而海上世界的困境也是招商局旅游业务发展不顺的一个缩影。企业学习新知识与构筑新能力的过程，存在着必须突破的壁垒，其结果亦具有市场经济所固有的不确定性。不过，对改革开放后的招商局来说，在学步期的扩张具有试错性，这不影响其最终挑选出主要产业进行经营。

如果尝试用表2的模型对招商局的改革开放生命周期进行一个解释与分析，可以得出表5的示意：

表5：招商局的改革开放生命周期示意

阶　　段	年　　代	企　业　状　态	演　化　意　义
孕育	1978年以前	香港招商局员工思考新出路	新的知识基础开始形成
婴儿期/学步期	20世纪80年代	蛇口创业，多元经营与扩张	学习新知识，掌握新能力

[1]　朱士秀主编(代)：《招商局史(现代部分)》，第425页。

[2]　胡政主编：《招商局与深圳》，花城出版社2007年，第93—94页。

[3]　招商局集团办公厅、招商局史研究会编印：《袁庚文集》，第301页。

续 表

阶 段	年 代	企 业 状 态	演 化 意 义
青春期	20世纪90年代	基本形成主要业务板块	形成特定演化路径
壮年期	21世纪	力争成为世界一流企业	知识与能力的积累和发挥

从1990年到2022年，招商局在其生命周期中又经历了不同阶段，但仍然保持着旺盛的生命力，成为最具竞争力的央企之一，并未显现进入衰老期的迹象。进入21世纪后，招商局的主要产业包括航运、港口、金融、房地产、海洋装备制造、物流、园区综合开发等，其中多数都形成于20世纪80年代与90年代，故而招商局目前的生命周期所体现的，还是既有能力的持续积累与发挥。对成熟企业来说，能力不是从零开始突然出现的，但在企业成长初期，往往要从一片空白中搜寻新知识，学习新能力。企业的这种演化性，使回溯企业生命周期的早期阶段有了意义，也使企业史研究具有了现实的价值。

小结

企业是现代经济发展的基石。在市场经济中，企业的创立与消亡，就如同生态系统中的生物演化，实属寻常之事。然而，那些历经时间洗礼的"百年老店"型企业，其对于国民经济自然有着特殊的贡献，其特殊的生命周期也有着理论上的探讨价值。中国的工业化造端于19世纪中期的洋务运动，洋务企业是中国最早一批引进了工业技术、现代管理制度等现代性要素的企业。部分洋务企业以实体传承的方式延续至今，是中国的"百年老店"型企业，如招商局、江南造船厂、马尾造船厂等。然而，由于20世纪中国翻天覆地的变化，中国的"百年老店"型企业有着自己特殊的生命周期，在延续中包含着断裂，其生命力与国家命运紧密相连。以招商局来说，它既是晚清国家意志投射于现代化进程的产物，又在20世纪前半期因数次政局变化而中断原有的生命周期轨迹。因此，近代中国企业尤其是和政府有密切关系的企业，其生命周期不完全由企业内部的演化动力决定，而受到宏观政治进程的直接影响。1949年后，自1872年以降构建了一个庞大"企业帝国"的招商局因国家政策而事实上解体，只有香港分部保留了招商局的招牌，这表明招商局的生命周期事实上重启了。进一步说，在企业史研究中，应该正视中国"百年老店"型企业所经历的组织、人事、文化上的实际断层。这种断层并不妨碍相关企业在改革开放后重新追溯1949年前的传统并将其视为企业文化的重要资源，但从历史角度说，企业的主体及所面对的情境，往往迥然不同。

　　然而，不管企业如何受政治影响，作为市场主体，市场竞争与企业自身的能力始终都是决定企业生命周期的重要力量。这一点，在招商局的当代生命周期里体现得很明显。尤其到了改革开放时代，招商局事实上又以蛇口工业区为中心开启了一个小的生命周期，再次使企业的演化轨迹偏离原有的航道。自改革开放以来，招商局的生命周期与企业生命周期一般性模型的契合度较高，从中可以看到的是，招商局目前的产业格局形成于其20世纪80年代婴儿期与学步期的扩张。招商局每进入一个新产业都需要靠企业家的胆识去推动，靠学习新知识与构筑新能力去站稳脚跟。不过，企业在市场中构筑能力的结果，与市场经济一样充满不确定性，这塑造了企业进入壮年期时所依赖的特定的演化路径。招商局在未来是否能推迟衰老期的到来，或者以重启新生命周期的形式继续保持生命力，仍然取决于国运、市场与能力之间的不同组合。

"除去永豫申新之气味"：论棉铁联营初期苏纶纱厂的科学管理改革*

在近代，苏州苏纶纱厂因与上海大隆机器制造厂组成"棉铁联营"而闻名，学界对此亦有研究。[1]已有研究多注重大隆对苏纶的技术改造，以及苏纶解决了大隆的产销矛盾，却忽略了棉铁联营初期苏纶纱厂实际上进行了一场科学管理改革。1930年严庆祥在写给苏纶厂长张子樑的信中提到，当时的苏纶已"大半除去永豫申新之气味，而渐含有大隆之精神矣"[2]，这表明严家对于苏纶的接手是企业文化移植的典型个案，而这一个案与当时中国棉纺织业界的代际更替有密切关系，并被置于了科学管理运动兴起的大背景下，颇具探讨价值。当前，学界对于20世纪二三十年代中国企业的科学管理改革运动进行了较多研究[3]，

---

* 本文修改稿曾发表于《珞珈史苑》2011年卷。

[1] 林刚：《简析大隆机器厂的"铁棉联营"》，刘兰兮主编：《中国现代化过程中的企业发展》，福建人民出版社2006年，第204—218页。

[2] 严庆祥致张子樑函，1930年1月13日，上海市档案馆藏档Q459-1-503。

[3] 学界对近代中国企业"科学管理"的研究由来已久，近年来的研究成果如：汤可可：《近代企业管理体制的演进——无锡民族资本企业发展历程中的变革性转折》，《中国经济史研究》1994年第3期；郭太风：《王云五在商务印书馆推行科学管理的功过是非》，《东华大学学报》2001年第3期；张忠民：《20世纪30年代上海企业的科学管理》，《上海经济研究》2003年第6期；高超群：《科学管理改革与劳资关系——以申新三厂和民生公司为中心》，《中国经济史研究》2008年第3期；江满情：《近代中国工商管理协会述论》，《中国经济史研究》2010年第3期。在现有成果中，学者多关注近代中国的"大企业"，实际上，一些中小企业在实施科学管理方面亦别具特色。

但这些研究一般多将视野集中于荣家企业、刘鸿生企业等大企业集团，对于苏纶这样的中小型企业较少关注。笔者即试图通过研究1932年以前苏纶纱厂的科学管理改革状况，[1]弥补这一缺憾。

一、"永豫申新之气味"

从研究的角度来看，严庆祥所言"永豫申新之气味"包含两个层面的意思。其一，创办于清末的苏纶纱厂在欧战期间由上海永茂轧花厂主许松春租办，许松春"赚了大钱在上海创办永豫纱厂"[2]，因此，早期的苏纶纱厂在企业文化[3]方面与永豫纱厂一脉相承，含有其"气味"。其二，永豫与申新泛指当时的一般棉纺织企业，这些企业拥有某些相同的制度组织与文化因子，而这一现象的产生与近代中国棉纺织业界的代际划分有密切关联。

据日本学者研究，按其经营者背景来划分，近代中国的棉纺织企业有三种主要类型：1910年之前的大生型－乡绅主导型；20年代的申新型－商人主导型；30年代的永安型－经营管理专家、技术人员主导型。[4]这三种基本类型按年代的顺序演进，体现了中国近代棉纺织业界的代际更替。这里的代际更替不光是指企业经营者身份的转换，更重要的还是指企业主导文化的不同，因此，对同一企业来说，也可能在不同阶段呈现出不同的面貌。值得注意的是，严家接手苏纶纱厂是在1925

---

[1]　之所以将时间断限在1932年以前，主要因为1932年以后，严庆龄主持大隆的厂务，苏纶与大隆的棉铁联营也进入一个新阶段。见上海社会科学院经济研究所编著：《大隆机器厂的发生、发展和改造》，上海人民出版社1980年，第39页。

[2]　严庆祥答上海社科院经济研究所提出的几个问题，1979年7月，原件藏上海社科院经济研究所。感谢上海社科院的黄汉民先生提供此资料。

[3]　在管理学中，企业通常被视为一个组织，企业文化又被称为组织文化，"可以被定义为组织成员所逐渐获得的共同信念、行为和假设的内在联系"。见杰里·W.吉雷等：《组织学习、绩效与变革》，康青译，中国人民大学出版社2005年，第275页。

[4]　中国企业史研究会：《中国企业史研究の成果と課題》，汲古书院2007年，第32页。

年,而其"大半除去永豫申新之气味"完成于1930年初,正好是中国棉纺织工业由"商人主导型"向"经营管理专家、技术人员主导型"过渡的阶段,严家当时的主要经营者严庆祥也属于技术人员出身,这样一来,"除去永豫申新之气味"就恰与中国棉纺织企业主导文化的转换相契合了。因此,尽管前述三种类型并不能概括近代中国棉纺织企业的全部[1],而且主导类型转换的代际更替模式不可能完全对应于参差多态的史实,但作为研究中的"理想型",这种模式是一种具有解释力的分析框架。在这一理论框架的观照下,我们会发现,所谓"永豫申新之气味",实际上即是指中国近代棉纺织业在20世纪20年代所具有的企业文化,这种企业文化保留了浓厚的"封建性"[2]因子,在生产组织上实行工头管理制,在经营理念上则较多商人所特有的冒险扩张性。然而,这样一种企业文化将日益显现出其不利于企业发展的一面,因此也正是同时期兴起的科学管理运动所欲革除的目标。

具体而言,"永豫申新之气味"首先表现在当时的纱厂普遍存在着封建工头企业文化,这种企业文化保留有强烈的传统气息,以人身依附网络为组织架构,以工头的私人利益取代了组织应有的愿景。以申新为例,该厂早期分为文场和武场两个系统,两者都由厂里的一个总管一手抓。除机工外,一切女工、童工、小工归文场管,但文场职员不懂技术,必须通过拿摩温、童工头去管理。武场则有总头脑,总头脑不干活,统管各部门的头脑,各部门头脑下面分设值班二人,直接管理工人。[3]

---

[1]　浜口允子的研究即表明尚有周学熙的华新型-经济官僚主导型模式,见中国企业史研究会:《中国企业史研究の成果と課題》,第32页。

[2]　关于"封建"一词的含义及其在中国近代史研究中的运用问题,近来大陆学界可谓聚讼不已(参见中国社会科学院历史研究所编:《"封建"名实问题讨论文集》,江苏人民出版社2008年)。本文无意对这个宏大概念进行过多含有意识形态性的探讨,但认为从史料和文献的语境出发,使用类似"封建工头"这样的术语并无不可,因此下文中也将会使用到"封建"一词。

[3]　申一工人俞开泉、张耀达访问记录,1961年8月,上海社会科学院经济研究所编:《荣家企业史料》上册,上海人民出版社1980年,第136—137页。

在这种体制下，生产技术与工人的进退均操于工头之手，"武场头脑的权力是很大的，机工的进出与工资的多少都由头脑掌握；同时厂里生产技术管理权也操在头脑之手，如车速的快慢、原料、成品的质量检验等全由武场头脑管，文场职员是管不到的"，而头脑又进一步利用这种权力编织关系网，巩固其地位，"武场头脑、值班都是由总头脑一手提升的"，"他们与大、小头脑之间往往还有封建关系，例如帮会、师徒和同乡、戚谊关系等，没有这些关系，也是难于当上值班、头脑的"[1]。然而，工头的技术水平是有限的，这直接影响到企业的生产，例如，在申新三厂的清花车间，工头们"无视对整套生产过程的影响，只要能够制成形状和花卷相似的话，便算发挥他们的'高超'技术了"，造成了对于原料的浪费。同时，工头与工人之间缔结的依附网络也带来了车间中的腐败，申新三厂的梳棉工"自以为是工头的徒弟、戚属，谁也不在他们眼里，经常利用他们自己论日计算的工资，工作态度极不负责，在整日工作中做做停停，或是整天的停，照样可以拿到工资"[2]。因此，封建工头企业文化造成的便是纱厂中不合时宜的价值观体系，并外化为各种陈朽制度。以苏纶为例，当1925年中秋严庆祥为接管苏纶事而初至该厂时，"即见大门两边门柱上挂有虎头牌与红黑棍。进厂时两行厂警向我们行礼，同时呼'喳'的一声，俨然如旧衙门"[3]。在企业中，不合时宜的价值观体系"带来的后果极其严重"，它会使企业的管理者"止步不前"[4]。而这种组织文化也正是20世纪20年代华商纱厂的普遍弊病，并

---

[1]　申一工人俞开泉、张耀达访问记录，1961年8月，上海社会科学院经济研究所编：《荣家企业史料》上册，第137页。

[2]　楼震旦：《申新纺织第三厂一九二五年破除封建工头管理制度斗争的回忆》，上海大学、江南大学《乐农史料》整理研究小组选编：《荣德生与企业经营管理》下册，上海古籍出版社2004年，第684—685页。

[3]　严庆祥答上海社科院经济研究所提出的几个问题，1979年7月，原件藏上海社科院经济研究所。

[4]　特伦斯·迪尔等：《企业文化——企业生活中的礼仪与仪式》，李原等译，中国人民大学出版社2008年，第34页。

影响到其经营绩效。

此外，"永豫申新之气味"还表现为商人主导型的纱厂普遍渗透着一种积极扩张的企业文化。当时申新系统的主要领导者荣宗敬依靠借债买厂，大举扩张规模，他认为"多一片厂，就多一个盈利机会，也就多一个还债机会。他一天不看见锭子，心里就不舒服。他说：'债多勿愁，虱多勿痒，债愈多愈风凉。'"[1]尽管在荣家企业内，其他的领导者如荣德生表现得更为稳健，但在荣宗敬主持下，1922—1931年间申新系统增设了五个厂，纱锭数增加2.4倍，布机数增加1.9倍。[2]这种高速扩张在过去一直为学界津津乐道，但近来更深入的研究表明，申新表面的辉煌难掩其内部的脆弱与空洞化。尽管企业的规模扩大了，"但终不能做到自作市价，操控市场"。[3]而通过对财务档案的分析，陆兴龙指出，"在申新公司轰轰烈烈发展的表象下，企业的经营状况并不是十分成功的，申新的扩张更多地则是一种资本运作的结果"[4]。这样一种冒进的扩张也为20世纪30年代中期的申新搁浅埋下了伏笔。然而，在当时，这种企业文化并非只存在于申新之中，永豫纱厂也走了一条"大加扩充"的道路，并"卒以扩充太大，无力周转，至于闭歇"[5]。由此可见，严庆祥将永豫与申新相提并论，并非没有道理的。

总之，在20世纪20年代，申新型-商人主导型纱厂获得了极大发展，但由于其封建工头企业文化固有的落后性，以及商业扩张型企业文化的冒进性，华商纱厂在生产经营中开始面临一些困难，而科学管理改

[1]　荣家企业史料座谈会记录，1959年6月21日，上海大学、江南大学《乐农史料》整理研究小组选编：《荣德生与企业经营管理》上册，第200页。
[2]　上海社会科学院经济研究所编：《荣家企业史料》上册，第265页。
[3]　李培德：《膨胀与收缩——二十世纪三十年代上海申新纺织企业的财务问题和解决方法》，上海大学、江南大学《乐农史料》整理研究小组选编：《纪念荣德生诞辰一百三十周年国际学术研讨会论文集》，上海古籍出版社2005年，第519页。
[4]　陆兴龙：《申新纺织公司扩张时期经营状况分析》，张忠民等主编：《近代口中国社会环境与企业发展》，上海社会科学院出版社2008年，第218页。
[5]　严中平：《中国棉纺织史稿》，科学出版社1955年，第358页。

革也是在这一时期逐渐兴起的。正是在这一大背景下，"永豫申新之气味"成为新一代纱厂不得不革除的目标。

二、"渐含有大隆之精神"

"大隆之精神"即严庆祥主持大隆机器厂时期该厂所具有的企业文化，这一企业文化的特征是重视组织的集权化管理与共同价值观的缔造，以技术导向作为主要战略而采取稳健、适中的规模扩张。严家接手苏纶纱厂从事棉铁联营以后，苏纶也就面临着一个由"永豫申新之气味"到"大隆之精神"的企业文化移植过程。

严庆祥是大隆机器厂创办人严裕棠的长子，1916年，在他中学即将毕业时，"因家父西行长沙，庆祥奉命告假，代理大隆厂务。此为庆祥投身工业之发轫。及家父返沪，以庆祥于厂务尚能应付，因此辍学，遂随父在大隆学习铁工"[1]。据严庆祥回忆，到1918年时，严裕棠经营大隆厂已颇有成绩，当时杨树浦厂商组织了一个"工界志成会"，严裕棠被推为会长，"先父旋将大隆机器厂的日常工作，交给我同二舍弟庆瑞经营，以大部分的精神与时间，用之于社会公益慈善等事情方面去"[2]。因此，可以认为，尽管严裕棠一直握有严家企业的最高决策权，但直到30年代初，严庆祥才是整个企业的实际主持者，这一时期内大隆厂的企业文化亦由严庆祥一手缔造。而"大隆之精神"与严庆祥早期的学徒经历密不可分。

当严庆祥进入大隆机器厂以后，他"不愿坐在写字台上当现成小开，却跟着艺徒们去做出沙泥工作"，"从出沙泥开始，按照生产工序，经历了各个部门的实习"[3]。严庆祥的学徒经历从三个方面帮助了他的

---

[1] 严庆祥自陈，1949年8月14日，上海市档案馆藏档Q459-1-442。

[2] 严庆祥所写关于严裕棠慈善公益事业的回忆文稿，1962年12月，上海市档案馆藏档Q459-1-442。

[3] 朱龙湛：《早岁兴棉铁，白首报国心——著名企业家严庆祥的经营管理和晚年活动》，《上海市长宁区文史资料选辑》第3辑，1987年8月，第161页。

成长，并促进大隆厂的发展。首先，严庆祥从翻砂间干起，掌握了机械制造的基本技能，使他向着技术专家的道路发展。其次，严庆祥进厂之初即深入基层，了解到工厂运作的实态，并据此而建立起一套规章制度。他"开始百事不懂，但好与新进艺徒同出沙泥，以此突破了主从关系，师弟兄和好若亲人，方知厂内许多黑幕。在师弟兄协助下，仅月余时间就为厂建立人事监察制度，会计复核制度，工作记录，传票制度"[1]。正因为这样的才干，严庆祥深得乃父信任，年纪轻轻便掌握企业大权，"当时情景真有一人之下惟我独尊之气概，对内则扫除跋扈小丑有肃清君侧之精神，对外则片言立操胜算有排解营业纠纷之策略"[2]。最后，由于严庆祥与年轻学徒"突破了主从关系"，因此，严庆祥周围实际上形成了一个团队，在他的领导下共同为企业进步而努力。从学徒经验出发，严庆祥缔造的"大隆之精神"便成为一种技术至上、权责分明、凝聚力强的企业文化。当严家接手苏纶时，所要考虑的便是如何进行企业文化的移植。

企业兼并与重组所带来的文化冲突一直是困扰企业扩张的一大难题，严庆祥在进行企业文化移植时主要采取了三种手段，较为成功地化解了大隆与苏纶联营后的文化冲突：首先，进行人事上的换血，用大隆的员工取代苏纶原有的职员，自然而然地促成异质文化的植入。苏纶在旧有工头制下，厂中生产虽由工程师负责，但在管理上与总管并立，由于苏州官绅势力的影响，总管与工程师之间常有争权倾轧之事。严庆祥到厂后，在重阳节设宴，规劝总管辞职，"措辞诚恳，酬以重金。散席后，亲偕副厂长、工程师等高级职员到火车站送行"[3]，这样一来，对

---

[1] 严庆祥答上海社科院经济研究所提出的几个问题，1979年7月，原件藏上海社科院经济研究所。

[2] 严庆祥致李淇华、严庆瑞函，原件无时间，从信中内容推断当为1930年，上海市档案馆藏档Q459-1-503。

[3] 马学新、曹军伟：《近代中国实业巨子》，上海社会科学院出版社1995年，第316—317页。

于苏纶旧有人事格局可谓釜底抽薪，而与之相伴随的则是引进严庆祥在大隆厂中的团队。当企业文化改造完成后，严庆祥谓"苏纶之所以不像普通纱厂者，在恃有大隆人才，如耕孙、佐舜，已潜移默化"，苏纶的人才"非大隆积久训导，决无如是之适用"[1]，直接点明了原因。其次，进行制度改革，废除封建管理体制，从组织上植入大隆"纵横交叉，上下贯通又互相契合"[2]的管理架构，确立工程师在厂务中的主导地位。严庆祥入厂后，全力清除厂中的封建气息，"饬令把虎头牌等拿掉。门口警务室改接待室，归警长办公，一个厂警值勤，余皆后撤"[3]。同时，为整肃厂纪，他公布了《服务守则》《代理职务制度》等规章制度[4]，在苏纶复制了他早期在大隆的经验，将绩效管理制度化。而由于人事上对于总管的辞退，生产权力也就集中于工程师等专业技术人员手中了。最后，加强了集权化管理，着力培植全厂上下的共同愿景，缔造健康上进的企业价值观。在严庆祥接手苏纶之初，纱厂"所有人员思想庞杂，信仰纷歧，以致力量薄弱，统治失驭，而入于混乱状态中"，在严庆祥"不择手段但求达到目的"[5]的铁腕整肃下，"上至财政团体重要职员，下至工友侍役人等，胥以是厂之寄托于祥，于是动息进退为祥一人为转移，而当时思想之纯一、信仰之真诚、所发力量之伟大，遂莫与之竞"[6]，苏纶遂焕然一新。同时，严庆祥努力塑造员工事业至上的人格，要求企业员工从四个方面来培养"自立之道"：励志、立品、勤学、笃信[7]。这样

[1]　严庆祥致张子樑函，1930年1月13日，上海市档案馆藏档Q459-1-503。
[2]　严庆祥答上海社科院经济研究所提出的几个问题，1979年7月，原件藏上海社科院经济研究所。
[3]　严庆祥答上海社科院经济研究所提出的几个问题，1979年7月，原件藏上海社科院经济研究所。
[4]　马学新、曹军伟：《近代中国实业巨子》，第317页。
[5]　严庆祥致苏厂张潘两厂长函，1930年7月30日，上海市档案馆藏档Q459-1-503。
[6]　上海光裕营业公司经理严庆祥先生劝同事书，1928年9月，上海市档案馆藏档Q459-1-498。
[7]　严庆祥训词，原件无时间，上海市档案馆藏档Q459-1-503。

一来，在苏纶纱厂中，原有的腐朽气息被一扫而空，代之以更加刚毅、积极的强企业文化。而由于人事上的换血和绩效管理的制度化，这样一个文化移植的过程未引发太大的摩擦与冲突。

除了扫除苏纶的封建工头企业文化以外，严庆祥也为该厂注入了追求技术的企业精神。在严家接手苏纶之前，该厂租办者并不注重设备维护和技术更新，致使"机器之衰颓，各房屋之坏，厂屋走动梁柱湾（弯）斜，不堪设想"，纺纱间"机车不平，实有高低不一，以致出数之少，纺纱条杆粗细不均"[1]。面对这个烂摊子，严庆祥将苏纶"彻底改建"[2]，并由大隆在1930年供应了苏纶2万锭子，增设苏纶二厂，1931年又添置布机，成立织布厂。[3]总之，在与大隆实现棉铁联营以后，苏纶依靠装备改造与技术更新实现扩张，在"纺织业极度衰落"的情形下"犹能争雄一时"[4]。不仅如此，在管理层面上，严家接手苏纶后也注重加强技术导向型的制度建设。1931年1月，苏纶的领导层正式设立工务会议制度，决定每天早晨8点至8点半，"把每天所看见的或听得的不良工作及须改进事项，在这半小时内每人轮流提出讨论，然后再定一方针，依照这方针去做，拿各人人力来改进不良工作"[5]。同时，纱厂还设有苏纶学术会，"以交换智识、研究技术、改良工作、增加生产、不问人事为宗旨"，"定每日下午八时至九时为开会时间，半小时讨论，半小时讲演"[6]，作为推进技术改良的辅助手段。这样一些制度在纱厂中营造了重视技术的良好氛围，一扫之前苏纶对于技术与装备的漠视态度，完成

[1]　苏州商务公司苏纶、苏经两厂开办经过报告，1927年，上海市档案馆藏档Q459-1-467。

[2]　严庆祥自陈，1949年8月14日，上海市档案馆藏档Q459-1-442。

[3]　上海社会科学院经济研究所编著：《大隆机器厂的发生、发展和改造》，第30页。

[4]　中国银行总管理处业务调查课：调查苏纶纺织厂报告，第7110号，1935年，第6页，上海市档案馆藏档Q456-1-101。

[5]　纱布厂工务谈话记录第一次报告，1931年1月24日，苏州市档案馆藏档I33-001-0030。

[6]　苏纶学术会会章，苏州市档案馆藏档I33-001-0028。

了该厂由商人主导型的企业文化向技术专家主导型企业文化的过渡。

综上所述，我们可以看到，"大隆之精神"是一种发端于机械制造业的企业文化，由于其内在的合理性，也被顺利移植到了苏纶纱厂这个棉纺织企业中，在使该厂获得较好绩效的同时，也促进了该企业的代际更替。

三、对科学管理改革的若干思考

前文中，我们侧重于从企业文化移植的角度来分析"除去永豫申新之气味"，实际上，这个过程也是苏纶纱厂科学管理改革的一部分。

早在1913年，穆藕初便在美国与提倡科学管理法的鼻祖泰罗及其高足吉尔培来探讨工厂管理法，"获益甚多"。[1]穆氏回国以后，又从实践与理论两个层面推进中国企业的科学管理改革。1915年，穆藕初按照泰罗制的原理，在德大纱厂实行一系列改革措施，取得了较大成效。1916年，穆藕初翻译的《工厂适用学理的管理法》（泰罗原著）由上海中华书局出版发行。可以说，科学管理运动在近代中国滥觞甚早。然而，从实效来看，中国企业的科学管理改革遭遇了颇多曲折。以申新这一棉纺织业界最大的企业集团来说，直到1924年，无锡的申新三厂才开始推行废除工头制的管理改革，"厉行科学管理法"[2]，但由于工头的强烈抵制，在1925年酿成了工人殴打新职员的事件，改革也被迫暂时中断，一直要等到1927年以后，改革才比较顺利。[3]申新科学管理改革的曲折性也是当时整个中国科学管理改革艰难起步的一个缩影。在这

---

[1] 穆家修等编著：《穆藕初先生年谱》，上海古籍出版社2006年，第56页。

[2] 《纺织时报》，1925年4月27日，上海社会科学院经济研究所编：《荣家企业史料》上册，第157页。

[3] 谈家桢访问记录，1961年8月，上海社会科学院经济研究所编：《荣家企业史料》上册，第163页。

样一个大背景下,苏纶所取得的成就其实是相当突出的。

或许由于苏纶是一家规模并不大的纱厂,以往的研究在探讨科学管理运动时,甚少涉及这家企业,而将目光集中于荣氏企业、刘鸿生企业、南洋兄弟烟草公司、民生公司、大生纱厂、商务印书馆等"中国的大企业"。然而,苏纶纱厂所进行的科学管理改革既是严家的自我期许,也为时人所认可。在1929年,大隆机器厂与苏纶纱厂的棉铁联营已取得初步的成绩,严裕棠遂向包括刘鸿生在内的实业家与社会名流广泛发出邀请,希望他们到苏纶观摩、指导。在邀请函中,严裕棠自称对苏纶纱厂"依据科学经济原则而实施改造"[1],表现出了对于科学管理运动的自我认同。另一方面,同年,上海机联会组织了一系列近代工厂管理方法的讲演会,邀请了一批"企业管理的行家和研究有素者"主讲,其中就包括严庆祥[2],这表明了实业界对严氏企业科学管理实践的认可。而从前文的论述中,我们可以看到,严庆祥在苏纶纱厂中移植大隆机器厂企业文化的过程,涉及对封建管理文化及其外化出的制度的革除,这与申新纱厂废除工头制的改革是一致的,因此确是名副其实的科学管理改革。从时间上看,申新三厂从1925年开始推行改革,到1927年以后改革才顺利推进下去,而严家在1925年接手苏纶,到1929年左右已初步完成改革,这更显示出苏纶纱厂是当时华商企业实施科学管理改革的先行者。

通过对申新与苏纶的比较,我们可以看到,对中国近代企业而言,规模大小并非绩效优劣的标准,科学管理实践也并非在大企业中才能贯彻,相反,那些规模适中的企业可能更好地落实了科学管理改革。这一点,从严氏企业的成长看得很明显。通过大隆与苏纶的棉铁联营,严氏企业积累了棉纺织工业的生产经营,一直稳步扩张着,到1937年

---

[1]　严裕棠致刘鸿生函,1929年3月20日,上海社会科学院藏刘鸿记账房档案:15-207。

[2]　潘君祥:《20年代中国国货运动的蓬勃开展》,潘君祥主编:《中国近代国货运动》,中国文史出版社1996年,第30页。

时甚至有接洽办理大生纱厂二厂这一老牌棉纺大企业的计划，惜因抗战爆发而未能实现。[1]同样，通过在苏纶厂中推行科学管理改革的锻炼，严庆祥也由机械制造业人才进而成长为棉纺织工业的著名企业家。1934年，严庆祥尚且被天津中国银行聘请为河南豫丰和记纱厂的经理，而豫丰厂是最早推行科学管理的穆藕初所创办的，后因经营不善而实行改组。这一事实当然也显示了当时经济界对于严庆祥科学管理能力的肯定。值得注意的是，严庆祥恰恰是反对企业盲目扩张规模的。30年代中期，严庆祥参与了常州民丰纱厂的经营，并取得不错成绩。1937年，民丰纱厂的常务董事江上达在企业"以成小康之局"的情形下"提出扩充纺织两部之提案"[2]，却遭到了严庆祥的坚决反对。严庆祥的理由是，企业的小康状况只是"勉有此极低限度之成绩"[3]，在此时若举债扩张，"万一稍有挫折，则民丰稍固之基础，不难重蹈于风雨飘摇之中"[4]。我们看到，迟至1937年，钱庄学徒出身(荣家兄弟也是如此)的老派实业家江上达依然固守着申新型-商人主导型纱厂的企业文化，欲重复申新举债扩张的老路，这自然引起技术专家型经营者严庆祥的强烈反弹。反之，正如时人所言，自严庆祥参与经营民丰纱厂以后，"逐年努力扩充皆为生存所必需"[5]。综上所述，笔者倾向于认为，近代中国企业的科学管理运动与企业规模并无一定之关系，与通常印象中那种大企业才能实践科学管理的固有认识相反，一些规模适中的中小企业恰恰更能有效实现管理变革，而它们的经验是我们不能忽视的。

　　另外，尽管我们应充分肯定棉铁联营初期苏纶纱厂的科学管理改革所带来的积极影响，但也不能据此而将科学管理的价值拔之过高。

---

[1]　上海社会科学院经济研究所编著：《大隆机器厂的发生、发展和改造》，第49页。

[2]　严庆祥致杨翼之函，1937年，上海市档案馆藏档Q459-1-500。

[3]　严庆祥致民丰纱厂股东函，1936年4月，上海市档案馆藏档Q459-1-500。

[4]　严庆祥致杨翼之函，1937年6月20日，上海市档案馆藏档Q459-1-500。

[5]　杨翼之致严庆祥函，1937年6月10日，上海市档案馆藏档Q459-1-500。

首先,苏纶纱厂的科学管理改革是不彻底的,它依然在形式上保留了文武两场的区分,而且,从档案记载来看,类似工务会议这样的新建制度愈往后愈有形式化之趋向。至于苏纶学术会,则流弊于"会员热心会务,而忽略厂务,及厂友新旧文武格外形成对立等危害",与其设立初衷"常有志趣异途"[1]。当然,对企业管理而言,没有一劳永逸的改革,新问题总是会产生的,但这反过来更应使我们看到当时科学管理改革的局限性。其次,从生产经营的角度说,苏纶在严家接手以后短时期内即有较大发展固然得益于新装备的供给、企业文化的移植、封建制度的革除等科学管理手段,但经营者在纯粹商业领域内的成功投机也起到了相当大的作用。1932年时,棉铁联营和科学管理改革给苏纶带来的初期优势已经减弱,但严庆祥利用"一·二八"沪战的特殊环境进行投机交易,为苏纶"赚出了用以革新原动力的2 500千瓦高汽压双轮全口发电厂及全厂所用的电动机与电缆以及购进上海前隆茂厂与整修添机之全部资金"[2]。这表明即使严庆祥这样追求技术至上的稳健企业家,也仍要参与市场投机,与老派商人型企业家并非截然两判。然而,严庆祥清醒地认识到了科学管理这种从外国引进的理论必须和本土国情相结合,才能产生实际的效力:"诚以所谓一切科学管理,以及最新式机器,学理与实践,究有不同。若非兼听广纳,预期与结果未必即能符合。"[3]严庆祥的这番话,从一个科学管理践行者的角度指出了近代企业的科学管理必须本土化,而这也提醒当代学者在探讨科学管理时,不应将其理想化。

---

[1] 苏厂号信,1932年7月26日,苏州市档案馆藏档I33-001-0043。

[2] 严庆祥答上海社科院经济研究所提出的几个问题,1979年7月,原件藏上海社科院经济研究所。

[3] 严庆祥致杨翼之函,1937年6月20日,上海市档案馆藏档Q459-1-500。

20世纪30年代武汉棉纺织企业的危机与应对[*]

武汉是近代中国的棉纺织工业重镇,在抗战前形成了以湖北官布纱局、第一纱厂、申新四厂、裕华纱厂、震寰纱厂为主体的民族棉纺织工业体系。[1]进入20世纪30年代以后,中国棉纺织工业陷入了一个全国性的行业危机中,武汉的各大纱厂也深受冲击。直到1936年前,武汉棉纺织企业的发展历程可以概括为"应对危机",其中的佼佼者是裕华,申新四厂也有较好的表现,其他几家企业则陷于停工、改组的困境。学界对于20世纪30年代中国的棉纺织工业多有研究,但以武汉为个案的探讨尚不多见。[2]在本文中,笔者将首先论述武汉棉纺织业危机的性质及行业受损情况,然后考察武汉的棉纺织企业是如何应对危机的。

---

[*] 本文经修改后曾发表于《江汉大学学报(社会科学版)》2012年第1期。

[1] 这几家企业习惯上被称为纱厂,实际上它们均为纺纱与织布兼备的综合性棉纺织企业。

[2] 关于20世纪30年代中国棉纺织工业及其相关问题的研究,近年来的成果主要有林刚的多篇论文:《1928—1937年间民族棉纺织工业的运行状况和特征》(上、下),《中国经济史研究》2003年第4期、2004年第1期;《试论列强主导格局下的中国民族企业行为——以近代棉纺织工业企业为例》,《中国经济史研究》2007年第4期。此外尚有,陆兴龙:《1930年前后上海棉花价格变动及对棉业之影响》,《江汉论坛》2006年12月;陈争平:《中国近代民族工业"白银时代"的组织调整》,朱荫贵、戴鞍钢主编:《近代中国:经济与社会研究》,复旦大学出版社2006年。而以武汉为对象的研究有,孙景汉:《世界经济大危机与1929—1936年武汉的工业》,章开沅、朱英主编:《对外经济关系与中国近代化》,华中师范大学出版社1990年。

一、20世纪30年代武汉棉纺织工业的危机

20世纪30年代前期,近代中国的支柱产业棉纺织工业陷入了一场长达数年之久的行业性危机中。对这一危机的成因,学界多有研究,综合概括起来,20世纪30年代世界经济大危机构成了中国棉纺织工业危机的宏观背景,由天灾、汇率等因素造成的花贵纱贱加剧了华商纱厂的负担,九一八事变后东北的沦陷以及日纱在内地的大肆倾销挤压了中国企业的市场,而20世纪30年代中国农村经济的普遍贫困降低了农民对于厂纱的购买力,并同时削弱了土布与机布的行销,对城市棉纺织工业造成双重打击。

实际上,棉纺织工业的行业性危机并不是孤立的,它是20世纪30年代整个中国经济危机的重要组成部分。而这场全国性危机的根本原因是农村购买力的减退和消失[1],因此,"20世纪30年代中国棉纺织工业危机最集中的体现是机纱需求量的下降。可以说,棉纺织工业的危机就是市场危机"[2]。同时,20世纪30年代中国棉纺织工业面临的日本压迫也大大加剧了这一危机。一方面,日本通过九一八事变侵占了中国东北,使中国民族棉纺织业丧失了一块举足轻重的市场;另一方面,日纱通过倾销、走私等手段在中国内地市场发动的强劲攻势也使华商棉纺织企业的处境雪上加霜。据此,可以认为20世纪30年代中国棉纺织工业若想有效应对危机,就必须在与日纱的惨烈竞争中解决市场问题。

以上我们从宏观的角度概述了20世纪30年代中国棉纺织工业危机的成因,并判断这场危机的性质为市场危机。这一判断对于分析武汉

---

[1] 许涤新、吴承明主编:《中国资本主义发展史》第三卷,人民出版社2005年,第6—7页。

[2] 林刚:《1928—1937年间民族棉纺织工业的运行状况和特征》(上),《中国经济史研究》2003年第4期。

棉纺织工业危机同样适用。不过，武汉的情况又稍有特殊。相对于全国其他地区，20世纪30年代湖北天灾频仍确实成为对武汉棉纺织工业尤为不利的重要因素。有学者也将气候灾害列为导致民国年间武汉经济地位下降的重要非经济因素。[1]笔者认为，气候因素对武汉棉纺织企业造成的直接影响主要有两点，一是棉花减产导致的原料供应困难，二是花贵纱贱造成的成本负担。上述两个现象又不是孤立的，它们往往交相作用，对武汉棉纺织企业的经营共同施加恶劣影响。例如，1935年12月9日裕华在复江汉关的信中写道："本年本省棉产因灾害影响，较之上年只有一半收成，以致价格峰提。纱布价格因亦称提，但终不及花价之高涨"，结果"难以[得]利"[2]。然而，对武汉棉纺织企业而言，气候天灾等自然因素并非危机的主要方面，1932年申新四厂的李国伟曾指出："湘省今岁虽为熟年，但谷价极贱，所谓谷贱伤农，农民虽丰收而贫困如昨，购买力无从增高也。由此观之，将来非特棉布销路停滞，棉纱亦将大受打击。盖土布存积既多，乡民织布者将锐减，棉纱自无去路也。言念及此，殊可寒心。"[3]由此可见，对企业经营起决定性作用的因素仍然是市场，气候所造成的年成好坏也主要是以决定农村购买力高低这一间接方式来影响城市棉纺织工业，甚至于农村购买力在某些情况下并不完全受气候因素左右。因此，在肯定天灾给20世纪30年代武汉棉纺织工业造成负面影响的同时，我们仍将主要分析武汉企业所面临的市场危机。

在较早的研究中即有学者指出20世纪30年代日本在华棉纺织业投资猛进是武汉五家华商纱厂受压迫的根源。[4]笔者认为，日本的军事、经济攻势可视为压迫武汉民族棉纺织工业的一种主导性力量，这种

---

[1] 彭敦文：《民国年间武汉经济地位下降原因述论》，冯天瑜、陈锋主编：《武汉现代化进程研究》，武汉大学出版社2002年，第183页。

[2] 裕华公司复江汉关函，1935年12月9日，武汉市档案馆藏档109-1-268。

[3] 申新四厂第27次厂务会议记录，1932年10月15日，武汉市档案馆藏档113-0-256。

[4] 孙景汉：《世界经济大危机与1929—1936年武汉的工业》，章开沅、朱英主编：《对外经济关系与中国近代化》，第76页。

力量在1931年以后与中国政治经济自身的周期与特性相契合，就使武汉棉纺织工业遭受了四个层次的市场危机。

第一，如前所述，20世纪30年代宏观经济环境的恶化与农村经济破产，导致农民购买力降低，无法消费工厂机纱，这就使华商纱厂在最重要的农村市场上遭受重创。裕华的企业家在1934年7月的营业报告书中即指出，棉纺织工业危机的重要原因在于农村市场的有效需求不足："推原其故，各省农村经济崩溃，购买力弱，非不欲求，实不能求，乃为一最大原因。盖纱布销路，向以农村为主体，而各省农村之厄于灾浸，……虽情形各省不同，然其受害之烈，与恢复之不易，则大略相似。"[1]在棉纺织工业经营者心目中，农村市场具有最重要的地位，而这一市场在20世纪30年代恰恰是疲软不振的。

第二，20世纪30年代日纱在中国大肆倾销，占据了武汉棉纺市场的较大份额，直接侵蚀了武汉棉纺织企业的本地市场。1926—1927年前后，日商利用当时政治动荡的特殊环境开始在华中市场大举进行倾销。1932年，震寰纱厂"营业仍无起色，盖因中日战争淞沪停战协定后，日货内侵，本国纱布受其打击，武汉情形不减津沪，本公司纱布滞销自不待言。……迨下半年日货尽量倾销……纱布滞销达于极点，虽欲折本求售亦不可得"[2]。同年，第一纱厂的经理宋立峰在给湖北省政府主席及建设厅厅长请求扶持国货的呈文中称："……汉口一埠竟成为日货之市场。近日以来，每日销售劣货匹头约有六百箱之多，每日输出之现金综计二十万之巨，以致国货布匹大受打击，社会经济日趋于崩溃之现象。商公司虽抱牺牲主义将所产国货出品减价抵抗，而购者自购，售者自售，利权终无挽回之一日。"[3]而据裕华纱厂的王子江回忆，武汉附

[1] 《裕华营业报告书》，1934年7月，武汉市档案馆藏档109-1-268。
[2] 震寰纺织股份有限公司第十届报告书，1933年4月，武汉市档案馆藏档114-1-157。
[3] 湖北省建设厅呈乎字第一五九七号，1932年12月29日，湖北省档案馆藏档LS1-5-4764。

近的汉阳、阳逻以及新洲，本来都是裕华的销售市场，但逐步为日纱所夺，"武汉大水以后的两三年，日纱倾销最厉害，来的纱很多，价钱又便宜。……纱布卖不过日本。过去裕华的纱布没有积压过，一直是分货，而民国22年底、23年春，仓库里经常积压，最多达一千多件纱（相当于10天左右的产量），资本周转也发生困难"[1]。1934年春，汉口市场"全为沪市日厂所霸占"，同年4月间，汉口每日纱交，日货占五分之四，而国货只占五分之一，棉布销场日货更占百分之九十以上。[2]可以说，日货是在武汉棉纺织企业的家门口将华商逼入死地。

第三，武汉棉纺织工业素来以西南的川湘等省为尾闾，但这一广阔的经济腹地在20世纪30年代也受到各种因素的威胁。20世纪30年代中期四川抬高汇价与1934年湖南限制棉纱入境，皆给予武汉棉纺企业重大打击。

据1934年9月20日裕华董事会记录："查本公司棉纱销场，除两湖以外，端赖川省……讵近来川刘因友军不能合作，态度消极，曾向中央辞职，川中汇兑，即因此发生变故……川中汇兑既有如此变化，以致本月完全未曾售货，但如放弃川销，则本厂生产苦无出路，是以不得不于稳健之中仍然前进不可，惟前途如何，殊不可测。"[3]到1935年8月，"渝庄蚀47 000元，几因汇价受政府宰割，致受其累。……又万庄赚15 000多，老河口赚19 000多，两相抵除，计亏13 000几，加上上海、郑州、陕灵各分庄缴用共计纯损46 000余元。此项损失，拟在上年度渝庄结余项下抵除"。[4]可见，20世纪30年代中期四川市场上汇价的非正常扰动是给裕华渝庄造成了较大亏损的。

湖南的事态更是一场人为制造的危机。1934年，湖南省政府出台

---

[1]   该书编写组：《裕大华纺织资本集团史料》，湖北人民出版社1984年，第118页。
[2]   严中平：《中国棉纺织史稿》，科学出版社1955年，第227页。
[3]   该书编写组：《裕大华纺织资本集团史料》，第123页。
[4]   该书编写组：《裕大华纺织资本集团史料》，第124页。

了《湖南省棉纱管理规则》，规定"凡商务繁盛及进出口地方，得设棉纱管理所办理棉纱进出登记及销售事宜"，"棉纱运到设有管理所地方，向管理所登记"，"棉纱销售时，须请由管理所填发运单，每件缴费2角"，这对于本欠整合的中国内地市场无异于进一步的割裂。更要紧的则是设立管理所是为了实施狭隘的地方保护政策："管理所考察棉纱需要之情形，方能填发运单，以免供过于求"，"棉纱价格应由管理所按时价酌定，以归划一"，"湖南第一纱厂所出棉纱，应准尽量先行销售"[1]。本来，武汉棉纺织企业对于邻省湖南的市场是极倚赖的："湘省对于拒绝东纱[日纱]，著有成绩，与川省有媲美之誉，故属会[华商纱厂联合会湖北省分会]同业，能于苟延残喘者，皆为川湘纳销所赖。"[2] 湖南省的地方保护主义政策使陷于行业性危机中的武汉棉纺织企业雪上加霜。

　　此外，在20世纪30年代中期，日纱也开始向西南腹地渗透，以致部分川帮字号"拟破禁例主办劣纱入川"[3]。这自然也对武汉民族棉纺织企业构成了极大的威胁。

　　第四，在20世纪30年代宏观经济不景气的大环境下，武汉本土的华商纱厂之间加剧了竞争，九一八事变后东北市场的丧失，及日纱的大量倾销，更使上海、华北等其他棉纺中心的产品涌入内地，进一步挤压了武汉棉纺织工业的生存空间，加剧了民族企业之间的倾轧。1933年，武汉棉纺织企业营业"环境之恶劣，市面之疲困，实为近年所少见"，原因正是"由于日人在营口高筑关税壁垒，重加进口税以后，北路纱厂出路顿绝，不得不向南方挤销，以谋出路。南方市场增了不少北方纱支，自然演成供过于求局面，而且日货到处贱价倾销，肆行侵夺，以致货价江河日下，逐步松落，不景气象已臻极度"[4]。这样一来，深处内陆

[1]　《汉口商业月刊》第1卷第2期，1934年2月10日。
[2]　该书编写组：《裕大华纺织资本集团史料》，第120页。
[3]　苏汰余复李升伯函，1934年2月10日，武汉市档案馆藏档109-1-49。
[4]　该书编写组：《裕大华纺织资本集团史料》，第118页。

的武汉及其传统经济腹地，就不得不面临多个层次的激烈竞争，而宏观经济本身未好转的情形下，市场危机也就愈演愈烈了。如震寰在停工前即表示"外感仇货贱价之压迫，内受华纱推销之妨害"[1]，将华商纱厂的恶性竞争与日货的倾销等而视之，这就非常鲜明地反映了武汉棉纺织工业生存空间的狭小。

总之，在四个层次的市场危机打击下，武汉的棉纺织工业出现了严重的衰退，经历了较大的震荡：

表1：武汉各纱厂停工、改组情况（1932—1936）

厂名	停工与改组情况				
	1932年	1933年	1934年	1935年	1936年
湖北纱布局（民生）	纱局5万锭停工	布局停纱机5 280锭，布机455台		纱布局90 592纱锭，655台布机全部停工	
第一纱厂	停纱锭10 500枚，线锭2 240枚，布机500台	88 000纱锭，1 200台布机全部停工			租与复兴公司开工
震寰纱厂		26 736枚纱锭，250台布机全部停工			年底改为常州大成四厂复工
申新四厂		火灾事故，从3月起停工	秋季复工		
裕华鄂厂	停布机36台		停线锭1 000枚		

资料来源：由《中国棉纺统计史料》整理，原材料见《裕大华纺织资本集团史料》，第117页。

---

[1] 震寰纺织股份有限公司第十一届报告书，1933年，武汉市档案馆藏档114-1-157。

从上表可知20世纪30年代危机对武汉棉纺织企业冲击之大。受损最为严重的当属纱布局、第一纱厂与震寰纱厂，三厂均曾全面停工。申新四厂的情况略有不同，使它陷于死地的是一场意外的火灾，不过，该厂在灾后以"死中求生，出奇制胜"的战略方针迅速复工。尽管如此，申新四厂除1932年有盈利外，直到1936年以前，也是一直处在亏损之中。[1]裕华虽被誉为"颓败中的武汉纺织业中独有的现象"[2]，但在1932年、1934年也出现过局部停产。在这场持续时间不短的行业性大萧条中，武汉棉纺织企业不得不想尽一切手段应变求存。

二、武汉棉纺织企业对危机的应对

面对危机，武汉的民族棉纺织企业做出了不同的应对，其结果也十分不同。大体来说，20世纪30年代武汉棉纺织企业的危机应对按结果可分为三种类型：(一) 一枝独秀的裕华，较为平稳地渡过了危机；(二) 在30年代出现挫折但能够支撑到转机的荣家申新四厂；(三) 陷入全面停工、改组困境的纱布局、第一纱厂、震寰纱厂，属于在危机中应对失败的企业。囿于篇幅，笔者将把视角集中于成功应对了危机的裕华，而旁及其他企业。

对于裕华成功应对危机的经验，前人已有总结，其代表性的观点可概括为"减少分配、增加资本、注重质量、降低成本"[3]。这种宏观性的概括总结无疑是正确的，但尚待进一步深入分析。如前文所述，20世纪

[1]　周伯符：《申四福五历史资料乙编初稿》(油印本)，武汉档案馆藏档113-0-954。

[2]　皮明庥主编：《武汉史稿》，中国文史出版社1992年，第566—567页。

[3]　皮明庥主编：《武汉史稿》，第566—567页。类似的总结包括"注重经营管理，讲求技术的改进，严格产品的质量，注重资金的合理流动"(涂文学主编：《武汉通史·中华民国卷》(下)，武汉出版社2006年，第108页)。

30年代中国棉纺织工业遭遇的危机本质上是市场危机，因此，裕华的危机应对主要也是以市场为导向的，这其中，尤以对西南腹地的开拓与巩固最为重要。笔者将分析资本、技术、市场这三组要素在武汉棉纺织企业危机应对中所起的不同作用，论证上述观点。

与武汉其他几家棉纺织企业相比，裕华在资金的安排运作上一直比较合理。据裕大华集团的第三任董事长黄师让回忆，裕华对资金的积累和运用，采取了多种"肥底子"的方法，并相当注重自主性，很少向银行贷款，更不作抵押。与同时代很多华商纱厂不同的是，裕华所有的资金均集中用于生产，不买卖黄金白银，不进交易所，不抛空头，不搞投机活动。这样一来，裕华"虽有意外风险……公司因有充裕资金可资运用，得以渡过难关"。[1]与裕华对于资金的自主掌控相比，武昌第一纱厂在1924年即因无法偿还贷款而将工厂交给安利英洋行接管，安利英洋行接管纱厂后，在各种规定中优先考虑洋行利益：工厂赚了钱，应先还安利英洋行的贷款，如亏损，则由工厂负担。这种规定严重影响了企业的生产经营。[2]不过，考虑到"肉烂在锅里"也一直是荣家经营企业的方针，荣家申新四厂在火灾重建中虽向银行贷有巨款，最终亦安然渡过了危机，因此，注重资本积累与企业的自主性似不构成裕华一枝独秀的优势。

除了资本积累外，裕华还较为注重技术的改进。1935年，裕华将细纱机全部改立达式（Leiter）大牵伸，原来细纱机牵伸倍数只有七倍左右，改立达式大牵伸后，其牵伸倍数可达11—12倍。[3]改进后的经济效果，据黄师让回忆"一举而收到了降低成本、增加生产、提高质量

---

[1]　黄师让：《裕大华企业40年》，《中华文史资料文库·经济工商编》第12卷，中国文史出版社1996年，第582页。

[2]　程小菊：《我和武昌第一纱厂》，《中华文史资料文库·经济工商编》第12卷，第613—614页。

[3]　该书编写组：《裕大华纺织资本集团史料》，第138页。

等三方面的效果"[1]。此外,裕华也努力参与湖北棉种的改良。1929至1930年间,由湖北纱厂联合会、武汉大学、进出口棉业公会及建设厅等单位共同组成了湖北棉业改进委员会,在武昌徐家棚自设试验场从事棉种改良,裕华董事长苏汰余出任了该会的委员。同时,苏汰余还积极寻求外省的棉花良种,他曾致信湖南棉业试验场,称:"贵场所育洋棉,不知共有几种,各有产量若干,何时可以轧包运销?尚希详为示垂,并各检小样先期寄汉以资研究。"[2]技术上的改良无疑提高了裕华的竞争力。

不过,我们不宜夸大裕华在技术改进上取得的成就。实际上,裕华鄂厂创建之初,其厂房建筑与生产设备虽然是新颖先进的,但其时的经理张松樵对原动力部分缺乏实际经验,不采用马达而以蒸汽机为动力,在生产中不但耗煤多,震动大,而且容易造成减产甚至停车,这种落后的传动方式直到抗战后西迁重庆时才拆除。公司曾于1933年、1934年先后聘请雷锡璋、朱育芳来鄂厂进行技术改革,但均因生产管理人员在工作上不予合作甚至指使工人有意为难而使两人在很短时间内就愤而辞职。[3]之后,在公司一再催促下,由鄂厂王子江介绍专攻纺织的留日学生祝士刚来厂任技术科长,才完成了前文所述的细纱机改进,而此时已是1935年,宏观经济危机行将结束。由此可见,因内部人事纠葛,裕华在20世纪30年代的技术改进是被耽搁了的。而从屈指可数的技术改良案例来看,我们可以认为技术不是裕华成功应对危机的主要因素。另外,有数据显示,相对于其他几家华商纱厂,裕华的生产优势并不显著:

[1] 黄师让:《裕大华企业40年》,《中华文史资料文库·经济工商编》第12卷,第585页。
[2] 苏汰余致湖南棉业试验场函,20世纪30年代,武汉市档案馆藏档109-1-49。
[3] 黄师让:《裕大华企业40年》,《中华文史资料文库·经济工商编》第12卷,第581、585页。

表2：20世纪30年代武汉民族棉纺织企业概况

	第一纱厂	裕华纱厂	震寰纱厂	民生纱厂	申新四厂
纱锭数量（锭）	88 000	41 340	26 000	40 000	22 000
布机数量（部）	1 682	701	415	763	413
年出纱数（捆）	64 800	25 920	16 200	32 400	18 000
年出布数（捆）	17 820	16 200	8 100	9 720	18 000
营业总值（两）	9 184 320	6 212 440	3 302 700	5 041 440	270 000
工人数目（人）	7 868	4 101	2 925	3 798	2 200

资料来源：张快夫：《武汉纱厂与桐油情况一瞥》，《实业统计》第2卷第1号，1934年2月，第166页。原表注明"此表统计以一年为标准"。笔者认为该数据并不精确，存在着估测成分，但在现有条件下，这一有官方色彩的统计数据相对完整，是我们可以利用的。

　　由表2的数据我们可以进一步计算出20世纪30年代标准状态下武汉各华商纱厂的每单位纱、布生产率和年人均营业值，以利比较：

表3：20世纪30年代武汉华商纱厂生产、营业指标的比较

	第一纱厂	裕华纱厂	震寰纱厂	民生纱厂	申新四厂
年每锭出纱率	0.74	0.63	0.62	0.81	0.82
年每机出布率	10.59	23.11	19.52	12.74	43.58
人均年产值（两）	1 167.30	1 514.86	1 129.13	1 327.39	122.73

　　由于原始数据的不准确性，因此上表所得结果仅具有相对的参考价值。尽管如此，我们仍然看到，裕华的人均年产值在武汉各大纱厂中是最高的，这种结果与裕华一枝独秀的经验事实相符。不过，在机器利用率方面，裕华却并不突出，这似乎暗示着该厂的优势更多得益于组织管理或市场拓展，而非技术改进。因此，笔者认为，裕华为应对危机所采取的手段中，最具优势的策略并非资本增加与技术改进。而现有史料使笔者倾向于认为积极的营销攻势是裕华取得竞争优势的主要战略。

　　20世纪30年代国内市场疲软是华商棉纺织企业面临的最严重危机，而日本纱、布咄咄逼人的倾销则使竞争变得异常残酷。对此，裕华采取的策略是转变销售方式，并积极开拓日货尚未侵占的西南腹地，以图保存。在棉布销售方面，裕华从前采取的是批售纱号，由纱号转售的方式，1931年以后则开了匹头市场，直接与匹头号发生交易，以减少中转手续。[1]在棉纱销售方面，裕华则"着重在内地开辟市场……避免与日纱直接交锋，受其杀价摧残"[2]。对20世纪30年代的裕华而言，四川与湖南是最重要的两大腹地。到1935年，裕华"仍以川湘两省销售占多数，本省为老河口、新洲、保安亦续有走销。大约外省占六成，本省占四成"[3]。这其中，因为湖南省后来实施了地方保护主义政策，四川市场显得尤为关键。

　　为了扩大在西南腹地的市场占有率，裕华采取了多种手段。在四川方面，早在20世纪30年代初，裕华即委托重庆的义永昌纱号和安定钱庄代为推销棉纱棉布。据1931年9月裕华和义永昌纱号所订合同，裕华以其本厂出品棉纱或棉布自行装轮运渝，委托义永昌销售。义永昌除了可兼代同属裕大华集团的石家庄大兴纱厂销售纱布外，"应专心

[1]　黄师让：《裕大华企业40年》，《中华文史资料文库·经济工商编》第12卷，第583页。
[2]　黄师让：《裕大华企业40年》，《中华文史资料文库·经济工商编》第12卷，第584页。
[3]　裕华公司复江汉关函，1935年12月9日，武汉市档案馆藏档109-1-268。

致志以推销甲方（裕华）纱布为业务，不得私行买卖汇票及兼营任何事业"。在交易方面，裕华赋予纱号灵活应变的自主权，并尊重纱号按照四川市场的习惯推销纱布，不加干预："乙方代售棉纱棉布，甲方允照重庆市纱布售货例规办理，若乙方未违背该项例规，甲方应完全承认之。" [1] 作为鼓励义永昌和安定努力推销裕华产品的报酬，双方规定这两家川商代售纱布货款由裕华给予如下扣佣："乙方代售纱布货款由甲方给乙方九九扣佣（按照售出货款折合确定数目比例计算），乙方于应交甲方货款之时自行扣除（即乙方应交甲方货款银元一千元实交银元九百九十元）。" [2]

　　裕华委托义永昌和安定在川推销产品的措施取得了较大成效，"年余以来，成绩斐然"，为此，1933 年 3 月，裕华决定增加回佣，"兹为特别奖励"，采取按件递加佣金的办法："除 32 支棉纱及粗细棉布有特殊情形仍照上年变更合同办法给以双九九扣佣外，所有 10 支、16 支、20 支棉纱……递加佣金办法如左：（一）每年销数以 5 000 包为定额，在定额以内仍归九九扣佣；（二）自 5 001 包至 6 000 包，此 1 000 包归九八八扣佣；（三）自 6 001 包至 7 000 包，此 1 000 包归九八六扣佣；（四）自 7 001 包至 8 000 包，此 1 000 包归九八四扣佣；（五）自 8 000 包以外，一律归九八扣佣。" 也就是说，川商所推销出去的裕华产品越多，自己所得余利越多。同时，裕华"每月另行致送津贴洋 60 元，亦得由宝号在所售货款内按月支取" [3]，这无疑更加调动了川商推销裕华产品的积极性。

　　此外，裕华还积极迎合四川消费者，对其产品加重加长，通过一定的让利来获取更高的市场占有率。据裕华公司通告："本公司……兹

[1] 汉口裕华纺织股份有限公司委托重庆义永昌安记纱号推销纱布合同，1931 年 9 月 1 日，武汉市档案馆藏档 109-1-240。

[2] 汉口裕华纺织股份有限公司委托重庆义永昌、安定两家代销棉纱布合同，1931 年 9 月 1 日，武汉市档案馆藏档 109-1-240。

[3] 汉口裕华纺织股份有限公司致渝庄函稿，1933 年 3 月 24 日，武汉市档案馆藏档 109-1-240。

为……迎合销场起见,特将十支赛马纱,从即日起,特别改良,加重加长,根条花衣,再加意求精,可以说是唯一出色的特十支棉纱。"[1]这种特十支纱的改进在技术上并非难事,但消费者无形中多得了实惠,因此可算是裕华的营销策略。

在湖南方面,裕华亦委托当地的黄祥兴号在常德代销棉纱棉布,并给予九九扣佣。1933年常德市面萧条,裕华董事长苏汰余在给黄祥兴号的复函中写道:

> 近因常埠倒闭纱店两家,宝号受其拖累,以致对于各往来咸有戒心,变更售货章程,限制现银出货,近月营业因之顿减。兹为减轻宝号责任以便选择下家放胆尽力推销货品起见,嗣后设不幸遇有倒塌情事,其账面损失,由宝号与敝公司分担责任。易言之,即将来账面损失假定一千元,由敝公司与宝号各认五百元,以期共济艰难,借表仰托推销之诚意。[2]

从裕华的反应中既可以感受到它与黄祥兴号在生意往来上的情谊,也可以看到裕华对于保持常德市场的重视。

其实,不仅裕华认识到了西南腹地的重要性,其他几家武汉纱厂也意识到了这一点。例如,1932年震寰纱厂产品严重滞销,"幸而本厂所出棉纱在重庆方面稍有销路,结果盈余洋例纹三万六千六百余两"[3]。为此,在四川市场上,各纱厂之间也展开了激烈的肉搏战。当时,"申汉两地各华厂驻渝分销处,共有7家之多。为谋推销起见,各厂都力谋迎合川中用户心理。如永安厂因原有20支金城不合销售,乃新标'改良

[1] 汉口裕华纺织公司通告,原件未注明时间,可能是1934—1935年间,武汉市档案馆藏档109-1-268。

[2] 苏汰余复黄祥兴号函,1933年7月12日,武汉市档案馆藏档109-1-240。

[3] 震寰纺织股份有限公司第十届报告书,1933年4月,武汉市档案馆藏档114-1-157。

金城'加装四小绞，每小包合重10.625磅（按标准重量为10磅），后又改纺所谓'红金城'21支，加重至11.125磅之多。又如汉口第一纱厂，亦加重10支纱的磅份至每小包11磅；裕华纱厂则将同一纱支加至每小包11.5磅；他如申新，也采用同样办法"[1]。以上记载表明各华商纱厂纷纷以增加纱支磅数的手段来争夺四川市场，其中裕华所增加的磅数是最多的，由此亦奠定了其在四川市场的地位，据黄师让回忆："当时重庆每年约销棉纱十万余件，裕华约占1/5，运渝备销棉纱常达一二千件。由于销场大开，纱支并无积压，还造成了供不应求。商人反映说：'你们打码头有余，守码头则不足。'"[2]对20世纪30年代挣扎于危机之中的武汉棉纺织企业而言，西南市场的重要意义可以从1935年汉口纱业公会的统计中看出来：

表4：1935年武汉纱厂的棉纱销售区域

销售区域		销纱数量（件）	百分比（%）
本地	武汉	4 613	36
	本省他埠	20 895	
西南腹地	四川	28 114	56
	湖南	11 510	
	贵州	100	8
北方	河南	5 394	
合计		70 626	100

资料来源：《湖北省武汉纺织业概况》，1938年，上海社科院经济研究所藏中国经济统计研究所档案：04-253。

统计数据显示，1935年武汉所产机制棉纱仅在四川一省的销售数

---

[1] 严中平：《中国棉纺织史稿》，第227页。
[2] 黄师让：《裕大华企业40年》，《中华文史资料文库·经济工商编》第12卷，第584页。

量就要超过其在湖北本地的销售数额。而据匹头业公会估计,机制棉布"每年销于本省者,约在五十万匹左右,占各纱厂总产量百分之五十左右,其余则分销于川湘豫赣诸省"[1]。总之,西南市场对于武汉棉纺织工业化解行业危机具有不可替代的价值。当时,裕华产品的销路,"大约外省占六成,本省占四成"[2]。震寰纱厂则刚好倒过来,"本埠约百分之六十,外埠约百分之四十"[3]。而据当代地方志记载,申新四厂的产品50%至60%是销往本省的。[4]从这组比例中,我们看到裕华对于外省市场的依存度最高,这大概也可以作为裕华在危机中能够一枝独秀的一个佐证了。20世纪30年代武汉棉纺织工业面临的是市场危机,在有限的市场上尚且要面对日货倾销的威胁,所以,裕华避开与技术先进的日商直接交锋,转而开拓日货力所未及的西南腹地时,也就能够对症下药,成功应对危机。

三、20世纪30年代武汉棉纺织工业的特征

在1936年之前,武汉棉纺织工业的整体态势是陷于萧条,其低度工业化的弱点暴露无遗。笔者认为,从对于危机的应对策略及其结果来看,20世纪30年代武汉棉纺织工业的特征是:(一)全行业严重衰退,并阻碍了整个武汉早期工业化的进程;(二)在生产经营上更加依赖西南腹地;(三)进口替代的进一步受挫。

首先,20世纪30年代武汉城市棉纺织工业的衰退并非个别现象,而是全行业的大危机,其间纵然有裕华的一枝独秀,也难以掩盖整个行

---

[1]　《湖北省武汉纺织业概况》,1938年,上海社科院经济研究所藏中国经济统计研究所档案:04-253。

[2]　裕华公司复江汉关函,1935年12月9日,武汉市档案馆藏档109-1-268。

[3]　湖北省政府民政厅编:《湖北县政概况》第一册,第43页。

[4]　武汉地方志编纂委员会主编:《武汉市志·工业志》(上),武汉大学出版社1999年,第651—652页。

业的萧条景象。由于棉纺织业是城市工业体系中的支柱产业，因此，该行业的不景气也意味着20世纪30年代武汉工业化进程出现了顿挫。棉纺织工业受到的重创不仅给城市经济造成了巨大的损害，而且纱厂停工也带来了大批工人失业的社会问题。据时人估计，震寰纱厂"职工约有三千余人之多，直接或间接赖之生活者，一平均估计之，想必十倍其数（如家属及附近小贩等）"。[1]纱厂停工之后，这3 000余工人及直接间接赖之生活的人群，都面临着重新寻求生计的难题。湖北官布纱局因为规模更大，受波及的人口就更多了，据该局工人呈文称：

> 具呈人湖北布纱四局失业工人八千余人，为布纱四局停工半载，迄今官办不成，招商又复不能实现，开工之望渺渺无期，则工人困苦情形，迭次呼恳，呈请救济……现今时届隆冬，饥寒交迫，工等数万生命，尽在水火之中。[2]

这里官局工人共8 000余人，若将依赖其生活者计算在内，则确实是"数万生命"。实际上，随着几家纱厂停工日久，一些失业工人最终会选择返回乡下老家，但在这一过程中也会加剧劳资对立，甚至引发社会冲突。1933年5月，"武昌民生纺线公司（即官布纱局）近因纱布滞销，营业不支，援照全国纱厂联合会决议案实行停工减资，致引起工人反（返）乡，发生冲突，军队开枪击伤工人五名"[3]再如申新四厂火灾后的调查报告称："溯硚口宗关一带，在我厂未开办以前，人烟寥落。自我厂开办以来，近日增至六万余人。此次失慎以后不仅厂中职工日处愁

---

[1] 长寿生：《震寰纱厂歇业我闻》，剪报，时间当为1933—1934年，武汉市档案馆藏档114-1-140。

[2] 湖北纱布丝麻官局工人代表孙海卿等呈文，1930年12月1日，湖北省档案馆藏档LS1-5-4729。

[3] 聚兴诚银行关于党、政、军、财各方面的大事记要，1933年，武汉市档案馆藏档104-1-4。

城,即附近店铺亦惶惶不安之象。"[1]棉纺织工业与城市化的密切关联由此可见一斑。如果说纱厂的建立促成了与工业化相伴随的城市化,那么,20世纪30年代武汉纱厂的空前不景气对于城市化进程也是一种打击。

其次,武汉各大纱厂在危机中的应对情形突显了西南腹地对于武汉工业的重要价值。早在明清时代,西南地区就是湖北省传统棉纺织工业的重要市场。开埠通商以后,武汉等地新式工业的产品销路也因袭了这一历史格局。由于民国时代四川等西南省份工业化进展较慢,武汉企业凭借技术优势与地理之便,可占据较大市场份额。据申新四厂1936年在重庆所做的棉布市场调查,"裕华布在川最为普遍,信誉亦好,虽北碚之三峡厂出品亦难与彼抗衡也(三峡用纱与裕华同、以永安金城纱为主,但出品则远不如裕华,当是技术上关系)",就鲜明指出了武汉企业的技术优势。在同一份报告中,我们还可以看到武汉企业所产棉布借助重庆这一口岸向西南更大腹地的渗透:

> 大致粗厚之布销边僻之地,花薄之布销较大城市。如六二布多运销川南云贵一带,白布市布多运输川东川西川北各地。川东以涪陵为中心,分销西阳秀山彭水黔江忠县一带。川西以成都为中心,此路地面较多,凡附近于成都各地,均为销场。北则以合川为中心,销于广安邻水大竹南充潼南等处。[2]

正是西南腹地的存在,为武汉棉纺织企业在日货与东部华商纱厂产品的夹击下赢得了缓冲的余地,争取到了生存空间。

---

[1] 荣伟仁:《申新火灾后总公司赴汉调查报告书》,1933年,武汉市档案馆藏档113-0-605。

[2] 申福新总管理处经济调查类:《重庆棉布行情》,1936年,武汉市档案馆藏档113-0-445。

最后,面对日货的竞销,武汉棉纺织工业无法从生产效率上与之争锋,只好向西部更偏远的腹地寻求出路,这说明民国时代武汉工业在实现进口替代方面比较失败,对外竞争能力虚弱。面对日货进逼,华商企业单凭自身力量几乎束手无策。老河口市场的各种纺织品中,"以棉织品销额为最巨。均由汉口转运而来,其货品又皆中次,因其价廉,甚合销场,于是日货恰符心理。故查询来货之家,贩运日货者十之六七,国货及其他产品者,只十之三四而已"[1]。由于技术上的差距,国产棉制品在产品质量的某些方面确实不如日货,"1928年后,国产匹头中元青哔叽、白竹布、白细布等进入各地市场与日货竞争。约在1931年这些国产匹头进入沙洋市场,从质量上讲确比日货差些。元青哔叽的光泽、黑度都不及日货。白细布色带黄不是洁白,布上又有破籽"[2]。在这种情形下,华商纱厂与日资纱厂可谓存在着天然上的难以弥补的差距。所以,当1934年有川商试图运日纱进川销售时,裕华董事长苏汰余在给李升伯的信稿中坦言"弟意除竭力运动川政府加重劣货[即日货]进口捐税外实无其他办法"[3]。申新四厂的历史资料中更明确提到当时的华商纱厂在技术与成本上无法与日商抗衡,所谓竞争只是华厂与华厂之间在产品声誉或其他方面寻找一时的窍门。[4]面对华商纱厂与日资纱厂的差距,申新四厂的企业家章剑慧看得很明白:

> 我国政治紊乱,内争迭起,无暇及于各种伟大之建设。惟吾等适立于建设地位,不妨就各人能力所及,努力其本位上之建设,盖吾等如何设法使本厂工务日有进步,营业日有发展,即吾等建设之成功也。今者日商泰安纱厂已开工,多数女工,虽被受辱,而往工

---

[1] 《设立纺纱厂于老河口建议书》,1935年,湖北省档案馆藏档LS31-6-424。

[2] 冯锦卿:《抗战前的沙洋匹头行业》,《千年风雨话沙洋》,1991年12月,第153页。

[3] 苏汰余复李升伯函稿,1934年2月10日,武汉市档案馆藏档109-1-49。

[4] 周伯符:《申四福五历史资料乙编初稿》(油印本),武汉档案馆藏档113-0-954。

作者,仍多。求其故,非工人甘心受辱,全无爱国之念也,只以饥寒交迫,不得不忍辱求生耳。故吾等对此等工人,不能即与轻视,贵能设法为其别谋生路。吾等只有努力事业,吾期吾厂日就发达,大加扩充,庶几使工人在吾厂有工作之机会,而不趋附于日厂也。[1]

上述发言体现出了章剑慧的一种理性爱国主义精神。他不仅正视华商纱厂与日资纱厂之间巨大的差距,而且指出要弥补这种差距,唯有在生产经营方面迎头赶上一途。只可惜,在整个20世纪30年代,武汉民族棉纺织企业都没有办法从技术上与日商展开直接竞争,湖北现代棉纺织工业的进口替代进程看起来相当漫长。

---

[1]　申新四厂第27次厂务会议记录,1932年10月15日,武汉市档案馆藏档113-0-256。

改革开放前上海手工业经济的演化（1949—1978）*

      手工业经济在传统经济中占有重要地位，在以工业化为核心的经济现代化进程中则往往被视为现代性的对立面。1949年3月13日的《中国共产党第七届中央委员会第二次全体会议决议》称："中国尚有大约百分之九十左右的分散的个体的农业经济和手工业经济，这是落后的，这是和古代没有多大区别的，我们尚有百分之九十左右的经济生活停留在古代。"[1]这已经预示了新中国将对手工业经济进行现代化的改造，使整个社会的经济生活脱离"古代"。然而，晚清开埠通商以后，中国的手工业之所以能长期与现代工业并存，恰恰在于其契合了中国人口众多的国情。近代中国的手工业不仅缓解了城市的就业压力，也在一定程度上消弭了农村的隐性失业现象。[2]这使得对手工业经济的现代化改造必然存在矛盾与张力，需要国家政权的强势介入。上海既是中国传统手工业重镇，又是近现代的工业中心，研究上海手工业在新中国成立后的演化，对于认识中国当代手工业史具有不可或缺的价值。目前，学界对中国当代手工业史的研究或集中于社会主义改造，[3]

---

*   本文曾发表于《近代史学刊》第27辑，社会科学文献出版社2022年。

[1]   中华全国手工业合作总社、中共中央党史研究室编：《中国手工业合作化和城镇集体工业的发展》第一卷，中共党史出版社1992年，第23页。

[2]   彭南生：《中间经济：传统与现代之间的中国近代手工业（1840—1936）》，高等教育出版社2002年，第84页。

[3]   参考赵晋：《新中国手工业问题研究述评》，《中共党史研究》2017年第2期。

或将视线投于改革开放初期乡镇企业的异军突起,[1]对手工业经济在计划经济体制下大部分时间里的演变尚关注不够。本文以原始档案为基础,对1949—1978年间上海手工业经济的变迁过程及其特点进行分析,以期深化对于中国当代手工业史的研究。

一、上海手工业经济的改造

上海是中国近代经济中心,其所处的江南地区自明清以降就拥有繁盛的手工业经济。开埠通商以后,上海聚集了大量生产技术水平和组织形态接近于手工业的城市小型工业。这一类劳动密集型制造业构成了新中国成立后上海手工业演化的起点。在计划经济体制下,中国的手工业以"二轻工业"为其主体。根据正式定义,二轻工业是指新中国成立后特定条件下的一个工业门类,是手工业发展的继续,是轻工业的组成部分,在地方工业中具有重要地位和作用。[2]改革开放前上海的手工业即可用二轻工业指代,其来源包括20世纪50年代初对个体手工业进行社会主义改造后组织起来的手工业合作组织、1958年"大跃进"时兴起的街道工业,以及1961年根据中共中央《关于城乡手工业若干政策问题的决定(试行草案)》(简称"手工业三十五条")实行行业归口管理后划归手工业部门的部分国营企业。[3]由于1949年后中国的手工业出现了生产技术上的工业化现象,难以按传统手工业的标准去识别与界定,故本文研究的对象主要为上海的二轻工业。

对手工业进行社会主义改造是新中国经济史的重要内容,学界论

[1]　较新的研究如:严鹏、张红:《改革开放与农村企业家精神:以黄陂工业化为例(1978—1998)》,《党史研究与教学》2018年第6期;萧冬连:《乡镇企业"异军突起"的历史和机制分析》,《中共党史研究》2021年第5期。
[2]　该书编委会:《上海二轻工业志》,上海社会科学院出版社1997年,第2页。
[3]　该书编委会:《上海二轻工业志》,第2页。

之已详。实际上，从新中国成立起，新政权就对传统手工业经济开始了各种形式的改造。上海解放初期就曾组织手工业的生产合作社，但为时不长，据1950年的报告，其经过与失败原因为："上海市的生产合作社工作是自1949年7月开始的，当时也同消费合作社一样，采取摸索试办、创造经验的方针进行，7月份发起筹备了一个针织生产合作社，9月开工，10月垮台，垮台的原因主要因为组织成分不纯，领导干部（小厂及家庭手工业老板）争权夺利，贪污浪费，成品滞销，债务不能偿还，工资不能支出。因此在10月份总结了经验，以为在上海这样一个大工商业发展的都市中，组织手工业的生产社是值得考虑的，一方面由于敌人的封锁，交通未能恢复，原料和销路遭遇严重的困难，一方面手工业生产在技术上、成本上难以和工厂机器生产竞争，这样就做了决定，生产合作社暂不发展。"[1]1950年"二六"轰炸后，上海工厂停工，大批工人失业，政府提出"粉碎敌人封锁，救济失业人口"的口号，并由工会组织失业工人生产自救。当年3月以后，最先由工会发动筹备组织的是第一衬衫缝纫生产合作社，另外还有一个郊区新市区农会组织起来的引翔港棉织生产合作社。至1950年底，上海已组织起来的生产合作社，计有第一衬衫、第二服装、铁床、装订、长宁棉织、引翔港棉织等6个，共有社员438人，雇用会计、出纳、门市、营业员、炊食员、练习生等29人，临时工26人，资金总额人民币442 442 647元，股金总额68 450个折实单位，已缴人民币106 095 090元，均编有社员小组和理监事会组织。业务方面，这些生产合作社主要依靠国营百货公司、贸易信托公司及机关部队加工订货，无经常业务，由于门市部推销数量太小，故业务时常中断。其原料来源方面，来自私商的原料占89.6%，来自国营专业公司的占8.8%。[2]这可以说是新中国成立后，上海市对手工业经济进行改

---

[1] 《上海市1950年生产合作社工作总结报告》，1950年，上海市档案馆藏档B158-1-1。
[2] 《上海市1950年生产合作社工作总结报告》，1950年，上海市档案馆藏档B158-1-1。

造的最初尝试。

国家对手工业的改造是希望将这种经济形态纳入整个计划经济的轨道中,但其实施过程并不那么顺滑。据1954年的报告,上海生产合作社中"有不少的社是专以利润厚薄、工资收入多寡,或以避免改变品种的麻烦,作为生产的依据。如群力针织社不顾生产中百公司需要的'青年女花袜、回力女球袜等'的产品,而是集中力量生产已过剩的回力男球袜,因此袜利润高收入大。生产社违背了为国家、为消费者服务的基本原则,且积压了资金,影响了正当的积累"。再如,"自市场增加繁荣后,部分社不肯签订业务合同,想把自己的产品投入自由市场,获得更多利润,这一现象是较严重的。根据不完整统计去年1月至9月流向自由市场的产品总额达114亿110余万元,占各社总产值约7%以上"。此外,"强调自产自销,甚而拒绝加工订货,盲目申请贷款,浪费国家资金的现象也相当普遍严重"。[1]这表明,20世纪50年代中期的计划经济体制存在着自由市场的缝隙,生产合作社这种小型经济单位,仍然可以利用这种缝隙,像市场主体那样去决策。事实上,这种缝隙在中国的计划经济体制中会长期存在。

1955年一季度末,上海市手工业管理局成立,与上海市生产联社合署办公,同时在局内成立行政管理处,在市生产联社各区办事处内设立行政管理组,其业务受市局行政管理处指导。11月份,上海市人民委员会批准各区人民委员会内设立手工业管理科,截至年底,相继成立手工业管理科的有长宁区等10个区。当年,上海市手工业管理局行政管理处共有干部30人,分设4个科进行工作。根据上海市工业分工原则及"一条鞭"管理生产的精神,该局最初仅管理制镜、木器等22个归口行业,进行生产安排和改组改造工作。至于归口行业的登记管理、违

---

[1] 《上海市工业生产合作社联合社筹备委员会关于供销部经营业务方针的报告》,1954年,上海市档案馆藏档B158-1-52。

法处理等行政管理工作,和对于非归口行业个体手工业的生产安排,则由市工商局和主管专业局负责。到了 11 月初,上海市委明确指示上海市手工业管理局的管理范围为个体手工业的生产安排、改组改造和行政管理等工作。[1]此后一段时间,上海工业管理体制上的特点为,包括郊区的集体所有制生产企业全部归市手工业局管理,国营、公私合营工业企业由工业各局按行业管理。[2]

在上海市手工业管理局 1955 年的行政工作中,对木器业的生产安排较为典型地反映了当时手工业经济管理的特色。上海市木器业 1955年有私营户 2 881 户,从业人数 7 956 人,全业生产困难严重,每月生产在 10 天以下,完全停工的手工业有照户约占全业有照户的 40%,至于无照户,则绝大部分是困难户。上海市手工业管理局针对行业情况,首先摸查困难和劳动力过剩等情况,分析研究困难原因;然后分别召开加工订货单位和国(营)、合(作社)生产单位会议,了解生产情况,并掌握四季度任务数字及市场变化情况,吸收各方面安排意见;再召集国、合有关加工订货和生产单位,成立木器业生产安排小组。具体安排由生产联社供销经理部根据以下原则进行:"即先以生产任务较好的缝纫机台板为重点,统一分配,适当调剂公私之间、私私之间失衡现象;其次根据要货单位的任务,规定经济类型的生产天数,超过规定部分交安排小组分配,以适当控制公进私退现象的继续发展,缩小私营困难面。同时采取一些临时措施,指导生产,克服困难,扩大维持。"据上海市手工业管理局 1956 年 1 月的报告,上述生产安排工作"虽在四季度中开始进行,但已稍具成效",使木器业"困难情况获得缓和",表现在:"如 12 月份缝纫台板任务的布置,便安排了一些困难户生产(13 户 76 人)。11 月份指导业内试制新产品高跟鞋木跟,安排了困难户 52 户 107 人的生产,也保

[1] 《上海市手工业管理局1955年行政管理工作情况报告》,1956年,上海市档案馆藏档B158-1-86。

[2] 该书编委会:《上海二轻工业志》,第9页。

证了女鞋出口任务的需要。协助争取部分工业用桶的任务,解决了该业困难较严重的圆木作组24户103人的生产,扩大了行业的维持面。"[1]上海市手工业管理局的成立及其对个体手工业的生产安排工作,体现了政府用行政手段代替市场,控制着手工业经济的生产与经营,从而使手工业经济被纳入计划经济体制的大系统中,并在相应的轨道上运转。

在工艺美术行业方面,1956年,上海市进行了全市特种手工艺人调查,发现已安排在美术工艺研究室的艺人共29名,其中已在研究室工作且生活上得到照顾的有12人,在原生产单位工作的8人,在其他工厂、学校等未转来的2人,在外地工作的2人,只知姓名未找到详细地址的4人,此外有博物馆安排的1人。此外,各基层社技艺较高人才共50名,社会上未经安排艺人共8名,但"未作深入研究,是否能称上老艺人是存有问题的"。[2]尽管中国共产党一直致力于改造具有"古代"特征的手工业经济,但对于讲究工艺传承和具有民族特色的工艺美术行业,则希望其保留某些传统特征。因此,新中国成立后,手工业经济存在着一个分化,生产日用品的手工业越来越趋同于现代工业,工艺美术行业则较多保留传统,这一点在上海亦不例外。

1956年,上海市各区各行各业的手工业从1月16日到19日短短4天中,相继实现了合作化。当年底,上海共有手工业合作组织1 628个,从业人员116 236人,完成产值34 417万元,实现利税2 606.4万元。[3]此后,上海市手工业生产合作社联合社对手工业合作社、组进行了一些调整,对建社规模过大或产品种类复杂的社,改为按产品或地段相近归类。修理服务及制造兼修理服务性行业,由于集中生产挤掉或影响修

[1] 《上海市手工业管理局1955年行政管理工作情况报告》,1956年,上海市档案馆藏档B158-1-86。

[2] 《关于上海全市特种手工艺人调查报告》,1956年5月16日,上海市档案馆藏档B158-1-157。

[3] 中华全国手工业合作总社、中共中央党史研究室编:《中国手工业合作化和城镇集体工业的发展》第二卷,第747页。

理服务业务的，调整后改为分散生产或部分集中生产。[1]上海市手工业生产合作社联合社于1957年4月召开了全市手工业合作社第一届社员代表大会第四次会议，通过了手工业按行业归口管理的决议。上海全市9个专业联社共1 632个手工业合作社，按照行业性质，分别将棉织、针织2个专业联社归口市纺织工业局；皮革、五金、文教用品3个专业联社归口市轻工业局；竹木、综合、服装3个专业联社归口市商业一局；工艺美术联社归口上海市工艺美术局领导。这9个手工业专业联社归口完毕后，上海市手工业管理局的建制于1957年7月1日被撤销，上海市手工业合作社联合社的牌子挂在轻工业局，除保留少数人留守班子外，社务工作实际上已经停止。[2]1957年底，上海市手工业按行业归口管理以后，市区手工业划归轻工业局领导的有51 870人；划归纺织工业局领导的有16 300人；划归第一商业局领导的有51 230人。[3]上海手工业在完成社会主义改造的同时，其管理体制也进行了相应的调整。

　　至1957年底，上海手工业经济的面貌与1949年相比，已有了极大的改变，从分散走向了集中，并深受政府行政的影响。这意味着上海手工业经济确实被新政权成功改造。这一改造，深刻地影响了上海手工业经济在原料与技术上的变化，而这些变化，成为计划经济时代上海手工业经济运行的重要特征。

二、上海手工业经济的原料与技术变化

　　原料供应与技术变革是决定制造业发展的两大关键性变量。上海

---

[1]　上海市手工业生产合作社联合社：《关于手工业合作社（组）的调整情况报告》，1957年3月22日，上海市档案馆藏档B158-1-293。

[2]　中华全国手工业合作总社、中共中央党史研究室编：《中国手工业合作化和城镇集体工业的发展》第二卷，第749页。

[3]　上海市手工业生产合作社联合社：《关于恢复和发展手工业生产的方案》，1959年8月9日，上海市档案馆藏档B158-1-342。

手工业经济被改造后,原料供应与技术变革的原有模式均发生变化,这是计划经济体制下上海手工业经济极为重要的演化现象。

自计划经济体制逐步取代自由市场后,在1957年4月份前,上海手工业的原料供应由上海市手工业合作社的物资经理部负责,除进行物资的计划分配外,在原材料的采购工作上采取"统一管理,分散经营"的原则,即:"凡一种原料为几个专业联社需要者由市社统一经营,统一平衡分配,有关专业联社外出的采购人员,亦有市社统一联系管理,以避免外出多头采购,致使人为的物资紧张与当地提价惜售现象。至于为个别专业联社需要或为少数基层社需要的原料,则鼓励有关专业联社或基层社自行外出采购,但由市社统一出具介绍信。"[1]1957年4月份手工业归口管理后,原材料供应工作由各归口局负责,由各归口局在同行业的不同经济类型中作统筹安排分配。1957年,在28种主要的手工业原材料中,通过各种措施供应,满足需要量90%以上的有钢材、生铁、杂铜、锌、铝、木材、胶合板、针织用纱、棉布、羊毛、牛皮、猪皮、驴马皮、羊皮、杂皮、重革、轻革、纸张、牛骨等19种;满足需要量80%—90%的有铅丝、铅、织布用纱、黄麻、棕线、棕片等6种;满足需要量60%—80%的有铜材、毛竹等2种;只有镍1种满足33%。原材料供应来源,除棉纱外,主要是当地国营公司供应,其次是各级社采购,而国家物资调拨则比重不大。例如,黑色金属,国营公司供应的占29.75%,联社采购的占27.61%,国家调拨的占23.22%,来料加工的占19.42%;木材,国营公司供应占68.04%,各级社采购占30.92%,国家调拨占1.04%;牛骨全部由各级社自行采购。[2]由统计数据可见,上海手工业的原料需求不能得到完全的满足。

[1]　《上海市手工业合作社1957年原材料供应和1958年原材料安排情况》,1958年2月22日,上海市档案馆藏档B158-1-300。
[2]　《上海市手工业合作社1957年原材料供应和1958年原材料安排情况》,1958年2月22日,上海市档案馆藏档B158-1-300。

　　为了解决原料供应问题，上海手工业部门采取的措施包括组织产地采购、争取来料加工、改用代用品、利用小料与废料、提高原材料利用率、组织原料生产等。皮革联社采取的方式是组织产地采购，该社在1957年内曾将34个基层干部组织成18个采购小组，分赴西北、西南、中南、东北、华东及内蒙古等21个省市原料产地，共采购到牛牦皮3 816张、羊杂皮17 316张、驴马皮5 672张、重革10 864公斤、轻革37 645平方公尺（米）、棉布61 168公尺（米），解决了原料供应困难。竹木联社制绳行业需用的黄麻，由于供应紧张，1957年一季度每月只从烟麻公司分到1 080担，仅能满足需要量的54%。后经试制代用品，该社在1957年内获得烟麻公司供应的棉干皮1 400担、红树皮208担、山脚麻284担，对黄麻进行了替代。服装联社走的是提高原材料利用率的路子，1957年内对服装用料改进规格，将中山装贴边由原来的4公分（厘米）宽改为3公分（厘米），并将大小尺寸由5档增加到14档，每套可节约2公尺（半）。工艺美术联社承担出口任务的羊毛衫、靠垫及皮包面子等绣花需用原料麻布，过去依赖进口，市场无货供应，1957年该社设立加工厂，专门生产麻布，年产量约20万公尺（米），解决了每年出口羊毛衫22万件、靠垫3万只、皮包面子8万张所需的原料。此外，为了更合理地利用有限的原料，部分行业还采取了多生产"用料省、化工多而市场有销路"的产品。例如，棉织联社将5尺提花毛巾被改为5尺丝光毛巾被。在用料方面，提花的每件纱只能生产131条，而丝光的却可生产134条；产量方面，提花的每人每天可生产4.5条，而丝光的因"化工多"，只能生产3.5条；在工资单价方面，丝光每条为0.95元，提花的只0.6元，故改变产品后不仅用料省，而且社员收入高。[1]上海市手工业企业从生产流程的各个环节设法打破原料供应瓶颈，此亦为中国

---

[1]　《上海市手工业合作社1957年原材料供应和1958年原材料安排情况》，1958年2月22日，上海市档案馆藏档B158-1-300。

手工业经济在计划经济体制下之常态。

无论手工业企业如何努力,手工业部门的原料供应在计划经济体制下始终存在着各种各样的问题。仍以1957年上海手工业原料供应为例,其问题之一在于"手工业生产变化大,为了适应市场需要,需经常改变生产,因此需用原材料的变化也较大"。例如,文化联社1957年一、二季度时每季需要棉布12万公尺(米),但三季度由于球网、布鞋任务大大减少,每季只需3万公尺(米)。[1]这就会使计划来不及调整。一方面,手工业原料供应紧张,但另一方面,管理上的缺失也造成了手工业原料的浪费。例如,第十二纸袋社的纸袋晒在空地上无人照管,在1957年一年中,被风刮、雨淋、人拿造成的损失达14 900元,而该社当年全年的利润也只有14 200元。[2]此外,有的商业部门在原材料供应工作上没有对手工业合作社进行统筹安排。例如,工艺美术联社所属戏衣与绢花社每季需要绸缎300匹,但市丝绸公司只准供应100匹,不足部分以软缎代用,但软缎所制戏衣因丝光强烈,使戏衣的绣花图案不能突出,影响演出效果,剧团均不乐于采购。然而,原属商业部门的绸布商店却能得到绸缎的货源分配。[3]部门利益的矛盾与资源分配不平衡,始终是计划经济体制下物资供应的顽疾。1957年上海市手工业原料供应中存在的问题,反映了"短缺"这一计划经济体制的基本特征。

新中国对手工业的改造,不仅仅是所有制的变革,也包括生产技术上的机械化,只不过,这种生产层面的改造很多时候还是靠手工业企业自力更生,国家仅给予观念上的引导。上海市的手工业部门也进行了以机械化为主要内容的"技术革命"。到1958年5月底,上海市共有手

---

[1] 《上海市手工业合作社1957年原材料供应和1958年原材料安排情况》,1958年2月22日,上海市档案馆藏档B158-1-300。

[2] 《上海市手工业合作社1957年原材料供应和1958年原材料安排情况》,1958年2月22日,上海市档案馆藏档B158-1-300。

[3] 《上海市手工业合作社1957年原材料供应和1958年原材料安排情况》,1958年2月22日,上海市档案馆藏档B158-1-300。

工业合作社、组、厂1 407个，社员114 542人，其中机械化生产的有148个单位14 088人，半机械化生产的有620个单位48 107人，仍旧保持手工操作的有639个单位52 347人。上述机械化和半机械化生产单位，拥有各种电动的和手工操作的机具设备约26 350台（部），其动力设备约有4 500匹马力。上海手工业的机械化与半机械化主要依靠自力更生，即改进原有设备或发明"土机器"代替手工操作。例如，铅丝制品合作工厂一、二厂，原来手工操作的产值比重约占50%，在技术革新中将原有设备成功改装为7种电动机车，如织铅丝布机、做弹簧机等，使机械化、半机械化的产值比重达到73%。第一地毯社设计创制的"地毯平毛机"，每小时可平地毯300英尺，比用人工平毛剪刀每小时剪1英尺，提高产量300倍。第51五金社将数十台脚踏冲床和手摇钻等机具，都装上了自己制造的马达，使机械生产产值的比重迅速提高到70%以上。还有些单位则改进操作方法，调整劳动组织，来尝试工业化生产。例如，竹木联社的木器行业，普遍存在油漆工产量跟不上木工的情况，一般产量要相差30%左右。在技术革新中，该社分析了原因，主要是小组作业的生产方法落后，每一个社员要做全部21个生产工序，不能发挥潜力和专长。该社于是采取大流水作业方法，把技术力量按专长分工序集中，使每个社员负责一个工序，这样熟练程度提高，技术专一，原来的800个油漆工平均提高劳动生产率35%，等于增加了280个劳动力。[1]
表1为当时上海手工业各行业机械化、半机械化单位在行业中的占比：

表1：上海市手工行业机械化、半机械化单位占比（1958年5月）

行　　　业	机械化、半机械化单位在各行业中的占比（%）
五金	77.25
文化用品	71.20

---

[1] 《上海市手工业技术革命情况》，1958年7月21日，上海市档案馆藏档B158-1-329。

行　　业	机械化、半机械化单位在各行业中的占比（%）
针棉织	63.63
服装缝纫	55.18
制革及皮革制品	37.50
工艺美术	36.00
综合	22.50
竹木制品	22.44

资料来源：《上海市手工业技术革命情况》，1958年7月21日，上海市档案馆藏档B158-1-329。

1957年，上海市同行业的国营工厂（即现代工业）与手工业的劳动生产率比较如表2所示：

表2：上海市同行业现代工业与手工业劳动生产率比较（1957年）

行　　业	现代工业	手工业	手工业与现代工业之比（%）
合计	17 680	3 880	22
机电工业	22 900	5 690	25
轻工业	14 500	4 010	28
纺织工业	15 500	3 820	25

说明：档案原件表格中劳动生产率无单位。
资料来源：《上海市手工业技术革命情况》，1958年7月21日，上海市档案馆藏档B158-1-329。

20世纪50年代，上海市的手工业与现代工业并存于机电工业、轻工业与纺织工业中。从劳动生产率看，手工业仅为现代工业的不到30%，这一差距实际上强化了以工业化追赶为导向的计划经济体制将手工业边缘化的动机。

在中国的计划经济体制下，手工业始终处于一种边缘和辅助的地位,既要为重工业优先发展战略提供必要的支持,但又被限制获取同样为重工业或现代工业所需的稀缺资源。因此,传统手工业经济的原料供应渠道被打断了,新的手工业部门只能采取改用代用品等手段来保障原料供应,但手工业经济的原料短缺是持续存在的。另一方面,在生产技术上,政府极力推动手工业的"技术革命",大力倡导手工业生产的机械化,这又使中国的手工业经济加速与现代工业趋同。上海手工业经济在原料与技术上的此种变化发生于20世纪50年代中后期,但其基本特点将持续至改革开放时代。

三、上海手工业转厂过渡的高潮与调整

客观地说,上海手工业的机械化受"大跃进"的刺激很大。不过,在生产力变革的同时,上海手工业在"大跃进"期间也进行了生产关系尤其所有制的进一步变革,进行"转厂过渡"。所谓转厂过渡,指属于集体经济的手工业合作社按要求转为全民所有制的地方国营工厂。[1]在"大跃进"之前,上海手工业已经出现转厂过渡,"大跃进"带来了转厂过渡的高潮。然而,手工业经济过多、过早的转厂过渡也加剧了国民经济比例失调,影响了日用品和小农具等物资的供应,因此,上海此后又恢复了手工业局的建制,对手工业经济进行调整。

据档案记载,在中共八大召开后,上海市的部分手工业合作社,特别是高潮前组织起来的老社,纷纷提出从集体所有制向全民所有制过渡的要求。至1957年11月,上海市手工业合作社已经转厂的有第二服装社、第一板箱社、第四五金社、金属表带社、五金制锁社、日用五金制品社、第一化工小组等7个社(组),计1 803人,年产值共10 416 000元。已经批准正在转厂的有皮革制品、皮鞋2个老社。此外尚有23个

---

[1]　该书编委会:《上海二轻工业志》,第10—11页。

社提出了转厂的申请。各社提出转厂的依据,一为合作社生产发展与国家计划之间有矛盾,二为国家与合作社、合作社与社员之间在收益分配上存在矛盾。生产发展与国家计划之间的矛盾包括:以销定产、生产方向不明确,与现有生产规模和技术设备条件不相适应;主要原料未纳入国家计划,供应无保证,与现有生产规模不相适应;生产协作关系不能协调,影响产品质量和生产安排的困难。例如,第四五金社,按其技术和设备可以生产车床和马达,但由于没有任务,常常变换生产一般精密度不高的五金工具和零件,技术和设备皆不能充分利用,社员说"七级技术却在生产三级产品";铁床社1957年1—9月份马达利用率只有27%,按正常情况至少潜力可以提高1倍以上,不少机器被长期"打入冷宫"闲置不用,熟练的老手甚至被调去做些下手零碎工作。再如,第一板箱社是一个428人进行大规模生产的老社,但该社主要原料木材特别是成材的供应,不是根据计划由国家调拨,而是向国营商业单位采购,国营商业不是根据生产需要而是根据货源多少供应,因此常常不能满足该社生产需要。1957年三季度该社共耗用木材3 679米,市木材公司仅供应成材576米、原木600米,约占耗用量的三分之一,其余除部分来料加工外,大部分需用量该社不得不向外到处张罗。[1]这些合作社无疑希望凭借自己升级了的技术能力来摆脱作为手工业的边缘地位,在计划经济体制中真正享受国家计划所保障的资源与要素。至于收益分配上的矛盾,则由"社的资金既不能上缴国库直接支援国家建设需要,在合作社系统内调剂利用也感困难"所致。一则案例生动地反映了手工业合作社社员的不满:"1956年上海铁床车具社动员了56名社员支援青海建设,由社里拨出10万元的机器设备带去,许多社员深表不满,认为这是合作社集体所有,不应该给国家。社员陈永

---

[1] 上海市手工业生产合作社联合社:《上海市手工业合作社转变所有制调查资料》,1957年11月,上海市档案馆藏档B158-1-294。

根说：'我们钱是一羹匙一羹匙弄进来的，这次社领导一铁桶给泼出去了。'"[1]总而言之，计划经济体制下资源分配的不平衡，使处于边缘地位的手工业合作社在条件成熟时，有动力去追求转厂过渡。

有一些手工业合作社转厂过渡后确实成了上海地方工业中的骨干企业。例如，铁床合作社从3把榔头起家，到1958年已拥有120万元的各类机器设备，新建厂房1.2万平方米，转为地方国营后改名为上海自行车三厂，生产知名品牌产品凤凰牌自行车。[2]但是，上海手工业的"大跃进"以及广泛的转厂过渡，造成了1958年下半年以后小商品供应紧张等问题。据调查，当时上海存在着对于手工业品的生产安排不够细致等问题，有些生产单位片面追求产值指标，忽视产品的品种和质量指标，注意了"高、精、大"的一面，而放松了"低、粗、小"的一面。[3]表3为"大跃进"前后上海手工业产品品种变动情况：

表3："大跃进"前后上海手工业产品品种变动情况

归口情况	1957年底手工业产品品种（种）	1959年初手工业品种情况			
		合计（种）	占比（%）	停产（种）	减产（种）
合计	2 887	1 069	37.2	754	315
轻工业局	1 875	625	33.3	435	190
纺织局	510	172	33.7	172	—
商业一局	502	272	54.1	147	125

资料来源：上海市手工业生产合作社联合社：《关于恢复和发展手工业生产的方案》，1959年8月9日，上海市档案馆藏档B158-1-342。

---

[1] 上海市手工业生产合作社联合社：《上海市手工业合作社转变所有制调查资料》，1957年11月，上海市档案馆藏档B158-1-294。

[2] 中华全国手工业合作总社、中共中央党史研究室编：《中国手工业合作化和城镇集体工业的发展》第二卷，第750页。

[3] 上海市手工业生产合作社联合社：《关于恢复和发展手工业生产的方案》，1959年8月9日，上海市档案馆藏档B158-1-342。

　　除产量下降问题外,20世纪60年代初的上海手工业还存在着产品质量问题,包括表面处理不善、金属热处理不稳定、原材料的处理利用还达不到要求、装配精度差、色彩不协调等。造成上海手工业产品质量问题的首要原因是原材料供应的数量、规格品种和质量不能符合生产要求,例如:"刀片不锋利主要是没有合用的**ヵ05钢**,暂以**去9、去10钢**代替所致(现在已解决),铝锅质量是由于采用了等外铝,因而使成品中有3%—5%在起用时发生起泡现象,电镀之所以容易露底泛黄,因镍供应无法满足,以铜锡合金套铬代用,木制品的变形裂缝也由于木材供应不足,没有一定的储备干燥,来料即用所造成的。" [1] 使用替代原料是上海市手工业企业应对原料短缺问题的重要手段,但往往由此也使产品质量不能达到原有的水准。设备陈旧也带来了产品质量问题。上海手工业企业的设备简陋,机械设备少而陈旧,加上维修工作不及时,大部分机器设备的精密度不准,有不少带病运转,直接影响产品质量,如"制锁行业的钥匙超出公差要求,因而同花样的就多了"。[2] 手工业生产高度依赖技艺,故技术力量培训不够也导致了产品质量下滑,例如:"刀剪的锻打、淬火、出锋、研磨的质量,主要决定于工人操作熟练的程度,由于几年来刀剪熟练工人外调过多,工作岗位不能固定,严重影响技术熟练程度的提高,直接影响产品质量,又如制锁厂的冲床工58年后熟练工人大部调出,而增加的多系家庭里弄妇女,使产品质量长期得不到提高。" [3] 此外,上海手工业还存在技术管理不健全的问题,有些重要工序被废除和改变不仅没有起到"技术革命"的效果,还带来了产品质量的下降,如:"修枝剪的磨口工序原来用水磨,质量好,硬度在50摄

[1]　上海市手工业局:《1962年产品质量规划(草案)》,1962年,上海市档案馆藏档 B158-1-398。

[2]　上海市手工业局:《1962年产品质量规划(草案)》,1962年,上海市档案馆藏档 B158-1-398。

[3]　上海市手工业局:《1962年产品质量规划(草案)》,1962年,上海市档案馆藏档 B158-1-398。

氏度以上，现在用干磨容易退火，硬度只有40摄氏度左右，严重的影响刀刃。"[1]最后，工艺性较强的行业则缺乏工艺设计力量，例如："玉石雕刻、漆雕、地毯等产品花色品种少，式样不新颖，造型不够美观，等等。主要是几年来对工艺性行业的设计力量培养和工艺研究工作注意不够。"[2]上海市手工业在20世纪60年代初的质量问题，产生于手工业生产的整个流程中，系由原料、设备、高技能劳动力等生产要素的短缺所致。这些问题，在其他地区的手工业经济中亦普遍存在，在整个计划经济时代都难以彻底解决。

中央提出"手工业三十五条"后，上海市委于1961年12月15日发出《关于成立市、县手工业管理机构的决定》。1962年1月1日，上海市手工业管理局正式挂牌，恢复建制，上海市手工业合作社联合社同市手工业管理局合署办公，恢复社务活动。日用五金、文体用品、工艺美术、工具设备、服装用品和竹木用品等6个公司划归市手工业局，一共有744个企业，8.9万人。1963年又将日用五金、文体用品2个公司划归轻工业局。[3]实际上，由于工业调整和精简，属于上海市第一机电工业局的部分企业也曾想划归手工业局领导，而"这些企业生产任务一般正常，有的供不应求，任务很足。都是全民所有制，在57年以前就是归口机械部门管理的"[4]。1962年，上海全市不包括集体所有制企业的手工业企业进行了精简，职工人数比1961年底减少10.46%，涉及停、关、并厂21户，共1 560人；部分全民所有制企业转为集体所有制的手工业合作社，计有38户，共4 129人。与此

[1]　上海市手工业局：《1962年产品质量规划（草案）》，1962年，上海市档案馆藏档 B158-1-398。
[2]　上海市手工业局：《1962年产品质量规划（草案）》，1962年，上海市档案馆藏档 B158-1-398。
[3]　中华全国手工业合作总社、中共中央党史研究室编：《中国手工业合作化和城镇集 体工业的发展》第二卷，第751页。
[4]　上海市手工业管理局致中央手工业管理局函，1962年8月30日，上海市档案馆藏档 B158-1-391。

同时，许多市场迫切需要的日用工业品和手工业品的产量与1961年同期比较都有很大提高，如菜刀增加83.92%，剪刀增加236.5%，镜子增加106.16%，日用锁增加29.55%，刀片增加45.67%，打火机增加16.9%，文具盒增加87.62%，铁锅增加8.91%，出口服装增加38.02%，瓷碗增加4.5倍等。但是，也有一部分为机电工业和基本建设服务、受压缩集团购买影响、以农副产品和林业产品为原料的手工业产品，生产有所下降，如汽灯比1961年减少70%，门锁减少76.6%，布鞋减少14.37%，油印机减少75.46%，运动器具减少50%以上等。[1]1963年初，上海市手工业管理局接办了市区街道工厂和里弄生产组，第四季度又调整了2个专业公司及所属全民所有制企业的领导关系。根据市委的批示，该局将雕刻、民族乐器、车木、刺绣、石料等原由手工业合作社转变的地方国营工厂47户，调整恢复为手工业生产合作社。这样一来，归口手工业部门管理的企业，由1962年底的全民所有制企业人数占63%，调整为1963年底的集体所有制企业人数占72%。至1963年底，上海全市不包括郊县社办工业，共有手工业企业1 743户，123 000余人，其中集体所有制企业1 452户，占总户数的83%，人数86 000余人，占总人数的72%。同时，上海市手工业管理局还管理着市区里弄生产组3 016个小组，共80 000余人，以及登记发证的个体手工业6 188人。在生产方面，上海市手工业管理局组织部分任务不足或品种不对路的企业，转产市场需要的产品，如有计划地减产民用锅，和抽调黑白铁制品多余的劳动力充实刨铁生产，使刨铁产量从每季40万件提高到55万件。该局进一步发挥街道工业的生产潜力，1963年进行设备投资310万元，添置了各种设备1 627台，吸收了社会上的闲散技术人员564人，发展了铁包锁、烟盒、文具盒、什锦锉、搪

---

[1] 《1962年的基本总结和1963年的工作任务——胡铁生局长在全市手工业和合营工厂干部大会上的报告记要》，1963年1月8日，上海市档案馆藏档B158-1-367。

瓷杂件、半导体收音机和塑料制品等80多种产品。1963年，上海市
手工业提供春秋两季广交会的新花色品种有2 162种，比1962年增加
133%，成交额分别比1962年同季增加31%和59%。[1]1963年，上海
市手工业管理局调查发现，在该局所属6个专业公司里，技艺水平较
高的艺人有418人，成为行业中关键人物的有76人，但这些艺人还保
持原来手工业合作社的较低工资水平，亦未评艺分级与办理任命老
艺人的手续。此外，这些技艺人员年老体弱的较多，政府对他们在物
质生活等方面的照顾也不够。因此，上海市手工业管理局请示上海
市人民委员会，对部分老艺人的生活给予照顾。[2]总之，上海市手工
业管理局恢复建制后，执行了调整政策，使上海市的手工业经济得到
了一定程度的恢复。

　　到1965年，上海市的手工业既按行业归口管理，又按所有制归口
管理，三种所有制同时并存，以集体所有制为主，集体所有制企业占总
户数的83.5%，人数占75.6%。上海市手工业设有服装、竹木、玩具、工
艺美术、工具设备等5个专业公司、10个区局、10个县局。表4为1965
年6月底时上海市手工业概况：

表4：上海市手工业概况（1965年6月）

组织机构	合计			其中：全民企业			其中：集体企业		
	户数	人数	1964年产值（万元）	户数	人数	1964年产值（万元）	户数	人数	1964年产值（万元）
总计	1 580	145 397	86 411	261	35 522	41 230	1 319	109 875	45 781
公司	445	60 437	55 187	249	34 891	40 776	196	25 546	14 411

[1]　《上海市手工业1963年工作基本总结和1964年工作任务的报告》，1964年1月20
　　日，上海市档案馆藏档B158-1-525。

[2]　上海市手工业管理局：《关于对部分技艺人员的生活照顾的请示报告》，1963年3月
　　1日，上海市档案馆藏档B158-1-421。

续　表

组织机构	合计			其中：全民企业			其中：集体企业		
	户数	人数	1964年产值（万元）	户数	人数	1964年产值（万元）	户数	人数	1964年产值（万元）
区局	539	49 493	15 948	—	—	—	539	49 493	15 948
县局	596	35 467	15 276	12	631	454	584	34 836	14 822

说明：
不包括：
（1）里弄生产组2 820个、119 926人，产值4 420万元；
（2）公社工业产值4 531万元；
（3）个体手工业5 236人。
资料来源：《上海市手工业情况汇报资料》，1965年，上海市档案馆藏档B158-1-570。

当时，上海市手工业系统公司、区局所属企业有厂房面积共86万平方米，其中毛竹油毛毡或竹木草混合搭建的简陋危房有20.5万平方米，占总面积的24%，一半已经破烂损坏到无法修理。上海手工业企业分散拥挤，全民所有制企业平均分散在5.2处生产，连办公生活用房在内，每人平均12平方米，合作社、厂平均分散在7处生产，平均每人5.5平方米，街道工厂的房屋平均每人只有2平方米。由于手工业企业大部分与居民杂处，声响、烟尘、气体、污水影响周围居民生活和环境卫生，与居民间的矛盾很突出。[1] 例如，1966年1月，上海市手工业管理局即同意一四五服装生产社并入一四六服装社，原因是："一四五服装生产社因五金零件抛光加工，马达声响大，灰尘飞扬，厂房又无法装置吸尘设备，与周围居民矛盾很大。经我局研究，同意并入一四六服装生产社转为服装生产。"[2] 从生产设备看，上海市手工业管理局所属企业有生产设备54 000台，其中专用设备42 000台，包括大中型缝纫机2.6万

[1] 《上海市手工业情况汇报资料》，1965年，上海市档案馆藏档B158-1-570。
[2] 上海市手工业管理局：《（66）沪手计字第048号》，1966年1月27日，上海市档案馆藏档B158-2-92。

台，通用设备12 000台。据该局1965年对28 990台主要设备排队，正常的设备占21.5%，性能一般尚可使用的设备占31.4%，带病运转或需要报废的设备占47.1%。技术力量方面，据该局5个公司全民所有制企业的调查，工程技术人员共236人，占职工总人数的0.7%，其中工程师仅8人。[1]20世纪60年代中期上海市手工业的生产技术条件仍然是相当落后的。

四、上海特色手工行业在计划经济体制下的演化

上海市手工业管理局从1963年第四季度起，对于手工业中具有民族风格和传统特色的产品，有重点地作了初步调查研究，在该局于1964年2月提交的报告中写道："由于在过去几年中，我们主要精力抓了恢复生产人民生活必需的日用手工业品，改善市场供应，对于传统特色兼顾不周，并与有关部门的配合也不够密切，因此使有些产品的传统特色降低了，有的与新原料的发展还不相适应。"[2]这些产品包括绣品、玩具、金银饰品、灯具、家具等。上海市手工业管理局认为："以上几个产品的设想，仅绣品、玩具、服装3个产品，到1967年就可以增加安排社会闲散劳动力6万余人，平均每年可以为国家创造外汇2 000余万美元，比1963年增加1 000余万美元。仅木器家具和铁床2个产品，平均每年可以为国家节约短线原材料的木材2万余米。"[3]换言之，上海市手工业管理局认为可以发挥手工业经济的比较优势，吸纳劳动力就业并出口创汇。

---

[1] 《上海市手工业情况汇报资料》，1965年，上海市档案馆藏档B158-1-570。

[2] 《关于几个传统产品的问题和今后设想的报告》，1964年，上海市档案馆藏档B158-1-544。

[3] 《关于几个传统产品的问题和今后设想的报告》，1964年，上海市档案馆藏档B158-1-544。

在这些产品中,绣品又分为抽绣、绒绣和机绣,其演化各具特色。抽绣系1920年由法国商人带入上海进行加工试做的,1950年该行业有私营作场26家,成格工300余人,外发绣工700余人,维持生产至1952年,行销对象是苏联与东欧国家,绣工要求精细,年产量8万余件。到1963年,上海市抽绣行业发展到有8个单位,成格工853人,绣花工8 000余人,年产量38万件,品种包括夜衣长裙、短裙、连衫裙、睡衣套、晨衣、梳头衣、衬衫等。由于制度变革,上海抽绣行业不能对市场需求及时反应,上海市手工业管理局指出:"过去上海私商经营时,从工厂打样、发样、国外订货直到交货,都是抢时间、争时新,到美国慢则2至3个月,快则1个月。现在出口公司经营环节多,工厂设计的新样品,送出口公司审批、核价,然后汇总装箱、候船期,才向香港中孚行或华润公司发样,或则再由这2个机构找关系转销,外商决定订货后,再由原路反映到国内生产,周转时间很长。据反映,对加拿大做一笔生意,要半年时间,西德要5个月多,香港也要2个月。即使工厂成品送出口公司后,出口公司要进仓、检验、包装、装箱出运,一般正常的也需15天左右。因此,商品到达客户手里,有时已赶不上时髦。"[1]这表明上海传统手工行业在经历了计划经济体制的改造后,丧失了原有的参与国际市场竞争的灵活性。

绒绣又名彩帷绒,起源于意大利的米兰城,约在1925年传入中国,上海于1954年正式恢复生产,有生产人员数十人,1956年发展到300余人,绣工大部分分布在浦东,年产靠垫25 386片、皮包面子54 940片。1961年靠垫产量增加到近10万片,从业人员305人,外发绣花工亦相应增加到2 500人以上。绒绣1963年从上海口岸出口量为15万片,仅占上海历史最高出口水平600万片的2.5%,产量亦仅为历史最高水平

---

[1] 上海市手工业管理局(联社):《七个传统产品调查和今后远景规划》,1964年1月,上海市档案馆藏档B158-1-544。

的10%。上海绒绣衰落的原因，一方面是美国市场无法进入，一方面则是外销经营品种减少，过去出口的绒绣品种有地毯、扑克台面、茶盘等一二十个大类，至20世纪60年代仅剩靠背、坐垫、搁手这3个主要品种。相关工厂虽然打了传统品种的样子，想恢复原有的特色品种，打开外销，外贸部门却称："只有2个人搞绒绣出口，面对国外七八个港口，忙不过来。"[1] 计划经济体制下生产部门与贸易部门的人为割裂，阻碍了以上海绒绣为代表的中国手工业产品的出口。例如，红星绣品厂恢复了一只绒绣地毯，送样给出口公司，出口公司认为国外没有销路，不同意发样，但法国一个老太太到中国来，指定要绒绣地毯，工厂给她生产了2张。又如红星、高桥二个绣品厂，1963年共设计新样品507只，外贸部门审查中选的380只，只占74.9%。然而，外贸部门不中选的样品发往国外也有成交的，如红星绣品厂设计的一些小挂画，出口公司表示不向国外发样，经再三催促才勉强发样，结果该项产品得到了国外订货，陆续生产4 000多片。[2] 这充分表明非市场经济体制在手工业产品出口上的劣势。

机绣在上海的发展始于美国商人于1920年推销胜家牌缝纫机，但由于缝纫机价格昂贵，无法普及。1950年，在上海各区妇联组织下，上海家庭缝纫小组、缝纫训练班有2 000余人，为30多家私商厂商加工，年产量约达枕套200万对。1957年，因外地发展机绣生产，上海机绣产品任务又显著下降，月产量便从6万对下降到2.5万对。1958年，在"大跃进"的形势下，上海机绣业原有的36个社、7个小组合并为3个绣品厂，从业人员共950人，外发绣花工约500人。由于外地集中力量生产主要产品，机绣小商品恢复向上海采购，出口任务亦有所增加，加上

[1] 上海市手工业管理局(联社)：《七个传统产品调查和今后远景规划》，1964年1月，上海市档案馆藏档B158-1-544。

[2] 上海市手工业管理局(联社)：《七个传统产品调查和今后远景规划》，1964年1月，上海市档案馆藏档B158-1-544。

此后凭布券购买的商品范围逐步扩大,但机绣尚属非凭券供应商品,故上海机绣业生产又大幅度上升,1960年产量达到158.5万对,其中外销33万对。机绣业并非中国传统手工业,西方国家技术亦不弱,故上海机绣产品直接出口仅澳大利亚一国,而1962年以后,澳大利亚又两次提高关税来限制进口,税率从17.5%提高到45%,导致上海机绣产品出口量停滞在30万对左右。实际上,即使在国内来说,上海机绣业的技术亦落后于部分地区。例如,青岛的绣花工,系根据设计人员配色进行生产,而上海是由绣花工自由配色,色彩往往不够协调。苏州机绣产品配色淡雅,绣制时突出主题,衬托部分简要带过,既省工料,又不单调,胜过上海的机绣枕套。[1]上海的绣品行业实际上是近代西方技术传入中国后形成的新式外销型手工业,除机绣业外,抽绣业与绒绣业均曾经具有高度的市场化特征。计划经济体制打乱了外销型手工业生产经营的各环节,想要恢复与扩大出口自然不易。

上海的玩具业也是近代形成的新式手工业。20世纪初,上海部分家庭手工业以城隍庙为中心地带,生产各种低级小玩具,如铁皮摇铃、喇叭、布制玩具、纸制玩具等。到1932年,康元制罐厂利用制罐的边角废料,生产跳鸡、跳蛙等简单的金属发条玩具,年产量约在1万打。1937年,教育界人士陈鹤琴开设大华玩具厂,主要生产木制的幼教活动玩具和幼儿园的大型玩具。1941年,上海玩具业从业人员约为500人,到新中国成立前夕已不到200人。1956年,上海玩具业从业人员已增加到2 000余人。1958年以后,电动、机动、塑料等国际上主要类型的产品,上海玩具企业都能自行设计生产,在国内外初具信誉,形成了上海新兴的玩具工业。[2]表5为1963年上海玩具业概况:

---

[1]　上海市手工业管理局(联社):《七个传统产品调查和今后远景规划》,1964年1月,上海市档案馆藏档B158-1-544。

[2]　上海市手工业管理局(联社):《七个传统产品调查和今后远景规划》,1964年1月,上海市档案馆藏档B158-1-544。

表5：上海市玩具业概况（1963年）

产品类型	基本队伍		街道里弄装配	
	户 数	人 数	户 数	人 数
合计	58	5 792	79	4 110
金属玩具	13	2 501	36	1 812
木制玩具	6	660	13	826
布制玩具	5	518	13	880
塑料玩具	10	890	10	413
童车	4	309	3	74
其他玩具	13	429	4	305
协作配套	7	485	—	—

资料来源：上海市手工业管理局（联社）：《七个传统产品调查和今后远景规划》，1964年1月，上海市档案馆藏档B158-1-544。

1963年，上海玩具业的产品有规格花色1 200种左右，其各类产品的比重如表6所示：

表6：上海市玩具业产品概况（1963年）

行业类别	产 值			规 格 花 色	
	总产值（万元）	纯玩具（万元）	出口（万元）	合计（种）	其中：1963年新产品
总计	4 000	3 000	2 000	1 200	132
金属玩具	1 821	1 800	1 400	450	70
木制玩具	432	340	180	300	22
布制玩具	282	270	200	100	18
塑料玩具	785	500	150	300	12

续　表

行业类别	产　值			规　格　花　色	
	总产值 （万元）	纯玩具 （万元）	出口 （万元）	合计（种）	其中：1963年 新产品
童车	90	90	70	50	10
协作配套	590	—	—	—	—

资料来源：上海市手工业管理局（联社）：《七个传统产品调查和今后远景规划》，1964年1月，上海市档案馆藏档B158-1-544。

　　上海市手工业管理局非常看重玩具业的出口潜力，该局在报告中写道："日本一个国家出口的玩具，1958年为6 100万美元，1962年为11 600万美元。而我国生产的出口玩具，近年来在国际上已初步站稳了脚跟，1963年秋季广交会上第一次出现了外国商人排队购买我国玩具的现象，但占国际市场的比例还是很小的，仅及日本1962年出口量的四十分之一。"[1]此外，玩具业能吸纳大量劳动力就业："玩具生产养活人多。由于玩具的规格、品种繁多，生产协作面很广，不仅需要大量的装配工，而且涉及配套的印铁、电镀、印刷包装、纸盒等许多协作生产，因此增加玩具生产，可以充分利用社会闲散劳动力。在目前的从业人员中，基本队伍与协作装配队伍的比例基本上是一比一，如以现有生产水平计算，每增加1 000万元产值，即可扩大基本队伍1 000人和协作装配队伍1 000人左右。而且增加的人员，可以利用现有的街道工厂、里弄生产组的人员来生产，还可以利用社会上残废人员从事生产，有利于安排社会上闲散劳动力和增加社会收入。"[2]

　　不过，当时的上海玩具业也存在一些制约发展的问题。首先，上

---

[1]　上海市手工业管理局（联社）：《七个传统产品调查和今后远景规划》，1964年1月，上海市档案馆藏档B158-1-544。

[2]　上海市手工业管理局（联社）：《七个传统产品调查和今后远景规划》，1964年1月，上海市档案馆藏档B158-1-544。

海玩具业设计开模力量薄弱："全行业有设计美工人员49人，仅占行业人数0.55%（一般要求在2%左右），开模钳工车工、刨工仅占行业人数7%（一般要求10%左右），其中能开关键模子的钳工仅有7人，与玩具生产具有品种反（翻）新快、新产品多的特点不相适应。如1963年全年开模能力，金属玩具仅70只，平均每月6只，而1964年仅外贸要货要求投产新产品200种，相差悬殊。"[1]其次，上海玩具业产品的设计造型、色彩、内脏结构、音响、动作等方面落后于日本玩具的水平，在产品类型上还有不少缺门，"如各类音乐玩具、吹气薄膜玩具、各种回轮拉、横贯性玩具、锌合金压铸玩具几乎还没有"，设计题材也不广泛，大都是交通类的汽车、飞机，动物类的小鸡、小鸭、小熊、小兔，以及各种枪类玩具，"富有教育意义和科技活动的玩具还比较少"。[2]最后，与众多手工行业一样，上海玩具业设备陈旧，缺乏专用高效和大型设备："如冲床，现有552台，其中不合使用要求的有322台占58.3%，而能冲制出口玩具的较大零件的大型冲床仅20台。生产塑料玩具的注塑机，现有48台，基本上是58年后自制的10—30克的注塑机，不能用来生产容量较大的中、大型塑料玩具。"[3]上海玩具业生产上存在的问题较具代表性。例如，上海的铁床业就与玩具业一样，因设备落后而拖累生产经营："影响铁床产品质量和成本的原因……主要的是设备落后，手工操作比重大（70%左右），劳动生产率较低，成本高，质量亦差。以钢管为例：自行车工业使用的高频焊接钢管每吨成本约800元，而铁床使用的风焊钢管每吨成本1 000元以上，高20%。"[4]以机械化为核心的手工业的工业

---

[1]　上海市手工业管理局（联社）:《七个传统产品调查和今后远景规划》，1964年1月，上海市档案馆藏档B158-1-544。

[2]　上海市手工业管理局（联社）:《七个传统产品调查和今后远景规划》，1964年1月，上海市档案馆藏档B158-1-544。

[3]　上海市手工业管理局（联社）:《七个传统产品调查和今后远景规划》，1964年1月，上海市档案馆藏档B158-1-544。

[4]　上海市手工业管理局（联社）:《七个传统产品调查和今后远景规划》，1964年1月，上海市档案馆藏档B158-1-544。

化,具有合理的经济动因。

与绣品业和玩具业不同,上海的金银饰品行业是一种真正意义上的传统手工业。新中国成立后,政府遏制金银投机,公布金银管理办法,原有的20多家外商珠宝店相继闭歇,银楼业也进行了整顿改组,从业人员部分转业,部分回乡,也有一部分出走香港。到1956年社会主义改造高潮时,金银镶嵌行业的从业人员在200人左右。到1963年,上海金银镶嵌业有上海金银制品厂和上海金银饰品厂2个工厂,共有生产人员82人,其中工人63人、艺徒19人。此外,商业部门的珠宝商店尚有加工改制的镶嵌人员21人。上海市手工业管理局指出,金银镶嵌业其实是非常适合出口创汇的行业:"镶嵌饰品的换汇率比较高,目前平均人民币2.5元可换得美元1元,而一般工艺品约5—6元人民币才能换美元1元,轻工业品要10多元才能换美元1元。"[1]但是,在特殊的历史时代里,金银镶嵌业这种奢侈品行业因社会风气的改变,原有技术人员大多流散,导致创新设计力量薄弱,产品花色式样陈旧,在海外市场受挫,据调查:"有时生产了一些金银饰品,也因是'几年前的老花头',都是'有去无来',没有第二笔生意,影响了推销。"[2]此外,该业原料来源亦成大问题,上海市手工业管理局的报告称:"高贵原料稀缺,只能生产低档大路货。现在生产用的宝石来源,是珠宝商店从社会回收下来的宝石中,挑选上等品直接出口后的剩下部分,业内称为'捞儿'货(即蹩脚的宝石)……由于原材料限制,从1956年以来,生产工厂没有生产过白金嵌钻饰品,学了2年多的艺徒还没看到过金刚钻……"[3]因此,想要恢复这一传统手工业显然并非易事。

绣品、玩具和金银饰品行业是3种具有代表性的上海特色手工行

---

[1] 上海市手工业管理局(联社):《七个传统产品调查和今后远景规划》,1964年1月,上海市档案馆藏档B158-1-544。

[2] 上海市手工业管理局(联社):《七个传统产品调查和今后远景规划》,1964年1月,上海市档案馆藏档B158-1-544。

[3] 上海市手工业管理局(联社):《七个传统产品调查和今后远景规划》,1964年1月,上海市档案馆藏档B158-1-544。

业,其渊源、背景与产业形态各不相同,但都经历了计划经济体制对原
有产业构造的改造。这一改造,在20世纪60年代中期已经产生较为明
显的结果。总体来看,计划经济体制切断或扭曲了传统手工行业原有
的市场关系,使部分行业利用原有市场出现困难。但是,计划经济体制
将手工业经济工业化的强烈动机,亦符合部分行业的发展需求。而从
详尽的调查报告和远景规划来看,上海市手工业管理局对于发展上海
特色手工行业亦抱有强烈动机。政府主管部门的这种抱负,也是计划
经济体制下中国手工业演化所具有的一大特点。

五、上海手工业经济的结构性变迁

　　"文革"开始后,上海市的集体经济被当作"资本主义尾巴"来割,
手工业合作社的处境日益艰难,为了生存和发展,市属手工业合作社先
后都"升级"为合作工厂,郊县的手工业生产合作社也纷纷自行换上某
某厂的牌子。至1970年底,上海市属的手工业合作社全部转为合作工
厂,变独立核算、自负盈亏为统负盈亏、统收统支。[1]1967年上半年,上
海市手工业累计完成工业总产值4.82亿元,比上年同期增长4.1%,为年
计划11.1亿元的43.42%。[2]据上海市手工业管理局的报告,此时该市手
工业已经受到政治环境动荡的冲击。[3]当年二季度以后,上海市手工业
出现了严重的缺勤率:"各行各业的缺勤率普遍比去年增高,不少工厂
(社)关键劳动力不足,正常生产受到影响。据初步统计,今年缺勤比往
年增高50%—100%。如工具设备公司一般缺勤率在25%左右,服装行

[1]　中华全国手工业合作总社、中共中央党史研究室编:《中国手工业合作化和城镇集
　　　体工业的发展》第二卷,第756页。
[2]　上海市手工业管理局抓革命促生产第一线指挥部:《(67)沪手部计字第44号》,
　　　1967年8月25日,上海市档案馆藏档B158-2-95。
[3]　上海市手工业管理局抓革命促生产第一线指挥部:《(67)沪手部计字第44号》,
　　　1967年8月25日,上海市档案馆藏档B158-2-95。

业也在15%左右。"[1]与此同时,部分行业的生产协作亦出现脱节:"玩具行业的电镀、印铁、印刷等;灯具行业的灯罩、铸件、喷烘漆;家具行业的拉丝、电镀等,都发生生产协作脱节现象,严重影响生产正常进行。"[2]总体来说,1967年上半年,上海市手工业已经出现了"文革"中典型的生产混乱局面。随着对"经济主义"的批判,上海市手工业企业正常的管理制度和生产秩序均被破坏。这种破坏并不完全源于政治运动的直接冲击,有些时候,企业领导层在大环境压力下会自行取消合理的制度。例如,上海镀锌铁丝四厂原来有个领导、管理人员和工人三结合的质量研究小组,每半月开一次质量研究会,坚持了好几年,"文革"开始后,因为领导班子怕矛盾而取消了。再如,该厂的生产工艺制度,本来并没有受到冲击,且许多老工人仍一直在坚持执行,但因为科室干部和领导怕被群众说是"老框框",不敢去抓,造成了部分职工自由操作,导致产品质量下降。[3]这表明了外部环境造成的氛围直接将压力传导至企业的车间层次,这是"文革"时期中国手工业经济发展无法摆脱的宏观环境制约。

不过,在经历了最初一两年的混乱之后,上海城镇集体工业发扬"自找食吃"的特点,得到了恢复,并逐年发展。1970年,上海有手工业集体企业961户,职工(社员)133 867人,完成产值121 766万元,实现利税32 885万元,实现利润24 792万元。[4]上海的一些手工业企业在20世纪70年代初逐渐恢复了"文革"头两年被破坏的生产秩序。例如,1971年2月中旬,上海衬衫二厂领导班子在听了上海市革委会工交组关于产品质量问题的指示精神后,反思该厂"最近几年来,衬衫质量

[1]　上海市手工业管理局抓革命促生产第一线指挥部:《(67)沪手部计字第44号》,1967年8月25日,上海市档案馆藏档B158-2-95。

[2]　上海市手工业管理局抓革命促生产第一线指挥部:《(67)沪手部计字第44号》,1967年8月25日,上海市档案馆藏档B158-2-95。

[3]　上海市手工业管理局革命委员会办公室:《手工业动态》,1971年4月9日,上海市档案馆藏档B158-2-262。

[4]　中华全国手工业合作总社、中共中央党史研究室编:《中国手工业合作化和城镇集体工业的发展》第二卷,第756—757页。

确实有所下降，特别明显的是一只领头，夹里松面子紧，领角翘起像蝴蝶领"。领导班子统一思想后，就召开了以提高产品质量为中心的反浪费、鼓干劲誓师大会。在会上，领导向群众做检查，群众纷纷上台揭发，会后又贴出了100多张大字报，揭露了质量上很多问题，也指出该厂存在着思想问题，例如："有时碰到消费者上门来提意见，我们总是找原材料上的织纰毛病，向他们解释：这个是印染厂的毛病，那个是织布厂的毛病，今天你们既然来了，就给你们修一下。碰到有些消费者不服，我们就拿出部位标准给他们看，以此来证明不是我们的问题。"于是，该厂会后利用一个星期天，组织全厂三分之一职工，到红光厂、衬衫四厂等兄弟单位学习经验，按工种对口学先进，还邀请20多家百货商店的营业员来厂开座谈会，听取商业部门对衬衫质量的意见。此后，该厂进行了一系列改进。在工艺操作上，该厂上袖子、拷摆缝过去分2道工序、由2个人做，学习了红光厂上袖子、拷摆缝一手落的先进操作法后，进行了改革，不但提高了产量和质量，还使该工序从原来4个人减少为3个人。在上袖口工艺上，该厂过去是先上好袖口，再切制口，也是分2道工序做，在学习了衬衫四厂上袖口操作法后，改为上袖口、切制口一手落，于是，"袖口的制口清爽，线头少，里外匀准足，质量就提高了"。此外，该厂群众还搞了不少工具革新，如上袖口压脚、翻领机、压下盘机、压上盘里外匀机、阔狭两用切边机等。[1]

　　尤其值得注意的是，上海衬衫二厂在改进产品质量的整顿过程中，恢复了一些"文革"开始后被破坏了的正常管理制度。例如，该厂重新建立了原始记录制度。据该厂报告："过去每人每天生产有原始记录。'文化大革命'中，批判了'奖金挂帅'和'管、卡、压'后，原始记录制度就无形中破了。这次通过大批判、大辩论，分清了界线，群众自觉要求建立原始记录制度。如三车间，在制订个人原始记录制度时，开始有一

---

[1]　上海市手工业管理局革命委员会办公室：《手工业动态》，1971年4月9日，上海市档案馆藏档B158-2-262。

个工人不肯记，他说："反正你们都做记录了，今后小组里如果出了质量毛病，统统算我的好了。"在小组同志全部做记录后，果然出了几次质量毛病，小组长都叫他回修，他感到这样下去不对了，他就自觉地做起原始记录来了。还有一个同志，在操作时不当心，将衬衫后身碰上了油迹，当时他还认为不是他搞的，一定要组长查原始记录，查了原始记录后，证实是他自己的责任。"该厂于是得出结论："要提高产品质量，首先是要提高人的思想觉悟，但同时还必须要有规章制度，这对克服无政府主义是有一定作用的。"[1]再如，该厂重建了清洁卫生制度。据该厂报告："过去有一条规定，药水瓶不能带进车间，墨水笔不能在车间里随便乱写。前几年，由于领导怕字当头，不敢坚持原则，这条制度也无形中破了，不仅药水瓶到处乱放，连豆浆、牛奶也都带进了车间。有一次，有一个工人把豆浆倒翻了，使30多件衬衫造成次品。还有一个工人，在车间里用墨水笔写字，不当心将笔甩了一下，使20多件衬衫沾上了墨水迹，造成次品。这次经过大家讨论，一致认为这种制度是完全合理的，应该建立起来。现在，绝大多数同志都能自觉执行制度，不带这类东西进车间了。"[2]这种微观层面的生产秩序重建，是上海手工业企业乃至中国手工业经济在动荡的时代里仍能取得一定发展的重要原因。

"文革"开始后，上海市手工业尤其是集体企业在被迫停产的情况下，为了解决吃饭问题，不得不转产二轻行业以外的产品，如电子产品、仪器仪表产品和车辆配件等，反而在这些新领域内不断获得发展。[3]1966年，上海市手工业管理局系统生产电子产品的企业只有14个，其中生产半导体器件的只有3个，生产的电子产品是市仪表局扩散

[1] 上海市手工业管理局革命委员会办公室：《手工业动态》，1971年4月9日，上海市档案馆藏档B158-2-262。
[2] 上海市手工业管理局革命委员会办公室：《手工业动态》，1971年4月9日，上海市档案馆藏档B158-2-262。
[3] 中华全国手工业合作总社、中共中央党史研究室编：《中国手工业合作化和城镇集体工业的发展》第二卷，第756页。

的21个品种,产值不到500万元,从业职工近1 000人。到1972年,手工业系统共122个厂点生产电子产品,有2万多名职工,产值3亿多元,不仅能生产多种整机,而且基本上自行配套。上海市手工业管理局系统生产的收音机、电视机、通用电子计算机和军工整机以及仪器、仪表等产品,一般自行配套能力在60%至90%左右,其生产的元器件,除供应该局系统生产整机外,还供应上海市和外地,约占产品的50%。经过调整,1973年上海市手工业管理局系统共有电子厂点115个,包括整机厂25个、电真空厂5个、半导体器件厂26个、无线电元件厂44个、无线电测量仪器厂5个、无线电专用设备厂7个、电子材料厂3个。各电子工厂职工人数共计20 700人,产值为3.08亿元。不过,上海市手工业管理局系统生产的电子产品也存在产品质量不过关、成本高的问题。该局在1973年的文件中称:"目前我们生产的半导体器件、硅管合格率30%左右,集成电路只有10%左右。由于产品合格率低,成本就必然很高,而国外先进水平生产的硅管合格率一般在80%,集成电路合格率50%,其质量稳定,成本低,我们的产品质量与国外相比差距很远。"[1]当年,该局在规划报告中决定,要"扩大军民用整机生产,抓好三机(收音机、电视机、计算机),来带动一般"。其中,收音机"应以普及为主",电视机要尽快发展"适合家庭使用的9吋(英寸)电视机",计算机"要扩大11万次通用电子计算机的批量生产",此外还要"积极发展和研制台式、袖珍式计算机,争取早日打开销路,扩大批量生产"。[2]上海市手工业管理局的这一规划体现了中国手工业部门在工业化进程中的升级趋向。这一升级虽由管理部门主动推动,但也符合宏观经济发展所催生出的新的需求。表7为1976年上海市手工业局电子工业企业概况:

---

[1]　上海市手工业管理局革命委员会:《关于1974—1975年电子工业的规划报告》,1973年11月12日,上海市档案馆藏档B158-2-362。

[2]　上海市手工业管理局革命委员会:《关于1974—1975年电子工业的规划报告》,1973年11月12日,上海市档案馆藏档B158-2-362。

表7：上海市手工业局电子工业企业概况（1976年）

项目	企业个数（个）	电子工业总产值（按1970年不变价格计算）（万元）	电子工业年末职工人数（人）	电子工业年平均职工人数（人）	金属切削机床（台）	锻压设备（台）	无线电专用设备（台）	电子测量仪器（部）	年底房屋建筑面积（平方米）		年底实有汽车（辆）	
									合计	其中：生产用	合计	其中：载重汽车
合计	125	77 568.2	24 458	23 829	1 426	1 157	3 087	6 458	175 142	144 586	119	87
全民企业	16	11 897.5	2 191	2 142	176	57	342	1 818	19 888	16 070	13	12
集体企业	109	65 670.7	22 267	21 687	1 250	1 100	2 745	4 640	155 254	128 516	106	75

资料来源：《电子工业企业概况汇总表》,1976年，上海市档案馆藏档B158-2-472。

　　表8为1970—1975年上海市手工业系统的电子产品种类与产量，从中可见电视机、收音机和录音机的发展较快：

表8：上海市手工业系统的电子产品种类与产量（1970—1975）

产品名称	计量单位	1970年	1971年	1972年	1973年	1974年	1975年
电视机	台	—	—	330	4 155	10 744	15 017
收音机	万架	61.53	53.90	35.36	50.92	74.04	84.57
录音机	台	—	—	—	50	115	3 288
电子计算机	台	1	6	12	10	12	16
无线电测量仪器	台	224	2 667	3 690	5 364	7 720	9 942
电子管	万只	—	1.94	2.57	0.28	1.33	1.45
半导体器件	万只	1 911.05	2 662	2 024	1 742.2	2 900.52	3 979.95
无线电元件	万只	5 150	8 395	8 649	11 846.1	14 980.67	19 103.98
单晶硅	公斤	574	1 474	755.76	905	791.29	1 620.89

资料来源：上海市手工业管理局革命委员会：《上海市手工业"四五"期间综合统计资料》，1977年2月，上海市档案馆藏档B158-2-431。

　　从产品结构变化看，上海市手工业系统的机电产品和电子产品占比在20世纪70年代逐渐提升。1966年，上海市手工业系统的机电产品产值占总产值之比为6.4%，电子产品产值仅为1.8%，到1975年，机电产品产值占比提升至16.6%，电子产品则提升至17.1%。与之相应的是，轻工市场产品产值占比从1966年的74.4%滑落至1975年的

47.9%。[1]产品结构的变化，从一个侧面反映了上海市手工业经济的工业化。

1970—1975年，上海市手工业系统的企业总体数量呈下降趋势，但吸纳劳动力人数却逐年上升，年产值亦持续增长，这表明归口管理体制所界定的上海市手工业经济在该时期是有所发展的。这一时期上海市手工业系统发展的基本情况如表9所示：

表9：上海市手工业系统的基本情况（1970—1975）

项　目		1970年	1971年	1972年	1973年	1974年	1975年
企业数（个）	合计	1 230	1 149	1 105	991	938	981
	全民	269	257	250	231	226	221
	集体	961	892	855	760	712	697
年末人数（人）	合计	182 267	190 093	211 201	221 208	223 211	235 045
	全民	48 574	50 848	52 799	51 629	52 029	54 064
	集体	133 693	139 245	158 402	169 579	171 182	180 981
年产值（万元）	合计	175 369	220 151	250 157	277 301	312 193	351 241
	全民	77 531	95 294	108 478	118 816	129 366	139 357
	集体	97 838	124 857	141 679	158 485	182 827	211 884

资料来源：上海市手工业管理局革命委员会：《上海市手工业"四五"期间综合统计资料》，1977年2月，上海市档案馆藏档B158-2-431。

不过，若从基本建设的角度看，相比于计划，该时期上海市手工业系统的基建完成情况成绩并不显著，这反映了其发展的另一面。表10为"四五"计划期间上海市手工业系统的基建完成情况：

[1]　上海市手工业管理局革命委员会：《上海市手工业"四五"期间综合统计资料》，1977年2月，上海市档案馆藏档B158-2-431。

表10:"四五"计划期间上海市手工业系统的基建完成情况

指标	计算单位	"四五"期间合计	1971年	1972年	1973年	1974年	1975年
计划投资	万元	11 071	387	1 281	2 589	2 789	3 507
实际完成	万元	2 408	180	169	545	704	657
竣工面积	平方米	94 036	6 775	10 600	22 745	35 576	15 375
项目数	个	305	14	38	68	86	97
竣工投产数	个	49	5	3	14	12	11

资料来源：上海市手工业管理局革命委员会：《上海市手工业"四五"期间综合统计资料》，1977年2月，上海市档案馆藏档B158-2-431。

从分专业的角度看，1970—1975年上海手工业系统中的服装用品行业吸纳劳动力规模最大，具有典型的劳动密集型产业特征。表11显示了所有专业的数据：

表11: 上海市手工业公司系统年末职工人数统计（1970—1975）

专业类别	1970年	1971年	1972年	1973年	1974年	1975年
合计	75 072	77 435	84 375	87 542	86 924	91 002
工艺美术工业公司	9 264	8 356	10 365	12 201	12 093	12 546
玩具工业公司	6 820	9 045	8 461	8 598	10 091	11 074
工具设备工业公司	19 745	20 878	22 198	22 221	22 293	14 240
照明灯具家用电器工业公司						9 062

续　表

专业类别	1970年	1971年	1972年	1973年	1974年	1975年
服装用品 工业公司	24 824	24 288	25 927	27 038	25 176	25 104
竹木用品 工业公司	14 419	14 868	17 424	17 484	17 271	18 976

说明：1975年起灯具等行业由工具公司划出成立灯具公司。

资料来源：上海市手工业管理局革命委员会：《上海市手工业"四五"期间综合统计资料》，1977年2月，上海市档案馆藏档B158-2-431。

　　总体来说，上海市的手工业经济在计划经济体制下难免受到宏观环境动荡的影响，其发展存在曲折与波动，但还是出现了规模的增长与结构性的变化。数据显示，在20世纪70年代前期，上海的日用品与小商品，如服装鞋帽、工具、灯具、塑料制品等，整体的产量是逐渐提升的，一些工艺美术品，如玉雕、木雕、漆器等，生产亦能维持一定规模。当然，更为重要的是，在历史的偶然性与必然性的合力作用下，上海手工业中的电子产品等新兴行业，逐渐超过了传统行业，而这也体现了整个上海工业结构的变化。1976年，上海手工业系统新兴行业中集体企业的产值达14亿元，占当年集体企业总产值23.3亿元的60%。[1]上海手工业经济从生产方式与产品结构两方面的工业化趋向，都代表了中国传统手工业在计划经济时代的嬗变。

余论

　　新中国成立后，上海的手工业经济经历了生产关系与生产力两方面的改造，以配合新建立的计划经济体制。在优先发展重工业的计划

---

[1]　中华全国手工业合作总社、中共中央党史研究室编：《中国手工业合作化和城镇集体工业的发展》第二卷，第756—757页。

经济体制下，手工业经济被边缘化，其原料供应常常难以得到保障。然而，计划经济体制鼓励手工业经济追求以机械化为核心内涵的工业化，促进了手工业经济中的部分行业与现代工业趋同，实际上完成了近代中国手工业作为"中间经济"向现代经济的转化。这种"古代"经济形态的现代性变化，尤其以上海手工业部门发展出电子工业的结构性变迁为明显例证。因此，改革开放前夕的上海手工业经济，除去工艺美术行业外，实际上已经不能再被视为传统手工业了。然而，政治因素带来的外部环境冲击，使计划经济体制下的上海手工业发展出现波动，而上海手工业内部的各行业发展也是长期不平衡的。因此，1949—1978年间的上海手工业经济演化混杂着结构性变迁、波动性发展、停滞与增长交错的复杂景象。上海手工业经济的演化情形在中国大型城市中具有一定的代表性。

改革开放与农村企业家精神:以黄陂工业化为例(1978—1998)*

    在对近代中国乡村手工业的研究中,"半工业化"理论认为20世纪80年代以来中国乡镇企业的异军突起是近代农村半工业化现象的逻辑延伸。[1]改革开放以后中国的农村工业化虽然以乡镇企业为主体,但国营企业、私营企业同样是整个产业生态中重要的组成部分,在工业形态转换的大背景下,从理论上说可一概视为"新兴工业"。在半工业化理论中,"地方能人"是极为重要的变量,被认为在技术引进、市场开拓、生产组织等方面发挥了关键作用。[2]如果当代中国的农村工业化确实是近代半工业化的逻辑延伸,那么,"地方能人"同样应该是可辨识的要素。而从经济史研究的理论视角看,该问题也是对熊彼特"企业家精神"理论的历史检证。本文拟以黄陂地区为个案,探讨1978—1998年间当地新兴工业发展过程中农村企业家所发挥的作用,总结其一般性的人格特质。[3]

---

* 本文曾发表于《党史研究与教学》2018年第6期,第二作者为张红。

[1] 彭南生:《半工业化:近代中国乡村手工业的发展与社会变迁》,中华书局2007年,第444页。

[2] 彭南生:《半工业化:近代中国乡村手工业的发展与社会变迁》,第200页。

[3] 目前,当代中国手工业史的研究成果的关注时段集中于20世纪50年代,主题集中于社会主义改造。研究改革开放后的乡镇企业的成果较多,但尚少有从较长时段进行历史连贯性研究的成果,而长期视角将更有助于探讨某些理论问题。顾琳的研究是少有的长期历史分析,但选择的个案高阳过于特殊,在整个国家经济层面其实缺乏代表性([日]顾琳:《中国的经济革命:二十世纪的乡村工业》,王玉茹等译,江苏人民出版社2009年)。

一、国家政策：黄陂工业基础的奠定

黄陂于北周大象元年（579年）设县，1998年9月15日经国务院批准改为武汉市黄陂区。今日的黄陂虽为省会城市的远城区，但在历史一直属于郊县，其工业也具有农村工业的性质。与近代的高阳、潍县等地不同，黄陂没有出现过明显的农村工业化现象。改革开放以来，黄陂虽有新兴工业崛起，亦无法与长三角、珠三角的农村工业化相提并论。然而，从区域研究视角看，黄陂反而是大多数工业发展平平的内陆郊县的典型代表，故更适合作为一般性理论研究的个案。尽管改革开放后黄陂才迅速工业化，但不容忽视的是计划经济体制给黄陂打下的工业基础。

清代，黄陂县内的手工业已经比较兴旺，工艺匠人遍布城乡，民国时期，又出现了轧米、磨面、榨油等现代工业。据1947年统计，黄陂县城有轧米、磨面、榨油、缝纫、建绒、染织、印刷、发电、酱菜、豆腐、酿酒、熬糖及铁、木、竹等私营工厂和手工业作坊100余家。至于农村中心集镇，则均有手工作坊，其形态为前店后厂、自产自销。到1949年，黄陂有私营工业企业16家，从业人员177人，固定资产8.9万元，另有城镇手工业作坊625家，从业人员3 957人，固定资产2.3万元。[1]总体来看，近代黄陂的工业与手工业并无突出发展，主要功能为满足本地民生需求。

建国初期，私营经济是黄陂工商业的主要形式。随着社会主义改造的开展，到1959年，全县私营、公私合营企业全部转为国营。1952年，黄陂城关、横店、祁家湾成立了6个手工业生产合作社，1957年，全县手工业生产合作社、生产组织发展到93个，1958年后，城镇个体手工

---

[1]　该书编纂委员会：《黄陂县志》，武汉出版社1992年，第130—134页。凡取自该县志之价格数据均为1980年不变价。

业全部加入手工业生产合作社或生产组,农村手工业纳入人民公社社队副业,个体手工业不复存在。与此同时,全民所有制工业也开始发展,到1957年,全民所有制工业企业发展到12家,有职工389人,固定资产51.8万元,产值779万元,占全县工业总产值的36.8%。[1]可以说,1949年后,在社会主义体制下,黄陂的工业发展在起步阶段具有显著的国家政策印迹,借由政府之手奠定了以公有制为主体的工业基础。

　　据资料记载,1958—1978年间黄陂的工业大起大落,受政治环境与国家政策的影响甚大。1969年,中央政府号召兴办"五小"工业(即小钢铁、小煤炭、小化肥、小水泥、小机械),黄陂县政府于1970年前后新建化肥厂、水泥厂、收割机厂、汽车配件厂等国营企业,各公社则建农机修配厂等社队企业,加快了工业发展速度。1970—1975年,黄陂全县工业总产值由2 366万元增为7 090万元,年平均增长33.3%。[2]1949—1980年黄陂各类所有制工业企业总产值变动情况如下表所示:

表1: 黄陂各时期工业总产值(1949—1980)

国民经济计划各时期	各时期最后年份	工业总产值(万元)				占比(%)		
		合计	全民工业	集体工业	个体工业	全民工业	集体工业	个体工业
建国初	1949	425	—	—	425	—	—	100.0
恢复时期	1952	575	166	19	390	28.9	3.3	67.8
"一 五"时期	1957	2 119	779	1 233	107	36.8	58.1	5.1
"二 五"时期	1962	1 489	873	616	—	58.6	41.4	—

[1]　该书编纂委员会:《黄陂县志》,第131页。
[2]　该书编纂委员会:《黄陂县志》,第130页。

续　表

国民经济计划各时期	各时期最后年份	工业总产值（万元）				占比（%）		
		合计	全民工业	集体工业	个体工业	全民工业	集体工业	个体工业
调整时期	1965	2 323	1 623	700	—	69.9	30.1	—
"三五"时期	1970	3 828	1 660	2 168	—	43.4	56.6	—
"四五"时期	1975	7 090	3 185	3 905	—	44.9	55.1	—
"五五"时期	1980	13 251	5 027	8 224	—	37.9	62.1	—

资料来源：整理自该书编纂委员会：《黄陂县志》，第132页。1970年后，集体工业产值中含村办工业产值。

由表1可见，黄陂工业总产值在建国后总体上呈增长趋势，尤其1970年后的两个五年计划期间，增长幅度极大，这应该与"五小工业"建设有密切关系。而从"三五"时期开始，集体所有制工业产值所占比重开始超过全民所有制工业，应当也是出于相同的原因。就工业部门结构来看，尽管计划经济时代中国内地奉行了重工业优先发展战略，但黄陂的重工业比重，由1952年占比1.1%发展到1980年占比30.7%，[1]虽有长足进步，且亦归功于"五小工业"建设，却仍远不如轻工业，这也暗示了黄陂工业的发展具有某种"自然演进"的特征，符合农村地区更适宜发展轻工业的比较优势原则。

由于黄陂的经济结构中农业所占比重大，故食品加工业可视为具有地方特色的工业部门，且该业在黄陂亦有历史传统。在粮油加工业中，建国前各企业多以作坊形式存在于城乡各处，多数村湾有砻、磨、碾

---

[1]　该书编纂委员会：《黄陂县志》，第133页。

等米、面加工工具和榨油作坊。建国初,私营粮油加工厂共35家,1952年后,有的合并、有的淘汰、有的公私合营或转为国营,至1959年有国营米厂9家,年加工量6 587.5万公斤;农村有社队米面加工厂、点275个,日加工大米21.5万公斤、面粉16万公斤。豆制品调味品业,建国前城乡集镇亦均有作坊,建国后,城关36家豆腐作坊成立豆腐加工合作组,县副食品公司加工厂设豆制品车间。酿造业中,建国前县城有黄万盛、彭同康、李长发、吴义兴、白惠记等几家槽坊,年产白酒135吨。建国后,私人槽坊先后停业。1953年,国营酒厂成立,年产白酒200—400吨。熬糖是传统手工业,建国前县城有私营糖坊8家,建国后私营糖坊合并成糖坊加工组,生产饴糖。[1]总体来看,黄陂食品加工业的发展趋势是,建国前私营手工作坊、工厂散布城乡,建国后这些企业逐渐被改造为国营企业或合作社,原本私营的小规模企业被合并为规模稍大的企业。自然,这背后体现的是国家政权的干预。

与食品加工业不同的是,化工医药业主要是建国后发展起来的新工业。1958—1963年,黄陂先后兴办硫酸厂、焦油厂、糠醛厂、酒精厂、制药厂,后均停办。1964年后,又建炸药厂、化肥厂、磷肥厂、腐殖酸铵厂、制氧厂、塑料厂等企业,形成以化学肥料、中成药为主,兼有橡胶、塑料制品的化学医药工业。1969年,黄陂县化肥厂筹建,1971年4月投产,总投资306.2万元,后经扩建,到1978年,碳铵年生产能力扩大到3.2万吨。1970年6月在蔡店团山沟兴建了县磷肥厂,1971年产磷矿石9 260吨、磷肥260吨。1972年,厂矿分设,磷肥厂迁至鲁台,年产磷肥2 500吨。1971年,罗汉寺建社办磷肥厂,年产磷肥2 000吨。以后又相继成立蔡店磷矿厂和武湖、蔡家榨、长堰、研子岗等磷肥厂。1974年,黄陂磷肥生产行业有职工202人,生产磷矿石1.2万吨,磷肥1.1万吨。[2]

---

[1] 该书编纂委员会:《黄陂县志》,第143—144页。
[2] 该书编纂委员会:《黄陂县志》,第139—140页。

可以说，计划经济时代黄陂化学工业的发展是当地"五小工业"建设的一个典型，而这同样离不开政策导向与政府投资。

值得一提的尚有五金电器业，该业既包含传统手工业的嬗变，也属建国后兴起的新产业。建国前，黄陂的铁匠、铜匠、锡匠分布城乡各地，曹正兴的菜刀、高洪泰的铜锣享有盛名。1840年，祁家湾曹家大湾曹月海开业制作菜刀，在选料、锻坯、夹钢、淬火等工序上非常讲究，并创造"熏烟法"和"石击火花鉴别法"，检验刀板的平整度、厚薄、钢火硬度等指标，其产品以"切姜不带丝、切肉不带筋、砍骨不卷口"而闻名。可见，这是一种传统的工匠手工业。建国后，黄陂则新建祁家湾机械厂、蔡家榨剪刀厂、横店剪刀合作工厂、城关刀钳厂、综合厂等企业，生产菜刀、剪刀、小开刀等日用五金制品，[1]实现了传统手工制品的工业化嬗变。电器制造业则是建国后发展起来的新行业。1969年，黄陂灯头厂在祁家湾建立，1970年生产灯头20万只。该厂前身为祁家湾竹木生产合作社，主要生产民用电灯泡的灯头，与湖南、广西等6省及自治区的23个灯泡厂配套。[2]此外，还有甘棠电热电器厂、城关华新灯具厂、滠口电器厂等企业，生产电热梳、电熨斗、电热壶、镇流器、灯具等产品。[3]因此，五金电器业既体现了黄陂传统手工业在计划经济体制下被改造为现代工业，又反映了具有新技术的产业在新的时代里萌生。

总体而言，建国前，黄陂的传统手工业与现代工业并不突出，建国后，该县真正出现了工业化现象。在计划经济体制下，黄陂的工业发展深深地受到国家政权的干预，其传统手工业向现代工业的转化，主要是依靠社会主义改造政策实现的。而20世纪70年代中央倡导建设"五小工业"的政策导向，也成为黄陂工业快速发展的诱因。不过，尽管改革开放前黄陂已具有一定的工业基础，但其工业发展水平并不高。

---

[1] 该书编纂委员会：《黄陂县志》，第141—142页。

[2] 该书编纂委员会：《黄陂区志（1980—2004）》，武汉出版社2008年，第184页。

[3] 该书编纂委员会：《黄陂县志》，第142页。

二、改革开放：黄陂农村工业化的兴起

1978年后，以市场化为本质内容的改革开放，促使黄陂兴起农村工业化，催生了一批新兴工业企业。一方面，计划经济时代已经存在的部分工业企业，在市场化改革初期增强了活力；另一方面，更重要的是，个体经济、私营企业产生并成长，形成了新的市场主体，又推进了市场化以及工业化进程。然而，从长期视角来看，到1998年黄陂撤县改区为止，黄陂的新兴工业实际上经历了具有周期性特征的发展，这种周期虽难以刻画，但工业企业的兴衰沉浮是清晰可见的。

改革开放初期，计划经济体制逐渐被打开缺口，制度与环境的变动对于包括黄陂在内的中国农村地区的工业形成了有力的刺激。黄陂的工业企业改革是从推行经济责任制起步的。1979年，县砖瓦厂率先实行计件工资制，此后，该厂将完善经济责任制作为企业全面整顿的主攻点，盈利持续上升，1983年上交税利达27万元，被称为黄陂工业系统会生蛋的"老母鸡"。[1]在计划经济时代，黄陂已有一批社办企业，1983年，社办企业共有311个，从业人员24 453人，年总产值5 680万元，1984年，这些社办企业演变为乡镇办企业。此前，在实现人民公社化以后，黄陂基本上没有个体经济了。1978年后，家办企业和个体经济得到恢复，到1984年，全县有个体企业6 116个，年总产值3 939.07万元。[2]此外，还有联户合作企业。1978年以后，甘棠镇、鲁台镇先后出现由农民自由组合的新经济联合体，从事冶炼、锻造、冷作加工和金属结构安装等生产业务。1985年全县联户企业已达900个，从业人员7 554人，固定资产958.30万元，总产值4 689.60万元（占全县乡镇企业

---

[1]　该书编纂委员会：《黄陂区志（1980—2004）》，第178页。

[2]　该书编纂委员会：《黄陂区志（1980—2004）》，第200—201页；该书编纂委员会：《黄陂县志》，第152页。

总产值的9.4%），总收入4 005.05万元，纯利润858.3万元，税金181.18万元。[1]因此，到20世纪80年代中期，黄陂各类所有制工业企业均有所发展。由于乡镇企业被认为是改革开放后中国农村工业最具特色的代表，故可以通过乡镇企业及其前身社队企业的长期发展态势来分析黄陂改革开放初期的工业发展，如表2所示：

表2：黄陂乡镇企业工业行业发展情况（1958—1985）

年份	企业	人数	产值（万元）	年份	企业	人数	产值（万元）
1958	131	5 418	726.7	1976	1 336	24 984	4 709.5
1969	48	2 935	512.5	1977	1 264	24 834	5 500.0
1965	75	3 674	656.8	1978	1 197	25 347	4 862.2
1966	77	6 291	699.7	1979	986	20 606	5 230.1
1969	217	8 139	706.7	1980	861	21 435	6 116.5
1970	484	7 923	1 050.2	1981	767	22 971	7 573.5
1971	621	11 871	1 632.3	1982	1 033	27 899	9 401.9
1972	846	16 811	2 268.1	1983	1 057	29 213	10 917.9
1973	835	16 695	2 236.5	1984	4 613	46 159	17 130.1
1974	686	14 906	2 182.6	1985	5 964	51 682	23 768.3
1975	1 024	20 037	4 064.7				

资料来源：整理自该书编纂委员会：《黄陂县志》，第151页。

由表2可见，黄陂乡镇工业企业及其前身社队企业，自1969年之后在数量上大体呈增长态势而有所波动，从业人数亦基本上呈扩大之势，可见当地农村工业自"五小工业"建设时期开始就不断壮大。自1982

---

[1]　该书编纂委员会：《黄陂县志》，第152页。

年以后，黄陂乡镇工业企业的发展明显有所加速，1984—1985年在各项数据指标上均迈上了新台阶。由此可以认为，黄陂的乡镇工业企业在改革开放前已有一定基础，而直到20世纪80年代中期才具有"异军突起"之势。

1983年，黄陂县划入武汉市后，大力实施"依托武汉，城乡互开，互为一体，协调发展"战略，这被认为是该县工业发展"驶上快车道"的原因。与此相似的政策因素尚包括该县于1984年被列为湖北省综合改革试点县。此类解释尚无法实证检测，但城市工业与国营大企业对黄陂工业发展的贡献，可由若干案例佐证，包括：黄陂县汽车配件厂等100多家企业与武汉钢铁公司、第二汽车制造厂、武汉锅炉厂等大企业协作配套；利用市级重点建设项目，黄陂建起了长江柠檬酸厂，填补了武汉该类工业的空白；位于武汉的铁道部江岸车辆厂在黄陂联办铸钢配件分厂；等等。[1]而从数据上看，1987年，工业在黄陂工农业总产值所占份额首次突破50%，达到59 611万元，比1980年增长357.94%，年均增长24.3%；乡镇工业总产值48 539万元，占全部工业总产值81.42%，年均递增29.3%；镇（乡）以上工业企业从业人员3.38万人，年均递增7.2%。[2]因此，黄陂县划归武汉后，其紧邻武汉的地缘优势，似亦通过政策保障而得到更大的发挥。进入20世纪90年代后，黄陂政府实施了"能人回归"与"开门招商"相结合的"财源振兴"工程，民营工业企业进一步壮大，涌现了神箭汽车、源泰铝业、乔治特钢、华威桩工、鲁台通用机械、泰昌电线电缆等一批优质企业。引人注意的是，重工业的比重在黄陂工业结构中有较大提升。2000年，黄陂重工业在全部工业总产值中所占比重达到48.09%，规模以上工业企业中重工业总产值达到86 087万元，轻工业总产值则为67 558万元。[3]可以认为，在进

---

[1]　该书编纂委员会：《黄陂区志（1980—2004）》，第171—172页。

[2]　该书编纂委员会：《黄陂区志（1980—2004）》，第171页。

[3]　该书编纂委员会：《黄陂区志（1980—2004）》，第172页。

入21世纪前的十年间，黄陂的工业处于持续发展中，工业结构与计划经济时代相比已经有了质的改变，一些新兴产业的崛起尤为引人注目。例如，1990年后，黄陂的电线电缆业迅速发展，到2004年共有5家规模以上企业，总产值超过10 000万元。制药工业方面，1970年县医药公司办有药厂，生产氨基比林、龟胶等中西药，年产值12万元，1978年县医药公司与县蜂乳厂合并成立黄陂县制药厂，有职工95人。1988年，该厂改名为武汉市第六制药厂，有职工462人，1996年开始为红桃K集团加工生血液和生血片等，兴旺一时。到2004年，黄陂医药工业有武汉第六制药有限公司、同济泰乐奇医药有限公司和鄂中制药业有限公司，产值突破5 000万元。[1]此外，2001年，武汉市第一医院还在滠口建立了中西药制剂中心，批量生产清血合剂等制剂。因此，黄陂的医药工业形成了一定的规模。较为传统的产业中也有在该时段内持续壮大者，如县砖瓦厂，1985年生产全部实现机械化，2000年整体出售改制为耀华砖瓦股份有限公司，2004年生产红砖1 142万块。[2]

不过，黄陂在改革开放后虽有持续的工业化现象存在，但不少行业虽曾兴盛一时，却最终衰败。以五金制品业来说，1985年，黄陂日用五金企业固定资产513万元，有职工1 847人，产量为菜刀20 000把、民用剪刀1 340 000把、小开刀200 000把、指甲钳350 000把。但是，1990年后，日用五金制品升级换代，传统刀具等五金产品渐渐退出市场。[3]因此，改革开放前后黄陂的五金业一度兴旺，虽然明显体现了传统手工业在新时代的延续，但终究随着社会发展与技术进步而被淘汰。与五金业有关联的电器业，发展亦具波动性。例如，黄陂灯头厂，1984年从匈牙利引进专用制造设备，1985年生产灯头51 680 000只，1994年改

---

[1] 该书编纂委员会：《黄陂县志》，第141页；该书编纂委员会：《黄陂区志（1980—2004）》，第185—199页。

[2] 该书编纂委员会：《黄陂区志（1980—2004）》，第188页。

[3] 该书编纂委员会：《黄陂区志（1980—2004）》，第194页。

名为黄陂光源配件厂，但此后该厂主导产品逐渐改为钢管。1995年武汉开达电脑公司在黄陂租赁土地生产梦牌房间空调器，可谓黄陂真正的新兴工业，1997年生产了15 200台，1999年又与TCL集团联营，次年生产空调器40 670台，但2003年停产。化学工业方面，县化把厂曾于1982—1991年间连续进行3次扩建改造，到1991年3月，完成技术改造投资1 450万元，将合成氨生产能力扩大为25 000吨、碳酸氢铵生产能力扩大为100 000吨，当年完成工业总产值1 373万元。1994年，该厂改组为化学工业总公司，但由于从1992年开始该厂生产经营即陷入困境，故总公司于2000年底最终破产关闭。[1]

　　在劳动密集型制造业方面，具有典型农村工业色彩的粮油加工业持续发展，2004年其产值在黄陂规模工业总产值中占比超过14%。1984年，县粮食局将城关粮油加工厂面粉车间扩建为面粉厂，后又添置先进设备，形成日处理150吨小麦的现代化生产线，结束了黄陂面粉供应依靠外地调进的历史。[2]因此，改革开放后，政府对于黄陂的粮食加工业还是继续有所投入，也取得了一定的成绩，不过，非国有企业的恢复与发展在一些行业中更为强劲。黄陂的服装工业在改革开放后获得迅速发展，由1970年的25家企业发展到1985年的67家，个体缝纫户也发展到200多户，电动缝纫机超过3 000台。1995年，黄陂产服装1 531万件，但此后下滑极快，1996年仅307万件，2000年更只剩55万件。2001年后以民营企业为主体，产业有所回升，2004年规模以上企业产量达到129万件，产值占黄陂工业总产值的7.07%。[3]不过，也有一些劳动密集型制造业在一度发展后最终衰落。比如黄陂最早的塑料制品工业系以塑料鞋为主要产品，但1995年，黄陂的2家塑料鞋厂陷入停产、半停产困境，2000年关闭。1985年，黄陂的皮鞋产量突破70 000

---

[1]　该书编纂委员会：《黄陂区志（1980—2004）》，第189—190页。

[2]　该书编纂委员会：《黄陂区志（1980—2004）》，第197页。

[3]　该书编纂委员会：《黄陂区志（1980—2004）》，第192页。

双，但1995年后，境内皮鞋厂相继停业，取而代之的是个体皮鞋作坊，皮件生产的情形与之相同。1977年，黄陂城关办有丝毯厂，1985—1990年，该厂还将产品扩散到环城沙畈村等地加工，具有很强的农村工业化色彩。但1995年，因原料价格上涨、产品价格下滑造成亏损，该厂停业。至于黄陂的烟花爆竹业，多为家庭作坊，因政府的治理整顿而停止生产。[1]总之，改革开放后，黄陂的劳动密集型制造业呈现出了多种生产形态，甚至计划经济体制下被国家视为落后组织而予以消灭的个体作坊等亦再度出现。至于黄陂劳动密集型制造业的发展绩效，则受市场影响，因行业而异。

综上，改革开放后，黄陂的工业有了长足发展，尤其是兴起了一批新的产业，改变了长期以来黄陂的经济结构。在计划经济时代，黄陂形成了规模虽小但相对具有现代形式的公有制工业体系，改革开放后，一度堪称明星企业的若干国营及集体所有制大厂最终走向衰败，私营经济逐渐成为更活跃的主角。同时，在若干低技术的劳动密集型制造业中，出现了向小作坊回归的现象。值得注意的是，1978—1998年这二十年间，黄陂的工业总体上呈发展态势，但若干行业却由盛转衰，乃至最终被淘汰，而这也体现了市场经济的竞争本质。

三、农村企业家：市场主体的形成

市场经济的主体是各类企业，但企业并不是凭空产生的，需要企业家去创办与运营。因此，熊彼特的企业家精神理论及其衍生出来的创新理论，实际上也就是一个关于市场主体形成的假说。[2]在彭南生的"半工业化"理论中，设定了"地方能人"这一推动近代中国乡村工业

---

[1]　该书编纂委员会：《黄陂区志（1980—2004）》，第194—197页。

[2]　［美］约瑟夫·熊彼特：《经济发展理论》，何畏等译，商务印书馆2014年，第85—86页。

发展的市场行动者。[1]可以说,"地方能人"也就是推动农村工业市场主体形成的行为者。"地方能人"涵盖面非常广,而农村企业家无疑在其中占主要地位。

近代的黄陂并非一个手工业发达地区,没有特别突出的"地方能人"。计划经济体制下,私营经济连同市场一起被取消,工业发展由各级政府主导,也不存在严格意义上的企业家。因此,黄陂的农村企业家,是改革开放后与新兴工业一起出现的新现象。当然,在市场经济中,一个地区的企业不必由本地企业家创办,某地企业家到外地去创业亦属常态。为了研究的便利起见,此处的农村企业家仅界定为出生于农村或原籍农村且在本地农村创业的企业家。按照这一标准,通过整理现有资料,可将改革开放后黄陂新兴工业中的农村企业家的情况整理如表3:

表3:黄陂新兴工业代表性企业家

企业家	企业及从事行业	创业时间	创业前的身份	初始资本来源	初始技术来源
曾仁安	湖北神箭汽车工业公司:汽车修理、整装起步,轿车制造	1984年	大队钣金厂职工	借贷	跟本湾师傅学习敲钣金手艺
王长海	高家河锣厂:铜锣	1984年	徐田大队党支部书记	银行贷款	武汉锣厂退休工人
李永涛	光华米厂:大米加工	1989年	生产队长	合伙	购买机器
王启新	哥特装饰工艺模具公司:软胶模具起步,高档家具	1980年	泡桐镇石膏工艺厂模具车间工人	贷款、家庭集资	中学毕业拜泥塑艺术家刘汉华学艺

---

[1]　彭南生:《半工业化:近代中国乡村手工业的发展与社会变迁》,第200页。

企业家	企业及从事行业	创业时间	创业前的身份	初始资本来源	初始技术来源
郭德高	武汉市高连五金链环有限公司：链环	20世纪80年代初	铁匠	自筹资金	农村铁匠
姜涛	武汉市沪发食品添加剂厂：氨基酸系列产品	1995年	待业	自筹资金	武汉化学助剂总厂技术骨干
孙光先	武汉市胜佳酒店厨具制造有限公司：钣金手工艺车间起步,油烟机等厨具	1985年	—	自筹资金	—
熊发祥	鲁台五金水暖器材厂：法兰等	—	六指新胜铸造厂工人	自筹资金	在六指新胜铸造厂掌握技术
陈方翟	六指镇有色铸造厂：为武汉同步器齿环有限公司加工生产汽车铜套	1985年	拉板车	—	自己学习
陈传喜	长堰钢模板厂：钢模板	1980年	农民	自筹资金	聘请电焊工
蔡崇晓	武汉华威建筑桩工机械有限公司：建筑基础施工用桩工机械、钢结构、重型液压油缸	1998年	武汉市建工局机械化施工公司机械总工程师	—	自学成才
熊科学	武汉劲宝食品有限公司：调味品	20世纪80年代初	一冶木工	亲戚借钱	—
郑顺启	武汉市星光路桥钢模制造有限公司：工程钢模	1987年	汽车队司机	借贷	自学成才

续　表

企业家	企业及从事行业	创业时间	创业前的身份	初始资本来源	初始技术来源
张远胜	武汉市羊角山圆圆食品有限公司：豆丝	2002年	人力三轮车车夫	借贷	请老人指导
祁贵发	汉北五金标准件有限公司：标准件	1982年	武汉仪表厂副厂长	变卖家当	—
肖仁林	武湖电线电缆厂：电线、电缆	1992年	黄陂武湖农场砖瓦厂经销员	合伙	送工人去河北东巨电线电缆厂培训
喻佑群	群胜砖厂：红砖	1994年	农民	自筹	购买设备

资料来源：整理自《武汉文史资料》1998年第1辑；武汉市黄陂区地方志学会：《黄陂创业功勋志》第2卷，长江出版社2011年。

　　上述17名企业家自然不是改革开放以来黄陂全部的农村工业企业家，但基本上囊括了1998年之前最重要的人物。从创业前的身份看，纯粹的农民并不多，不少企业家在开办自己的企业前已经有了一技之长。在这些具有技术基础的企业家中，从传统手工艺人那里习得技艺的有王启新、郭德高，不过，王启新还从工厂学到了部分技术。王长海、姜涛、陈传喜、张远胜、肖仁林在创业初期均聘请技术人员指导企业生产或将员工送出去培训，其中，张远胜聘请的技术指导者掌握的是传统手艺，王长海延聘的退休工人亦与传统手艺沾边。曾仁安、熊发祥是在工厂中学到了实质性的技术，蔡崇晓虽为自学成才的老工程师，但长期在国企工作，退休后才自主创业，其技术积累离不开原单位。陈方矍、郑顺启两人则主要靠自学掌握技术。至于通过购买机器设备掌握技术的2家企业，分别属于粮食加工业和砖瓦业，行业本身的特性就决定了生产技术附着于机器设备上。另有3家企业缺乏初始技术来源的记载。因此，在黄陂17家新兴工业企业中，对传统手工艺有所传承的企业有

4家,算上交叉习艺与购买设备,通过现代工厂的溢出效应掌握技术的企业有10家。总体来看,黄陂新兴工业企业的技术来源受惠于计划经济时代的工业体系,传统手艺只在制锣、制豆丝等特殊行业中有直接传承。改革开放后黄陂的工业发展离不开计划经济时代已有的基础,与近代历史较少渊源。换言之,黄陂的农村工业化是一种当代的新现象。

比起技术来源,对于市场主体形成来说,更为重要的还是熊彼特揭示过的企业家精神。实际上,在改革开放初期,黄陂新兴工业企业的技术都不是原创性的发明,而是既有工业体系中已经存在的,利用这些技术开创新事业正是企业家的职能。这一过程需要的是魄力、勇气、远见、毅力等品质。在17名企业家中,可以发现一些共性的经历及人格特质。例如,黄陂旧有高洪太锣店,建国后武汉锣厂产品的注册商标仍袭用高洪太,1984年,高洪太后人鼓动时任徐田大队党支部书记的王长海办厂,王长海遂与大队领导商量,但大队有很大顾虑:"哪有那么多的本钱。蚀了本,怎么办?"王长海便自行向银行贷款,与人合办了高家河锣厂。大半年后合伙人退出,王长海便独自经营该厂。起初,高家河锣厂为武汉锣厂加工,收取只够发工人工资的加工费,后来,王长海选择自产自销之路。在为武汉锣厂加工时,王长海看到一些与该厂往来客商的信函,印有某地、某厂等字样,于是,他了解到了产品的去向,就按照这些地址跑市场,只身闯荡大江南北,自述"吃了不少的苦"。此外,他还大量向外发广告函,"买了一本中国地图册,向一些县、市的百货站、文体用品公司寄去",尽管"多数杳无音讯",但也联系到一批客户。[1]创办鲁台五金水暖器材厂的熊发祥本来在六指新胜铸造厂工作,因认为厂里管理落后,自己的设想和建议得不到采纳,考虑再三后决定离开那里自己单干。[2]肖仁林原为黄陂武湖农场砖瓦厂的

---

[1] 王长海:《创办高家河锣厂的经过》,《武汉文史资料》1998年第1辑,第64—65页。
[2] 夏建忠:《记鲁台五金水暖器材厂》,《武汉文史资料》1998年第1辑,第104页。

经销员，在销售产品的过程中，发现高低压电线电缆及器材很畅销，遂建议农场办一个线路器材厂，但未引起领导重视，恰好其弟肖仁正在汉口与人合伙销售标准件和线路器材，他"不安于现状，也投身到弟弟的行列"[1]。熊科学原本在一冶端"铁饭碗"，因20世纪80年代初家人开的副食店蒸蒸日上，在个体户仍被歧视的社会环境下，他毅然决然从国企辞职，开始了创业生涯。[2]与之相似的是郑顺启，1987年放弃了当时很多人梦寐以求的车队驾驶员工作，不顾领导的劝阻与挽留，借钱创办工厂。[3]这些企业家共同的特点是，他们原本生活于一个相对安稳而熟悉的经济环境中，因为各种理由，选择了一条在当时看来具有极高风险而且不被周围人支持和理解的道路。熊彼特如此形容企业家："虽然他在自己熟悉的循环流转中是顺着潮流游泳，如果他想要改变这种循环流转的渠道，他就是在逆着潮流游泳。"[4]可以说，黄陂的上述农村企业家是典型的熊彼特式企业家。倘若没有这些企业家，黄陂的新兴工业是无法兴起的。然而，倘若没有改革开放发出的市场信号的诱导，这些农村企业家也不会冒险去转换身份。

在黄陂农村企业家中，王启新的事业颇能体现黄陂农村工业化的本土特色。王启新1962年生于黄陂泡桐镇，中学毕业后拜泥塑艺术家刘汉华学艺，出师后被安排到泡桐镇石膏工艺厂模具车间工作。工作期间，王启新尝试着将艺术雕塑与模具结合起来，获得了成功。1980年，王启新全家迁居滠口，他凭着娴熟的模具工艺技术，开办了滠口镇新兴工艺模具厂，资本共300元，其中150元是贷款，150元是全家凑合的集资。工厂每出一批制品，王启新就带领两个弟弟挑肩磨担到外地以街头叫卖等形式推销，这种产销方式长达10年之久。1993年，王启

[1]　肖仁林：《武湖电线电缆厂述略》，《武汉文史资料》1998年第1辑，第115页。
[2]　武汉市黄陂区地方志学会：《黄陂创业功勋志》第2卷，第132页。
[3]　武汉市黄陂区地方志学会：《黄陂创业功勋志》第2卷，第164—165页。
[4]　［美］约瑟夫·熊彼特：《经济发展理论》，第91页。

新抓住装饰热的市场契机，悉心钻研，用高温软胶模具生产出装饰住室的石膏线条、灯盘、天池等系列产品，再获国家专利。同年，当王启新带着建材模具产品参加广交会时，被一款价格相当于一辆小轿车的高档家具吸引，思考能否用模具或其他材料合成这种家具。于是他不惜重金买下那套家具，回厂模拟研制，历时两年，终于成功研发出模拟的欧式和中国古典式雕花家具，其特点是不使用木材，但形体完整、不变形、经久耐用。这一首创的家具以其造型高档而价格便宜的优势广受欢迎。1995年，㴉口新兴工艺模具厂更名为哥特装饰工艺模具公司，拥有厂房面积1万多平方米，职工300余人，固定资产600多万元。[1]此后，王启新的企业发展壮大，还向装饰产业下游的房地产业进军。可以说，王启新最初所从事的工艺行业，是典型的传统手工业，但在计划经济时代，这一行业已经引入现代制造技术，而王启新的最初成功也基于将传统手艺与现代模具结合起来。但是，除了在技术上有创造性外，王启新的成功还得益于对新市场的开拓能力，这一点在仿制高档家具一事上尤为明显。不过，从花重金购买原型以及耗时两年研发来看，仿制高档家具的决策显然既是高成本的，又是高风险的，王启新的决策也充分体现了熊彼特式企业家的魄力。

　　然而，在一个被熊彼特称为创造性毁灭的市场竞争过程中，具有创新魄力的企业家并不一定能够长期成功，事实上，地方的产业演化受制于诸多不确定性因素。黄陂农村企业家曾仁安的事迹便是一个典型的例子。曾仁安出生于1952年，1968年跟随一位师傅学敲钣金，在武昌拖车厂掌握了基本的制造技术。1970年，曾仁安回到黄陂长堰公社的农机厂工作。1972年起，长堰不少大队办起钣金厂，曾仁安亦于1975年回到本大队的钣金厂，带着十余人到武汉通用机械厂、武汉化工厂等

---

[1]　王士毅：《工艺放奇葩，企业结硕果——记哥特装饰工艺模具公司总经理王启新》，《武汉文史资料》1998年第1辑，第75—80页。

企业修理汽车、改装汽车。改革开放后，他索性带这一班人马单干，队伍扩大到100多人。1984年，曾仁安考虑到"要图发展，光给人家打工是不行的"，在横店办起了汽车修理厂。[1]当时，黄陂已有由县汽车站修理车间发展起来的黄陂汽车大修厂，以及东风汽车修理厂等，汽车配件工业也开始兴起，[2]曾仁安的初衷则是想办汽车改装厂。为此，他组装了2辆样车，请武汉轻型汽车厂的总工程师彭立武鉴定，彭立武看过样车后，建议曾仁安造车身，与武汉轻型汽车厂配套，于是，1988年曾仁安将汽车修理厂改为车身厂，并租借了新的厂房。不过，除了为武汉轻型汽车厂配套外，曾仁安的企业还为武汉汽车工业公司等其他单位加工车身，他遂决心干脆自己办汽车整装厂，于1992年底与武汉汽车工业大学联营，以取得组装生产、销售汽车的资格。然而，1993年下半年，受市场环境影响，产品形成积压，曾仁安遂外出调研，敏锐地意识到轿车市场有潜在的巨大需求。当年8月，曾仁安将车身厂改组为湖北神箭汽车工业有限公司，与武汉汽车工业大学共同研发轿车。曾仁安以名牌轿车的样式为蓝本，请武汉汽车工业大学设计图纸，图纸完成后，公司用手工敲打出第一辆车车身的全部零件，定型后方用机械制造，到1993年底，生产出第一辆样车WGG6430，经多次改进，于1994年通过了湖北省机械工业厅组织的定型鉴定。1995年，神箭公司买下新厂房，1996年生产了618辆轿车，销售一空，销售额3 000多万元，上交税款80万元，到1997年，有职工316人，固定资产2 200万元。当时，国产轿车中价格较低的一般为8万—10万元，而神箭将每辆车的售价控制在5万元左右，这是其重要的竞争优势。[3]可以说，曾仁安是李书

[1]　曾仁安：《"神箭"轿车问世的前前后后》，《武汉文史资料》1998年第1辑，第56—57页。

[2]　该书编纂委员会：《黄陂区志（1980—2004）》，第181—182页。

[3]　曾仁安：《"神箭"轿车问世的前前后后》，《武汉文史资料》1998年第1辑，第57—61页。

福的先驱。1998年，神箭公司生产轿车1 670辆，但受制于种种因素，2000年后，公司的主导产品转为电瓶车。[1]因此，曾仁安很典型地展示了一位农村企业家自主创业的创新性行为，在长达20余年的时间里，其企业不断壮大，乃至于进入到轿车制造这一高端产业部门，却在短短数年间，不得不从高端部门退出，又很明显地体现了与现代工业发展相伴随的不确定性。而这种不确定性亦是改革开放后黄陂新兴工业发展的真实图景。

总而言之，改革开放后黄陂兴起的一批农村工业企业家，可以被视为新时代的"地方能人"，他们构成了黄陂农村工业化进程中的市场主体。从个案分析可见，改革开放后的农村企业家具有典型的熊彼特特质，一方面是技术、市场、组织等各个层面的创新开拓者，另一方面都具有敢于冒险的魄力与勇气。这些农村企业家是市场化的产物，又推动着地区市场化与工业化的深入发展。

小结

黄陂本是一个长期缺乏工业传统的农村地区，在近代中国并不存在特别突出的"地方能人"，也未产生农村手工业的"半工业化"现象，其工业、手工业多为满足本地需求的产业。建国后，受政策因素影响，黄陂开始出现一些小型工业企业，其中既有引进现代技术的新工业，亦不乏对传统手工业加以改造后形成的新企业。这种在计划经济体制下形成的本地工业体系，为黄陂积累了基本的工业制造技术，可以说，当改革开放后新兴工业萌生时，很多技术条件已经具备，所欠缺的只是在市场中对这些技术加以组合与运用的人。而一批乘时崛起的农村企业家正承担了利用已有技术创造新企业的功能，并在新企业发展过程中

---

[1]　该书编纂委员会：《黄陂区志（1980—2004）》，第182页。

进一步创造新技术。当然,农村企业家并非黄陂新兴工业崛起过程中的唯一经济行为者,本地传统公有制企业、地方政府、外来投资者均扮演了重要角色,但农村企业家代表了黄陂工业化进程中最主要的内生力量。

从理论角度看,黄陂改革开放后成长起来的农村企业家的行为符合熊彼特对于创新的经典定义,其人格特质亦符合熊彼特对企业家人格的类型学描画。因此,改革开放后兴起的中国农村企业家与典型的熊彼特式企业家并无本质区别,其特殊之处在于他们所处的环境并非熊彼特所预设的制度健全的市场社会。换言之,中国的农村企业家往往需要发挥更大的创新精神,在利用市场经济致富的同时,本身也在建构着市场经济。然而,这一农村企业家群体是如何出现的? 在黄陂的案例中,由于当地不存在近代"地方能人"的传统,故无法追溯更久远的历史渊源。然而,对企业家的个案分析表明,不少依靠一技之长起步的创业者,皆由计划经济时代产生的工业体系赋予其技术学习的机会,而这种机会不可能存在于一个传统农业经济体中。可以认为,黄陂在计划经济体制下有限的工业发展,为市场化时代新兴工业的崛起准备好了基本条件,而市场化改革带来的致富前景,激励了甘冒风险的人脱颖而出,成为早期农村企业家。只不过,市场的随机性特质,使农村企业家的兴起过程,在具体的时空环境里,充斥着无法预估的偶然性与不确定性。

自立自强型工业创新：大连光洋发展高档数控机床的演化研究*

工业创新（industrial innovation）是现代经济发展的重要动力，也是演化经济学研究的重要主题。[1]对大国来说，追求科技自立自强是具有战略高度的发展逻辑，这使得工业创新常常受地缘政治影响，不完全由市场逻辑决定。但是，企业毕竟是创新的主体，对自立自强型工业创新的研究，也应立足于企业，探寻受市场、政策、国际关系等复杂因素影响的创新活动存在何种有效机制。高端装备属于核心资本品，对于现代化产业体系的建设具有战略意义。从创新经济学角度说，高端装备制造业属于技术携带行业，其创新流向其他部门后会带动连锁性发展。[2]然而，高端装备制造业对后发展国家来说恰恰属于缺乏比较优势的产业部门，其追赶与创新更为困难。高档数控机床属于一种发达国家对中国部分实施技术封锁的高端装备，但这种装备对于产业升级和国防建设都具有不可替代的重要作用。大连光洋科技集团（简称大

---

* 本文曾发表于《演化与创新经济学评论》2023年第1期。

[1] 演化经济学对工业创新问题的一般探讨，可参考：多西等编：《技术进步与经济理论》，钟学义等译，经济科学出版社1992年；理查德·纳尔森：《经济增长的源泉》，汤光华等译，中国经济出版社2001年；克利斯·弗里曼、罗克·苏特：《工业创新经济学》，华宏勋等译，北京大学出版社2004年；内森·罗森伯格：《探索黑箱——技术、经济学和历史》，王文勇等译，商务印书馆2004年；弗朗科·马雷尔巴等：《高科技产业创新与演化：基于历史友好模型》，李东红等译，机械工业出版社2019年。

[2] 詹·法格博格等主编：《牛津创新手册》，柳卸林等译，东方出版中心2021年，第202、511页。

连光洋）是改革开放后中国东北兴起的民营企业，在21世纪后才进入机床领域，通过不断创新而异军突起，其子公司科德数控有限公司（简称科德）于2021年在科创板上市，是科技自立自强与东北产业振兴的一个典型案例。路风、孙喜、黄阳华等学者对中国工业创新进行了大量案例研究，深化了对创新理论的探讨。这些案例中也包括大连光洋，但总体上看，学者多聚焦于高铁、信息技术、生物医药等产业。[1]本文在对大连光洋持续数年深度调研的基础上，[2]从演化经济学角度，对大连光洋的创新史进行梳理，分析影响其创新能力形成与发展的关键因素，包括全产业链发展战略、有利于发挥创造力的技术文化，以及由产业政策创造的与用户的知识互动。大连光洋的经验适合于总结自立自强型工业创新的一般机制。演化经济学具有亲历史（history-friendly）的性质，其任务之一是探寻"发生了什么"，其"鉴赏式理论"（appreciative theory）的源头可追溯至德国历史学派。[3]本文将深入企业"黑箱"的内部，用历史当事人的言行去呈现"发生了什么"，在此基础上总结经验规律。

一、知识流动受限：自立自强型创新成立的逻辑

　　大国对科技自立自强的追求无疑是一种特殊类型的工业创新，有

[1]　近年来具有代表性的成果如：孙喜、路风：《从技术自立到创新——一个关于技术学习的概念框架》，《科学学研究》2015年第7期；黄阳华、吕铁：《深化体制改革中的产业创新体系演进——以中国高铁技术赶超为例》，《中国社会科学》2020年第5期；李寅、封凯栋、祝若琰：《员工所有制与复杂技术创新：理解作为创新型企业的华为》，《政治经济学报》2021年第2期；赵炎、栗铮、韩笑：《中国生物医药行业创新网络动态演化的纵向研究》，《演化与创新经济学评论》2022年第1期；陈劲：《从自主创新到科技自立自强路径研究》，《今日科苑》2022年第6期；丁一：《机床工业技术学习中的"用户—生产者"互动机制研究》，首都经贸大学硕士学位论文2019年。
[2]　本文史料主要为大连光洋各层级人员的访谈记录以及大连光洋提供的若干内部文件等，在研究与写作过程中，则尽可能比对与引用公开出版的资料。
[3]　弗朗科·马雷尔巴等：《高科技产业创新与演化：基于历史友好模型》，第26、29页。

其自身的逻辑。但这种特殊类型的工业创新必然也包含创新的一般要素，对这些要素的分析构成研究的出发点。工业创新是演化经济学研究的重要主题，其传统可追溯至熊彼特。演化经济学与创新经济学有学理上的渊源关系，而熊彼特又被称为"创新经济学之父"，因他反对新古典经济学静态的经济观，认为现代经济的本质就在于经济系统必然趋向于偏离均衡。[1]在早期研究中，熊彼特强调个性化的企业家精神对于创新的作用，其后期作品则关注企业组织对创新的影响。实际上，由于创新存在着不同的类型，故其机制与动力也不尽相同。[2]对同一家企业来说，不仅在不同的演化阶段会存在不同的创新类型，在企业内部不同的部门也一样。创新的多样性既存在于宏观层面，也存在于微观层面。

　　创新的基础是知识，而知识可以被界定为有用信息。演化经济学家将企业视为知识的储藏所。[3]罗森伯格（Nathan Rosenberg）指出，创新常常发生在信息匮乏或不确定的环境中，一个企业创新的自然过程是，刚开始只拥有贫乏或非常有限的信息，随着经验和投资增加而获得新的信息。[4]从企业这一最重要的创新主体看，创新过程可以分为三个范围较宽并互有重叠的子过程，包括：（1）知识的产生；（2）知识转化为"制品"（artifacts）即产品、系统、工艺和服务；（3）制品与市场需要和需求不断地相匹配。[5]这三个创新的子过程并不是前后相继的阶段，因为创新不是一种线性模型能够解释的复杂行为。尽管创新指向的是未来，但这种活动和历史有密切关系，因为创新通常是

[1]　布朗温·霍尔、内森·罗森伯格主编：《创新经济学手册》第一卷，上海市科学学研究所译，上海交通大学出版社2017年，第4—5页。

[2]　多西等编：《技术进步与经济理论》，第58—60页。

[3]　野中郁次郎、竹内弘高：《创造知识的企业：日美企业持续创新的动力》，李萌等译，知识产权出版社2006年，第42页。

[4]　内森·罗森伯格：《探索黑箱——技术、经济学和历史》，第5页。

[5]　詹·法格博格等主编：《牛津创新手册》，第109—110页。

积累与演化的。继承了熊彼特传统而开创现代演化经济学的纳尔逊（Richard R Nelson）与温特（Sidney G. Winter）指出了企业创新的积累性亦即演化性："信息不仅是在与发现有关的活动中获取，还在创造与学习某种新事物的过程中获取……今天搜寻（信息）的结果，又是明天搜寻（信息）的自然起点。"[1] 复杂系统此刻的状态会深刻影响其未来相当时间内的运行，这就是演化的路径依赖，换言之，历史在起重要作用。[2] 企业对信息的搜寻就是学习，学习是创新的基础，同样具有积累性。

经济学对创新的研究早已由企业拓展至部门（sector）与国家这两个更大的层级，但其基础仍然立足于知识和学习等基本要素。马雷尔巴（Franco Malerba）指出，部门层级的创新具有体系性的特征，部门体系拥有特定知识基础（knowledge base）、技术、投入以及潜在的或既存的需求。[3] 此处的部门，指的是产业或行业。在部门创新体系理论的框架下，创新可以看作是部门内企业和个体的学习过程的结果，它依赖于该部门特定的知识基础，在部门内，有着不同知识和能力的市场主体之间发生着竞争与合作、市场与非市场、正式与非正式的相互作用，而整个过程不仅改变了产品和流程，还改变了行动主体及其联系、制度和知识。[4] 创新既具有部门异质性，也具有国别差异性，由此导出了国家创新体系的概念。在国家创新体系理论的框架下，中心活动仍然是学习，而学习是一种涉及人与人之间互动的社会活动，故该体系建立在社会关系的基础

[1] Richard R Nelson and Sidney G. Winter: *An Evolutionary Theory of Economic Change*, Cambridge and London: The Belknap Press of Harvard University Press, 1982, pp.256–257.

[2] 理查德·纳尔森：《经济增长的源泉》，汤光华等译，中国经济出版社2001年，第2页。

[3] Franco Malerba edit: *Sectoral Systems of Innovation: Concepts, Issues and Analyses of Six Major Sectors in Europe*, Cambridge: Cambridge University Press, 2004, p.10.

[4] 乌韦·坎特纳、弗朗哥·马雷尔巴主编：《创新、产业动态与结构变迁》，肖兴志等译，经济科学出版社2013年，第11—12页。

上。[1]因此，无论在何种层级，创新都涉及知识的分工、搜寻、积累与创造。知识的搜寻与积累就是学习，创新是学习的一种可能性结果。

创新既有规律可循，又存在高度不确定性。但从研究的角度看，创新是可以分解为不同要素的，如知识、知识的生产者与搜寻者、起支持作用的资金、聚合不同要素的组织等。创新的过程，就是影响创新的要素积累与发生变化的演化过程。杰恩（Ravik Jain）等人在研究研发组织管理时，将研发组织划分为员工、思想、资金和文化这四种要素，认为管理人员必须巧妙地将这四个基本要素进行整合，才能实现创新。[2]这表明，对创新进行要素分析，在研究上是可行的。不管在国家、部门、企业还是个人层次上，创新都依赖于行为主体设定目标，并以意志去维持充满不确定性的创新过程。表1为一个简单的创新要素分析图示：

表1：创新要素图示

演化起点	创新主体的动机→	创新主体的战略→	创新主体投入资源→创新要素积累		文化的作用：设置动机 调节资源 维持过程
知识存量市场生态	决定创新	设定目标	要素：	功能：	文化的作用：设置动机 调节资源 维持过程
			知识	通过学习而产生新知识	
			人力	创新的承担者	
			资金	负担创新成本	
			组织	整合创新各要素	

在创新作为一种活动的演化过程中，既有的知识存量与市场生态

---

[1] Bengt-Åke Lundvall edit: *National Systems of Innovation: Toward a Theory of Innovation and Interactive Learning*, London and New York: Anthem Press, 2010, pp.2-3.

[2] 拉维·杰恩等：《研发组织管理：用好天才团队》，柳卸林等译，东方出版中心2021年，第28页。

构成演化的起点,制约着创新的可能性边界,释放着诱导行为主体进行创新的信号。一旦行为主体决定创新,就可称其为创新主体。创新不是漫无目的的自由探索,在市场竞争约束下,创新主体会制定战略,设定目标。在目标指引下,创新主体投入资源进行创新要素的积累,其最关键的要素就是知识。创新主体在学习既有知识的基础上,通过消化与创造而产生新的知识,再让新知识进入市场而满足需求,就实现了创新。现代工业创新的复杂程度远远超过了工业革命初期个体企业家所进行的创新,因此,人力、资金、组织等皆构成创新的要素,是生产新知识不可或缺的条件。在这个看似单向实则迂回且经常反复的演化过程中,价值观与意志也在起着设置动机、调节资源和维持整个过程的作用,而价值观与意志可以概称为文化。从历史经验看,无论是工业革命初期作坊式企业的发明创造,还是设立内部实验室的通用电气等大企业的研发,又或者丰田公司等后发展国家企业在模仿中进行追赶,都存在上述共性的创新要素。自立自强型工业创新也应该包含这些共通的要素。

熊彼特本人以及演化经济学中的新熊彼特学派即纳尔逊等人,虽然反对主流经济学的市场观与竞争观,但未能充分考虑现实世界中政治等非经济因素对创新的影响。知识的复制具有成本。[1]这种成本可以解释创新的扩散绝非易事。落后国家对发达国家的追赶,就是一个创新扩散的过程,这种过程,既可以是贸易中的无意识的知识外溢,也可以是落后者更为主动积极的有意识的模仿与学习。由于知识复制具有成本,很显然,主动学习比无意识外溢更有利于创新在落后国家的扩散。这就体现了动机的重要性。这种动机,在微观层面可以称为企业家精神,在宏观的社会层面可以称为工业文化,即一种刺激落后国家工业化的社会心态与文化氛围。然而,正是在创新扩散的过程中,政治因

---

[1]　布朗温·霍尔、内森·罗森伯格主编:《创新经济学手册》第一卷,第64页。

素施加着巨大影响。在工业革命时代，英国就曾禁止凝结了前沿知识的机器设备出口，人为阻碍创新的扩散。第二次世界大战后，西方发达国家更是对包括中国在内的社会主义国家实施军民两用产品的技术封锁，既试图以此来削弱中国等国的军事能力，又破坏中国等国靠技术引进与学习实现追赶的常规发展路径。因此，在知识流动受限的被封锁条件下，中国所需要的关键技术与产品无法通过国际分工与对外贸易获取，只能依靠立足于自己的创新去满足。立足于自己就是自立自强型工业创新的基本形式，它在一定程度上有违主流经济学的贸易理论，那是因为主流经济学的贸易理论并不考虑发达国家对落后国家技术封锁的现实政治格局。

现实世界中的知识流动受限是自立自强型创新赖以成立的逻辑，但必须指出的是，这种限制是动态的，并随着发达国家自身的利益变动而调整。例如，中国的武重集团在21世纪初曾受国家委托研制一种当时发达国家禁售的数控七轴五联动重型车铣复合加工中心，但等武重集团2007年研制成功后，相关国家就不再禁售，导致武重集团只制造了1台产品。然而，到了2017年，西方国家又决定不再对中国出售相关产品。[1] 很显然，发达国家控制着知识流动的程度与节奏。实际上，发达国家往往禁止汇集了先进知识的部门中最尖端的技术流向被封锁国家，却并不限制该部门的中低端产品去占领被封锁国家的市场。[2] 这种半限制状态旨在使发达国家在战略与经济两方面实现利益最大化。对被封锁国家来说，半限制状态的影响同样是复杂且动态的。一方面，半限制状态下仍然存在的知识流动构成了自立自强型创新所依托的知识存量；另一方面，高端技术的创新投入往往取自在中低端产品市场上的积累，半限制状态下高端技术和中低端产品市场的不同境况，会削

---

[1] 武重集团员工访谈记录，2019年6月25日，北京国都大饭店。

[2] 黄志平编著：《美国巴统是怎样进行出口管制的》，中国对外经济贸易出版社1992年，第7—8页。

弱自立自强型创新的自我积累机制。更有甚者,有限的封锁意味着局部的开放,而这种局部的开放往往会形成一种期待进一步开放的心理预期,削弱自立自强型创新的动机。然而,寄希望于外部变化的心理预期也就意味着将发展的主动权拱手与人,使发展的质量与节奏受到外部力量的控制,难以承受非预期变化的风险。这种现实中的风险,反过来又使得自立自强型创新成为应对封锁的最佳策略。因为,不管知识流动受限的程度如何,自己的需求依靠立足于自己的创新去满足,是最不受外部风险影响的路径。大国不可避免会卷入国际政治长风险中,其工业创新追求自立自强与自主可控,其逻辑就在于此。

创新具有不同的层级,企业毕竟是创新最基本的主体,研究自立自强型工业创新,也应立足于企业。高档数控机床是一种具有战略性的资本品,向来是发达国家对社会主义国家禁运的对象,也是中国实现科技自立自强和产业链自主可控必须攻克的难关。大连光洋发展高档数控机床的历史,可以对工业创新的自立自强机制提供启示与借鉴。

二、构筑全产业链:大连光洋进入机床行业的动机与演化

大连光洋成立于1993年,在经历了30年的演化后,创业者于德海仍奋战于经营第一线,其历史并不悠久,其发展势头则可谓迅猛。大连光洋在较短的时间内发展出了复杂的业务与能力,这意味着其演化包含了不同的创新模式,既包括创业者即英雄企业家的引领,又具备组织化的团队研发,充分体现了中国工业改革开放史的特色。大连光洋公开将自己的发展模式总结为全产业链模式,[1]其实质就是一种纵向一体化或垂直整合战略,其形式与内涵均符合自立自强型工业创新。然而,大连光洋的这种特殊发展模式,并非出于前瞻性的设计,而是在市

[1] 于德海:《发展自己的产业链、人才链、技术链》,《经济导刊》2019年第9期。

场中渐进演化的结果。

对新兴企业来说，创业者往往具有重要影响，不仅直接决定着企业的战略方向，还会让自己的偏好渗透进企业文化，间接左右企业的演化路径。大连光洋的创始人于德海恰好属于对企业具有极强掌控力的创业型企业家。受聘于大连光洋的日本专家茂木幸夫曾在访谈中称："对光洋第一感觉和日本企业不一样，董事长一个人说了算，咱们公司决议非常快，日本公司决议慢，太麻烦，请示一件事要经历很多部门，在光洋有些事情和董事长一商量，马上决定，办事效率高。"[1]最早追随于德海创业的苏升力则这样描述他的老板："创业初期是作坊式的，于总实实在在干企业，下到基层带头干，以身作则，亲临一线。"[2]这符合民营企业在创业阶段的一般特点，也就意味着，熊彼特所提出的经典企业家精神理论对于解释大连光洋的演化是适用的。于德海就是一名英雄企业家，具有熊彼特揭示过的"梦想和意志"以及"创造的欢乐"等企业家人格特质，[3]大连光洋数十年的演化与他个人的奋斗密不可分。

于德海在创业前是一个热衷于科技发明的工程师，他把对技术的兴趣与追求带入了自己创办的大连光洋里。于德海自称："我从小是无线电爱好者，七八岁就爱好这个，动手能力比较强，做的产品常参加大连商品科技展。上学时自己装音响、录音机。1968年下乡，给农村做了一台电动粉碎机，在农村呆了三年，给广播站做扩大机。"[4]成长于特殊年代的于德海没有受过完整的基础教育，但他能够在实践中成长，这也是因为机械等领域的技术具有积累性，存在着增量改进与创新的空间。1971年，于德海进入辽渔（今辽渔集团有限公司）工作，刚入职就发明了一种建立在控制原理上的指引灯。1974年，他以工农兵学员的

————————

[1]　茂木幸夫访谈记录，2018年3月28日，大连光洋科技集团。
[2]　苏升力访谈记录，2018年3月28日，大连光洋科技集团。
[3]　约瑟夫·熊彼特：《经济发展理论》，何畏等译，商务印书馆1990年，第106—107页。
[4]　于德海访谈记录，2017年5月24日，大连光洋科技集团。

身份进入大连海运学院学习电子专业,和学校的老师一起做产品,毕业后回辽渔,进行设备维护、维修、搞技术革新。于德海称:"辽渔进口万吨远洋捕捞船,有导航设备、自动化设备,给我带来平台,对我后来成长有利。兴趣形成和工作出成果的关联度非常高。1991年承担火炬项目,搞超声无线通信,船上接收,用图像处理,我用单片机把屏幕显示程序一行一行写出来,一些大学教授觉得不可思议。"[1]于德海自身的经验,使他非常看重技术人员对技术的兴趣与动手实践能力,并以此作为招聘大学生的标准之一。实际上,于德海自己的成长,得益于新中国成立后鼓励群众技术革新的社会主义工业文化氛围。而他进入辽渔后从事的具体工作,使他逐渐学习与积累了通讯、控制与自动化的相关知识,这些知识构成了他创业的基础,也使他对企业技术发展能有自己的判断。

　　1993年6月,长期在海上作业积劳成疾的于德海选择自己创办企业,起名大连海洋科技开发部,做电气工程安装和加工电气工程用的零部件。公司最初只有2名正式员工,主要给大连经济技术开发区的日资企业与中日合资企业做些配套工作,1994年7月组建了钣金车间。1995年,公司承揽了三洋制冷有限公司(简称三洋制冷)中央空调电气箱的国产化加工。1996年,公司为三洋制冷试制的液晶触摸式控制电脑设备,被三洋制冷拿回日本做技术检测,性价比超过日本厂家的产品,遂被三洋制冷选用。这家作坊式企业依靠大连经济技术开发区良好的环境迅速积累,不断壮大,于1998年7月改组为大连光洋科技工程有限公司。于德海回忆:"做企业,一开始没想怎么去赚钱。1993年日本企业来开发区投资很多,做自动化投资,我在技术上帮忙标出错误。那时没厂,自己设计,找个代工厂加工。一个项目一个项目做,一开始没有资金,干起来后赚钱好像不困难,逐渐发展。犯的错误是那时

---

[1]　于德海访谈记录,2017年5月24日,大连光洋科技集团。

以为自己懂技术，不招技术人员，1997年才开始招大学毕业生。"[1]实际上，据早期员工回忆，直到1998年，大连光洋也只有十几名员工。但此时于德海开始招聘大学毕业生，是因为企业发展确实遇到技术上越来越复杂的业务了。1997年入职的阮叁芽毕业于吉林北华大学，本科学习计算机专业，他回忆："我在学校也是侧重实践，做了很多系统，在学校很赚钱的。一来光洋就做工业自动化的项目。最早给日企三洋制冷做配套。"他还回忆了于德海在为外资企业提供产品时进行了适合中国国情的改进："老总有民族情结，日本产品操作、使用不符合中国人习惯，太贵，老总和日方沟通，我们给免费做研发改进。1997年产品初期成型。1998年产品和日本原装产品直接对垒，日本人来了8个专家，把日本自己的产品否掉了。1998年核心部件是日本的，我们做应用软件。1999年我们自己开发硬件系统，上北京找了个公司合作，当时技术人员也不是太够。"[2]此时的大连光洋，一靠钣金车间发展出了自己的机械加工与制造能力，一靠招聘大学毕业生发展出了自己的程序开发能力，同时在硬件与软件两方面积累着知识。尽管这些知识尚非数控机床的知识，但数控机床就是一种软件与机械有机结合的设备，而大连光洋在软硬件两个方面积累的知识类型均与数控机床凝结的知识有一定程度的接近性。那些能够支持企业创新活动的知识被学者称为企业的知识库，[3]到21世纪初，创业不满十年的大连光洋已经建立了一个支持其跨行业创新的知识库。值得一提的是，大连光洋在发展钣金业务时，在表面喷塑处理环节，采购的外协件品质不稳定，为了长远发展，于德海就打造了大连光洋自己的喷塑流水线。[4]这种自己动手的风格已经预示了大连光洋此后的自立自强型工业创新路径。

---

[1]　于德海访谈记录，2017年5月24日，大连光洋科技集团。

[2]　阮叁芽访谈记录，2018年3月28日，大连光洋科技集团。

[3]　李根：《经济赶超的熊彼特分析》，于飞等译，清华大学出版社2016年，第27页。

[4]　袁吉慧访谈记录，2018年3月28日，大连光洋科技集团。

　　大连光洋是在2000年开始接触数控机床业务的，体现出了渐进积累的演化逻辑。当年，大连光洋成功地完成了德国因代克斯（INDEX）公司的TNA400数控车削中心机床防护罩版的国产化。因代克斯公司在大连也有投资建厂，大连光洋从事的仍是配套生产业务。这是大连光洋最早生产的数控机床相关产品，利用的是其机械加工能力。此后，大连光洋逐渐接触到数控机床更核心的业务。2004年6月，六连光洋与大连机床集团签订了联合开发数控系统的协议。于德海称："光洋做数控从2000年开始，原来做工业控制有基础，第一个给大连机床集团和英国合资企业做的，是进给型，英国人把需求交代给我们这一边，两三个月开发出来。往复杂一点发展遇到问题多，想走捷径，和德国公司接触上，拿了750万元买了一部分代码，人家就卖界面代码，核心的代码德国政府不让卖。公司就这样搞出了中档数控系统，核心算法自己做的。"[1]由此可见，大连光洋正式进入数控机床行业是其给大企业做配套业务的自然延展，依托的能力是其软件知识的扩展。由于数控系统和工业控制系统不同，大连光洋进行了新知识的搜寻与学习，而这一新知识来自德国。但是，大连光洋能从德国获取的知识是残缺的，既包括德国政府有意限制知识流动，又包括相关知识局限于中档数控系统，并不是尖端的复杂知识。因此，即使在能够学习外部知识的条件下，大连光洋进入数控系统领域还得立足于自己去创造新知识。

　　在接受媒体访谈时，于德海提到他进入数控系统行业受到了民族情结的驱动："国外卖给中国的高档机床……都带有定位装置，你买来以后做什么产品、放在什么位置，都在人家的眼里。如果日后机床要移动位置，必须要向人家申请，由国外派人来给你移动……这个事情对于中国技术人员来说，是一个很大的刺激。"[2]从于德海对于技术的兴趣以及

[1]　于德海访谈记录，2017年5月24日，大连光洋科技集团。

[2]　中央电视台财经频道《大国重器》节目组编著：《大国重器》，电子工业出版社2014年，第60页。

他充满主见的个性来看，由民族情结催生研发动机是符合逻辑的。作为佐证，员工阮叁芽也提到，大连光洋在使用进口机床时因为维修不便而产生了自己研制的想法："老板对我们的装备和能力比较注重，买的设备都是日本进口，东西坏了换，价格太高，自己一分析，这东西值那么多钱吗？于是参与简易数控系统开发，马上批量应用，一个月几百套，老板逐步立项做数控。"[1] 大连理工大学系统工程研究所教授、中国工程院院士王众托参与过大连光洋研制数控技术的论证会，他回忆："当时觉得光洋有些条件具备，有些差一点，可上可不上，当时大家没有像后来那么重视数控，外面的否定意见是：可以用国外的机床，军事部门不考虑成本问题。我觉得光洋有条件做，因为做了很多年工控设备、钣金工、贴片，自己能做。最后我问于总，如果你们下决心，义无反顾要干，我们支持，如果随便做做，就算了。"[2] 由此可见，大连光洋进入数控系统行业时存在着外部的反对意见，也并非在能力上水到渠成，需要企业领导者以胆识和决心作出从事创新的决策。熊彼特式企业家精神在此发挥了作用。

　　数控机床由数控系统与机床主机两部分构成，由于历史原因，世界各国的数控系统企业与机床企业一般是分开的。大连机床集团就属于过去只造机床主机的企业，而与之合作的大连光洋便主攻数控系统。2005年3月，大连光洋与华中科技大学合作成立了嵌入式数控系统联合研发中心，6月与哈尔滨工业大学合作成立了运动控制技术工程化联合实验室，7月则组建了清华光洋数控技术工程化联合实验室。早在2003年，大连光洋就成立了博士后科研工作站，吸纳技术人才，与高校在数控系统领域的一系列合作，无疑也是为了充实技术力量。2005年9月，大连光洋还与德国PA公司（Power Automation Gmbh）签订了技术合作开发合同，而PA系统是一种开放式数控系统。可见，在自立自强的动机之

---

[1]　阮叁芽访谈记录，2018年3月28日，大连光洋科技集团。

[2]　王众托访谈记录，2018年3月29日，大连理工大学。

下进入新产业的大连光洋，是以开放的心态学习新知识来进行自己的创新。阮叁芽便称："数控系统做过各种尝试。第一种完全自主开发，后期有博士后工作站，引进博士共同开发。和清华大学、哈工大建了联合实验室。经过一段时间评估，因为产业要尽快进入实践应用，评估了一下国际上的水平，即使我们做出来，也是低端产品，在后期，就进行引进、消化、吸收。老总这种决策(的速度)和我们执行力(执行的速度)非常迅速。"[1] 依靠多渠道的知识学习与高强度的知识再创造，大连光洋实现了产品创新，并进入新的产业。2006年1月，于德海在大连光洋的大会上宣称，当年公司发展的方向是将数控产品产业化，将数控系统作为大连光洋的主打产品。2月14日，大连光洋参加了上海CCMT中国数控机床展览会，现场演示了CTP8000L数控系统的加工能力，一家扬州的民营企业当场订购了5台配备该系统的机床。当年9月，大连光洋开发完成了其第一台五轴联动数控加工中心，这意味着大连光洋实现了从中档数控系统向着高档数控系统与数控机床的进军。截至2006年底，大连光洋共向8家机床企业销售60套数控系统，完成销售配套高档数控系统的三轴加工中心18台、四轴加工中心1台、五轴联动高档数控机床2台；配套中档数控系统的三轴铣床5台、卧式加工中心2台、龙门铣床3台、多功能数控车床4台、等离子切割机2台、数控雕铣机2台等，共计45台。当年公司数控产品销售收入近1 600万元。从2004年与大连机床集团合作开始，到2006年将数控系统推向市场，大连光洋在极短的时间内演化为机床行业的新兴企业。

　　企业进入一个新行业只是工业创新的第一步，能否持续成长才是演化的关键。企业的创新需要新知识，人是最重要的知识载体，故引进新的人才可以扩充企业的知识库。大连光洋在向高档数控系统进军时，陈虎起到了关键作用。陈虎毕业于清华大学数控专业，2001年博

---

[1] 阮叁芽访谈记录，2018年3月28日，大连光洋科技集团。

士毕业后曾在北京的凯奇公司研发数控系统，经历了6年4轮研发，因资金链断裂而未果，但陈虎认为在凯奇的经历"非常难得"。2007年，他被在机床企业精雕公司做技术总监的师兄推荐到了大连光洋。陈虎称："大连光洋直接开展高档数控系统的研发在体系上不顺，于总要建立大家的信心。于总给我安排做工业自动化系统（PAC），可编程的自动化控制器，面向药品包装行业的。工业自动化系统不是我本行，和我原本搞的东西原理相通，但不是机床的事。这是于总有意识为下一步研发数控系统打基础，底层技术是相通的。2008年成立技术联盟。2009年获得国家重大专项，当年正式启动新一代数控系统的研发，能调动的资源就比较多了。"[1] 大连光洋研究院院长李文庆也在访谈中肯定了陈虎的关键作用："我2004年3月进光洋，干了一年，正好公司准备进入数控领域。我们一开始没考虑做机床，一是做数控系统，二是做伺服驱动。软件那一块，我们当初没太多经验，随后两年陈虎到了，担任软件研究所所长，他做数控系统，我做伺服驱动。陈虎在数控行业辈分很高。陈虎到了，公司研发进入快车道。"[2] 因此，大连光洋进入新产业的工业创新是以吸纳新人才为其重要动力的。

大连光洋在造出了自己的数控系统后遇到了缺乏市场认可度的产业进入壁垒。由于历史原因，中国的数控系统市场几乎是被国外品牌所垄断的。于德海很明确地表示："我们在研究了几年数控系统以后，遇到了一个问题，就是我们研发的系统面向市场的时候很难进行推广，也很难让机床厂接受。"[3] 因此，与国内外一般只研制数控系统而不造机床的企业不同，大连光洋在研发数控系统的同时也向下游的机床主机制造延伸，使自己的系统能够有一个搭载的平台。于德海说："2005年，光洋在研发数控系统的同时，又开始涉足数控机床这个行业。当时

---

[1]　陈虎访谈记录，2018年3月28日，大连光洋科技集团。
[2]　李文庆访谈记录，2018年3月28日，大连光洋科技集团。
[3]　中央电视台财经频道《大国重器》节目组编著：《大国重器》，第60页。

的主要目的,是通过我们的数控机床,让用户对我们的数控系统有一个全面的认识,使我们的数控系统能够更快推向市场。"[1]这就是大连光洋构筑数控机床全产业链模式的动机,是一种标准的纵向一体化或垂直整合战略。大连光洋能够采取这种战略,还是得益于其早期同时在软件和硬件两个方面发展出了一定的能力,恰好匹配数控机床所需要的两方面的知识。实际上,大连光洋的全产业链模式不仅仅是既造系统又造主机那么简单,而是把自立性的研制活动渗透到了基础零部件环节。于德海称中国工程院院士王众托的系统工程理论对自己的全产业链模式有很大启示。王众托的理论具有哲学上的方法论色彩,例如,他在教材中指出:"系统的有序性是在系统的形成过程中通过对各要素或子系统的集成而建立起来的。"[2]数控机床就是一种由各种零部件集成起来形成的有序系统,于德海用"主仆关系"来比喻全产业链里零部件与主机的关系:"电机为功能部件服务,功能部件为主机服务。电机有些不能用标准件,要专门设计。我们有这么多布局,子系统却仍然是专业化原则,但大系统的好处是,需求方、主机方对零部件的要求更明确。我们做产业的布局瞄准大市场,首先满足自己配套,提高自己产品的性价比,但绝对不仅是为了自己。"[3]大连光洋自己制造符合质量要求的电机,再用电机来组成功能部件,最终集成为数控机床主机,其主机也就必然满足自己设定的要求。构筑全产业链还使大连光洋扩充了自己的知识储备,提升了创新潜能,用陈虎的话说:"我们能看到别的厂家看不到的东西。"[4]于德海亦解释过全产业链模式在技术创新上的优势:"系统是你自己的时候,要改善就容易,如果不是你自己的,想从底层采集数据就做不到,而且数据要准。"[5]于是,在全产业链模式下,大

---

[1]　中央电视台财经频道《大国重器》节目组编著:《大国重器》,第61页。
[2]　王众托编著:《系统工程(第二版)》,北京大学出版社2015年,第25页。
[3]　于德海访谈记录,2017年5月24日,大连光洋科技集团。
[4]　陈虎访谈记录,2017年5月26日,大连光洋科技集团。
[5]　于德海访谈记录,2017年5月26日,大连光洋科技集团。

连光洋既能以数控机床整机为自己生产的数控系统等零部件创造一个内部市场，解决国产数控系统缺乏市场的难题，又能通过对基础零部件的研制与创新提升数控机床整机的品质，更好地满足用户的需求。后发展国家的资本品部门是缺乏比较优势的，而资本品部门内部，核心零部件的技术复杂度比整机通常更高，也更缺乏比较优势，由此带来的就是缺乏市场，大连光洋的全产业链模式是克服该难题的一种路径。

在构筑全产业链的过程中，大连光洋必须进行不同类型零部件的产品创新，客观上就构成一种能满足国家战略需求的自立自强型工业创新，为国家提供各类有可能被限制进口的产品。用于德海的话说："要技术上不受别人垄断，数控机床的各种传感器，只有完全是自主的，产业发展才不受约束。"[1] 例如，2005 年大连光洋购买机床光机做数控系统的验证时，发现国际上能配套的关键功能部件两轴转台对中国禁运，就只能自己造。为了研发转台内的力矩电机，大连光洋找了国内几家大学与企业花了四年时间均未能解决问题，就成立了自己的电机厂。大连光洋原本想从德国海德汉公司进口 29 列加减 1 角秒的编码器，因其精密度太高也无法进口，就只能成立自己的传感器公司进行研制。[2] 大连光洋在企业内部打造可控产业链的模式，是由典型的企业纵向一体化战略动机驱动的，具有寻常的市场逻辑，但在知识流动因政治原因受限的创新情境中，大连光洋的全产业链模式就成了一种自立自强型工业创新，带有明显的战略意义。

为了向数控系统产业链下游扩展，大连光洋于 2008 年成立了生产与销售数控机床主机的公司科德。经过集团的不断调整与重组，科德逐渐形成了高端五轴联动数控机床、关键功能部件、高档数控系统这三大类别产品。科德研发部部长蔡春刚 2006 年从哈尔滨工业大学硕士毕业进入大

---

[1] 于德海访谈记录，2017 年 5 月 24 日，大连光洋科技集团。
[2] 于德海：《发展自己的产业链、人才链、技术链》，《经济导刊》2019 年第 9 期。

连光洋,最初参与数控系统开发,很快就根据企业需求转向机床研制。他回忆说:"我们从关键功能部件开始,当时没有考虑过做整机,2009年后真正开发整机。当时我们团队有两位老师傅,一位从大连理工大学退休,一位从大连机床集团退休。整机上的双摆铣头,我们手里参考的资料不多。老于总带着我们去德国相关企业参观、学习,看老外产品的样品,一点点摸索,当时可以依靠参考的特别少。第一次去德国,去了个铣头的生产商,那时只是大概看看。光洋机械制造方面没有传承,没有技术手段。那时不敢想做整机,只能走一步看一步,胆量越来越大。"[1]由此可见,大连光洋进入数控机床整机制造领域,由于缺乏背景知识,也只能采取自我摸索学习的知识积累策略,仍是一种自立自强型工业创新路径。2011年9月5日,于德海在大连光洋内部发布了《"717"工程》的通知,提出"七大任务"的目标、"一个团队"的要求和"七大战术"的措施。该工程"核心就是把光洋已取得的研发成果迅速完善,快速产业化,尽力满足市场和用户需要",其具体目标包括"力争2012年初实现批量列装科德全系列数控机床产品"以及"力争在2012年,系列化多主轴多刀架中小规格卧式车铣复合加工中心成为科德新一代主打产品"等。[2]与发展数控系统一样,大连光洋发展数控机床也经历了从技术积累到产业化的演化路径。

　　与研发数控系统一样,大连光洋从外部聘请了专业人才。2013年,陈虎开始联系自贡长征机床公司的工程师刘立新,不过,一直到2015年长征机床陷入经营困境,刘立新才来到大连。刘立新在访谈中表示,大连光洋的全产业链对研发了30年机床的他有很大吸引力:"我一直主持产品开发,唯一想不了办法的就是数控系统。中国的数控机床没有自己的系统。如果从其他方面考虑,不会往大连走,这个地方有全产业链、全人才链。老板很重要,有理念,本质上有一定情怀,想

---

[1]　蔡春刚访谈记录,2018年3月28日,大连光洋科技集团。
[2]　于德海:《"717"工程》,2011年9月5日。

做中国人自己的数控机床，双方对机床产业的情怀比较认同。"[1]因此，大连光洋在打破数控机床整机产业的进入壁垒时，依然利用了产业原有的技术人员来更新自己的知识库。科德发展迅猛，到2013年左右，其30%的生产设备就已经能够使用自己制造的五轴机床了。[2]机床企业敢于使用自己制造的机床作为生产设备是其能力的重要展现。2013年4月，在第十三届中国国际机床展览会上，德国克努特机器有限公司（Knuth Werkzeugmaschinen Gmbh）与科德签订了VGW400-U高速高精度五轴立式加工中心采购合同，该款高档数控机床配置的是大连光洋的数控系统、伺服驱动、伺服电机、力矩电机及电主轴，采用了自主研发的高刚度、固定式A/C轴直驱摇篮结构双转台等关键功能部件。[3]当年7月，该机床运往德国。能将高档数控机床出口到德国，对大连光洋来说，是进入机床行业后取得阶段性成功的一个标志。

　　大连光洋的演化是一个由企业家精神驱动的创业过程，随着知识的积累而进入新领域，但在特殊的受限制的市场条件下形成了一种自立自强的全产业链模式，其过程如表2所示：

表2：大连光洋的演化阶段及其动力

演化阶段	创业（1993）	软硬件知识积累（1993—2000）	进入数控系统产业（2000—2008）	形成全产业链模式（2008—　　）
动力	企业家精神	市场需求（配套） 技术追求（创新意识）	知识延展 市场需求（配套） 技术追求（创新意识） 民族情结（进口受限）	满足供应链（上游延伸） 替代外部市场（下游延伸） 技术追求（创新意识） 民族情结（进口受限）

---

[1]　刘立新访谈记录，2018年3月28日，大连光洋科技集团。
[2]　蔡春刚访谈记录，2018年3月28日，大连光洋科技集团。
[3]　工业和信息化部装备工业司：《国家重大技术装备》总第106期，2013年5月30日。

　　大连光洋造数控机床从高档型起步,2012—2013年造了十余台,2014年以后产量每年成倍增长。[1]2019年,中国机床工具工业协会统计国产五轴立式加工中心销量为631台,科德销售了71台,占比11.3%;同年国产五轴立式加工中心总销售额为4.5亿元,科德销售额为1亿元,占比22.2%。[2]这显示出,经过近十年的发展,科德在中国高档数控机床产业里已成为中坚力量。2020年,于德海在访谈中又一次强调了全产业链模式赋予科德的优势:"这几年最大的优势,是投放市场的各类机床、零部件,都实现自主。优化改进可以从基础零部件开始,这是最大优势。物理量通过传感器感知,机床上的传感器都有特殊要求。你基础强了,你的主机肯定强。"[3]2021年7月9日,科德在上海证券交易所科创板挂牌上市,体现了资本市场对其认可。表3为2019—2021年科德的发展情况:

表3:科德的发展情况(2019—2021)

指　　标	2019年	2020年	2021年
营业收入(元)	141 904 575.84	198 131 421.32	253 588 985.88
归属于上市公司股东的净利润(元)	42 461 502.59	35 233 638.75	72 866 945.75
总资产(元)	649 791 523.83	681 836 569.90	990 807 232.82
研发投入占营业收入的比例(%)	48.25	54.08	30.59

资料来源:整理自《科德数控股份有限公司2021年年度报告》,2022年4月,第9页。

　　综合来看,大连光洋的演化是由一个典型的熊彼特式企业家主导的创业过程,因为积累了与数控系统及数控机床相近的知识而大胆进

[1]　汤洪涛访谈记录,2017年5月26日,大连光洋科技集团。

[2]　《科德数控股份有限公司2021年年度报告》,2022年4月,第28页。

[3]　于德海访谈记录,2020年11月12日,大连光洋科技集团。

入机床行业，其动机既包含市场诱因，也包含企业家个人的民族情结等精神动力，非常符合熊彼特对企业家精神的经典描述。在进入机床行业后的演化中，大连光洋探索出了全产业链模式，其实质就是纵向一体化或垂直整合战略，但在中国核心资本品进口受限与国产高端装备缺乏市场的具体情境下，该模式被赋予了自立自强的色彩。因此，大连光洋的工业创新既包含工业演化的一般机制，又因为中国高档数控机床被地缘政治赋予的特殊性而成为一种自立自强型工业创新。

三、塑造技术文化：大连光洋创造力的形成与演化

创新是一种经济活动，而不是单纯的技术研发或科技发明。不过，对工业创新来说，技术确实是最关键的变量，这一点已经被工业革命以来的经济史所证明。因此，后发展国家的自立自强型工业创新同样以技术学习与追赶为其底色。如果对技术创新进行分解，从经验常识出发很容易将视线移向具体的从事创造发明的个人，但个人创造力（creativity）的千差万别，使得个人层面可复制性的创新机制难以总结。实际上，具有创造力的个人本身就可以视为一个演化系统，其演化是多原因和不可预测的。[1]然而，心理学家的共识是，动机对个人的学习与创造相当重要。一些学者论证了一种常识，即在事业上更富有创造性的人往往从事自己喜爱的工作，且富有创造性的人面对挑战性的任务时充满活力，体现出高水平的内部动机。[2]这一研究结论非常符合大连光洋企业家于德海的认知，也被他运用于企业经营中。尽管个人的创造力对技术创新极为重要，但现代工业创新主要发生于企业的组织中，个人创造力的发挥或者依靠团队的协助与支持，或者需要在良好的

---

[1] 罗伯特·斯滕伯格主编：《剑桥创造力手册》，施建农等译，东方出版中心2021年，第116页。

[2] 罗伯特·斯滕伯格主编：《剑桥创造力手册》，第399—400页。

环境与氛围中强化。有学者直接宣称:"个体的创造力和团体的创造力是两回事。"[1]因此,对企业来说,重要的是如何打造可以最大程度发挥个人创造力的组织,而这又与企业文化息息相关。大连光洋工业创新的成功,从微观上说可归因于它塑造了一种有利于知识学习与能力积累的技术文化,使其能突破产业进入壁垒,开发出占据较大市场份额的高档数控机床。

对创业型企业的早期演化来说,企业创始人的偏好对企业文化有很大影响,创始人个人的观念与趣味能通过其对企业方方面面强有力的影响而渗透进基层,形成企业内部普遍性的偏好与风气。从某种意义上说,企业创业阶段的文化是创始人企业家精神的扩大化。大连光洋的创始人于德海对钻研技术的爱好使这家企业演化出了相应的技术文化,对企业活动起到了导向性的作用,将企业引上了重视技术创新的演化路径。从老员工毕克滨对大连光洋研制主轴电机的回忆,可以看出于德海的个性:"国内主轴电机没几家做得了,于总比较犟,不信做不出来。光洋买日本大隈公司的主轴电机,日本大使馆不让卖,于总索赔要了几台主轴电机,叫研究人员从工艺上看、研究,看明白了自己再试,反复试,花很多钱,往里面投,他在技术上坚决不让步。于总属于技术型企业家,不安于现状,老想琢磨研发新的东西。"[2]于德海作为企业创始人的技术偏好是大连光洋产生技术文化的基础。在研发数控系统的关键阶段,大连光洋引进了陈虎作为其技术领军人物,陈虎对技术有着与于德海相同的偏好与执着。于德海在公开访谈中这么描述他与陈虎的关系:"我和陈虎在一起交流的时候,经常会产生一些新的想法、新的做法。比如在数控系统和数控系统控制的高档数控机床上要实现一些新的功能,这些功能可能是国外同行们目前还没

---

[1] 罗伯特·斯滕伯格主编:《剑桥创造力手册》,第497页。

[2] 毕克滨访谈记录,2018年3月28日,大连光洋科技集团。

有的……首先必须得敢想，这也是在我们企业里提倡的一种文化。先要有意识上的创新，然后才会有技术上的创新……如果你连想都不敢想，还谈什么技术创新和管理创新呢？"[1]这意味着，陈虎加入大连光洋后，于德海给企业施加的技术偏好与创新理念被进一步强化。于德海与陈虎都具有不墨守成规的观念，故两人配合默契，而这也表明大连光洋的技术创新是以勇于创新的意识作为前提的，价值观与态度在此发挥了重要作用。大连光洋的技术文化首先是一种具体技术研发之外的技术兴趣与创新勇气。

大连光洋的企业领导层为企业塑造了勇于创新的技术文化，推动企业投入资源进行技术研发，而新技术的研发过程就是一个知识逐渐积累的过程。企业的知识积累过程缺乏戏剧性，而这正是技术创新作为经济发展"黑箱"难以解析之处。陈虎说："光洋的技术创新真没有技术突破的点。过程努力了，结果是必然的。制定好技术路线，勇于试错，对研发中的风险包容性强，追求研发迭代、速度快，付出的学费认真总结，就是经验。组织研发活动要公平公正、实事求是。光洋的技术路线，我亲历的过程没有大的错误。"[2]这种技术创新具体过程的不可描述性，在大连光洋自动化液压系统研发负责人孙毅那里也得到了佐证："为了研发高精尖产品，我们反复至少两次下定决心，鼓励我们的工程师不要怕失败，只要努力到一定程度，会有收获。材料换了七八种，工艺更改几十种，直到突破，和日本产品没有太大区别。平时主要是鼓励工程技术人员的胆魄，没有不可知的东西。"[3]李文庆也称："我们不是一批最聪明的人，比较笨，耐得住性子，能坚持，研发靠时间积累。"[4]因此，大连光洋的技术创新就是一个不断进行试错性学

---

[1]　中央电视台财经频道《大国重器》节目组编著：《大国重器》，第62页。

[2]　陈虎访谈记录，2018年3月28日，大连光洋科技集团。

[3]　孙毅访谈记录，2018年3月28日，大连光洋科技集团。

[4]　李文庆访谈记录，2017年5月26日，大连光洋科技集团。

习的知识积累过程。在这个过程中，大连光洋的员工进行了高强度投入，公司在2016年前实行的是6天工作制。在2011年的《"717"工程》中，于德海也要求全体员工"打破常规，全力以赴。超越时间和部门界限，超越自我"。[1]大连光洋电机事业部部长王雪这样描述第一批电机的研制过程："我的主要工作是电磁方向，光洋造电机从零开始，准备工装、卡具、模具，团队当时10个人，早上7点、8点上班，第二天早上4点下班，每天睡4个小时，干了100天，出了第一部电机。"她还这样描述研发团队和企业整体的文化氛围："我2015年坐完月子15天就开始上班。我们团队一个人可以胜任好多岗位，员工都比较拼。公司层面很透明的，新发现能分享。"[2]不过，作为创业型企业，大连光洋演化早期阶段在科层制管理上缺乏规范性，据称"研发人员都不打卡的"，[3]也意外地塑造了一种包容性强的技术文化，鼓励技术人员自由发挥创造力。主管基础研发的李文庆讲述了他眼中的研发活动所需要的文化与氛围："做研发的人追求公平、公正。我们搞人性化管理，给研发人员较大的自由度。"[4]在科德负责研发的蔡春刚也称："科德的研发技术人员大约占一半，开放式创新难免会有失败，公司给研发人员宽松的环境，允许犯错误，不允许在同一个地方连续犯错，有容错机制。"[5]在要求员工高强度投入的《"717"工程》中，于德海同样强调管理层要"变监督考核为服务到一线"，并要求"要及时发现和总结表现突出的员工，弘扬正气，对努力付出、成就显著的员工进行宣传、推荐，以获得社会尊重和应有待遇"。[6]随着大连光洋的持续成长，其组织与制度均不断发生变化，但其相对稳定的技术文化是决定其创新能力

---

[1]　于德海：《"717"工程》，2011年9月5日。
[2]　王雪访谈记录，2018年3月29日，大连光洋科技集团。
[3]　李鑫访谈记录，2018年3月29日，大连光洋科技集团。
[4]　李文庆访谈记录，2018年3月28日，大连光洋科技集团。
[5]　蔡春刚访谈记录，2018年3月28日，大连光洋科技集团。
[6]　于德海：《"717"工程》，2011年9月5日。

的重要机制。

在具体的技术研发过程中，大连光洋非常强调量化，即一种精确的数据分析与达标。于德海称，大连光洋在研制电机时，综合了逆向消化与正向设计两种方式进行创新，逆向消化阶段求得准确的数据是掌握工艺的基础："一开始逆向消化，公司要拿数字说话，工艺一定要搞清楚。搞正向设计的人会被国内的思路框住。让工艺强的人做逆向，很快把进口电机拆解，材料做化验，供应商找到，通过这种方式，不到5年的时间各种型号、规格的电机做出来。到正向设计阶段，由西安微电机所、沈阳工业大学出来的人，在消化、吸收的基础上再创新。"[1] 陈虎在谈到研发时，也强调量化的重要性："我们特别注重量化。首先知道我们自己和别人的区别在哪里，进口床子和我们自己做的比较，很多东西需要定量地拿出来。在研发过程中注重量化考核，杜绝拍脑袋的情况，要有决策依据。"[2] 大连光洋毕竟是一家后发展国家的追赶型企业，其创新建立在模仿与学习的基础上，对既存知识的消化与吸收构成其创新的起点，而发达国家的先进企业既是要追赶乃至赶超的对象，也是追赶之中学习的对象。进一步说，敢想敢为的胆识塑造着后发展国家企业的创新战略，决定了其创新动机，对学习对象进行量化分析后再重新组合新学到的知识，则是一种务实的创新战术，后发展国家企业借此缩小着与学习对象的差距。自立自强型工业创新建立在最大限度学习外部知识的基础上。

大连光洋在市场经济中逐渐演化出来的全产业链模式对其技术文化也有影响。全产业链模式使大连光洋内部的知识流动与拓展得到强化，在不同领域知识的交换中刺激着员工的创造力。数控机床集成了不同领域的知识，对技术人才的要求很高。陈虎直言："我们

[1]　于德海访谈记录，2017年5月24日，大连光洋科技集团。

[2]　陈虎访谈记录，2017年5月26日，大连光洋科技集团。

行业具有特殊性。硬件、软件的人才光在机床圈找不到。核心的东西竞争的是软件、算法，还要和懂机械的结合。我们的人才竞争为什么难？我们实际上是在和华为竞争（招聘人才），不是和机床行业竞争人才。这是一个难点。"[1]受限于中国东北老工业基地的整体经济环境，大连的技术型企业想要留住人才也面临着比南方企业更大的困难。因此，尽管大连光洋的领导层与高级管理人员均表示要靠"待遇留人"，但企业技术文化对技术人才的吸引力也是不容忽视的。阮叁芽称："我们公司研发人才成长非常迅速，一来就参与到工程中，容许开发失败，必须带着项目去做、去学。我们这边接触的东西多，系统观能建立起来。"[2]这种系统观依托的就是大连光洋的全产业链模式所带来的知识多样性与系统性。担任过光洋数控应用所所长的汤洪涛也表示："光洋通过平台留住人才，大家还年轻嘛，能做点事。我们的产品服务军工、进口替代，还蛮有成就感的。"[3]因此，技术文化对于大连光洋的工业创新来说，是一种影响到方方面面的调节机制与激励机制。出于创业型企业的特殊性，大连光洋的技术创新还具有大胆使用年轻人的特点，日籍员工茂木幸夫比较了这一特点与他任职过的日立精机的差异："光洋的特点是包括研发人员在内年轻人居多。光洋很快就让年轻人坐到设计师的位子，日立精机不会让新人搞设计，但新人在革新方面光写论文，不去实践设计，创新的观念、想法就没有了。年轻人有自己设计的机会就特别高兴。"[4]由此可见，研发队伍的年轻化本身也在强化着大连光洋由技术兴趣演化而成的技术文化，并由技术文化滋养企业的创造力。表4揭示了大连光洋创造力的形成与演化概况：

---

[1]　陈虎访谈记录，2017年5月26日，大连光洋科技集团。
[2]　阮叁芽访谈记录，2018年3月28日，大连光洋科技集团。
[3]　汤洪涛访谈记录，2017年5月26日，大连光洋科技集团。
[4]　茂木幸夫访谈记录，2018年3月28日，大连光洋科技集团。

表4：大连光洋创造力的形成与演化

演化事项	企业家偏好	企业家偏好塑造 技术文化	技术文化激发创造力
经验意义	创新意识 技术兴趣	技术文化成为企业文化	兴趣驱动与人才吸引力 高强度投入与知识积累 量化分析与容错机制
理论内涵	知识学习的 动力	知识学习的制度	知识学习的路径

　　大连光洋的企业家偏好包含着创新意识与技术兴趣，由企业家偏好塑造的企业文化堪称一种技术文化，这种技术文化从多个层面与多个角度激发着大连光洋的创造力，使大连光洋实现技术创新。比起有形的规章制度，技术文化构成了企业无形的知识学习的制度，并划定出企业知识学习的路径。

四、用户反馈知识：大连光洋创新活动实现良性循环

　　工业创新研究一般侧重于分析实施创新的生产者或制造者，具有浓厚的供给侧色彩。然而，由于知识的流动性，用户或消费者对于创新也并非只能被动地接受，而有可能在使用产品的过程中产生一些生产者所不知道的知识，这一点在资本品的使用与消费中尤为明显。用户创新理论则是对传统的工业创新理论的重要补充。希普尔（Eric Hippel）所提出的用户创新（Democratizing Innovation）直译应为民主化的创新，但实际上，希普尔在自己的著述中也用过"以用户为中心的创新系统"（user-centered innovation system）这一术语，[1] 故其理论译为"用户创新"恰如其分。概言之，用户创新理论区分了"基于制造商的

---

[1] 　埃里克·希普尔：《用户创新：提升公司的创新绩效》，陈劲等译，东方出版中心2021年，第168页。

创新系统"（manufacturer-based innovation system）和以用户为中心的创新系统，并强调后者的重要性。用户创新之所以会发生，是因为用户提出的需求信息和方案信息具有黏滞（sticky）性，其传递成本较高，换言之，用户对自己的需求比为用户服务的制造商更为了解。这种信息不对称的结果，会使用户更倾向于开发具有全新功能的创新，而制造商则倾向于完善已有的人们熟知的性能。当用户自己具有开发能力时，就会选择自己创新来满足自己的特定需求，而非购买制造商的产品。[1]从某种意义上说，大连光洋的全产业链模式就包含了用户创新，其机床整机制造部门相对于数控系统制造部门就是用户，其数控系统制造部门相对于基础零部件制造部门又是用户，并分别对其内部供应商反馈着有利于创新的知识。进一步说，大连光洋或科德制造高档数控机床整机能力的提升，也离不开与机床用户的良性互动，而这种互动关系的建立在很大程度上借助了国家的产业政策来实现。

高档数控机床的重要用户是军工、航空、航天、舰船、能源等产业。如前所述，西方国家对中国进口高档数控机床实施的是半封锁策略，既包括在品种上划分高档数控机床内部的等级，从而划出可卖与不可卖的范围，又包括在时间上动态调整这种可卖与不可卖的范围。因此，中国依靠进口来满足对高档数控机床的需求是无法自主可控的。然而，由于高档数控机床的高端用户本身数量有限，半受限而非全受限的进口渠道又恰好占据了国产高档数控机床的国内市场空间。大连光洋靠全产业链模式解决了高档数控系统缺乏市场的问题，但当其产业链延伸至高档数控机床整机后，同样的问题再度浮现。在这种情况下，大连光洋极为重视与用户的协同演化。陈虎便称："替代进口相对容易对标，创造新用户反而更难。一开始用户都会有对进口机床的迷信。其实这个圈子很小，我们珍惜任何一个客户案例。机床企业用什么降成本，客户都在观

---

[1] 埃里克·希普尔：《用户创新：提升公司的创新绩效》，第10—11页。

望。"[1] 换言之，大连光洋的自立自强型工业创新是在市场经济条件下的行为，必须考虑争取用户，而用户本身也构成一种重要的创新要素。

和很多改革开放后进入高技术领域的民营企业只能将早期产品卖给民营企业一样，民营企业也是大连光洋的重要用户。这是因为很多民营企业规模与财力均有限，更愿意从性价比而非单纯性能的角度来考虑设备投资，对不成熟的国产装备的包容度也较高。于德海等人均在访谈中提到一家苏州民营企业在购买了科德的机床后，提出了宝贵的反馈意见。于德海称："用户是苏州的老板，一开始开合伙公司，后来自己独立开公司，对数控系统了解得多，什么时候发现机床有问题，什么时候和我们交流，没有周日、晚上休息的时间，追求利益最大化。这个用户干的产品各行各业都有，有人下订单就接，涉及业务多，所以发现问题也多。"汤洪涛对这个案例进行了补充说明："这个用户是2014年在展会上认识的，我们在和用户的交流中提升。搞数控系统的人，成天坐在办公室里守着一台电脑基本不可能搞出来。"[2] 数控机床的用户在加工不同的产品时，会遇到不同的问题，解决这些问题的知识对于改进数控机床极为有用，而这些知识只可能在用户使用数控机床的过程中产生，并属于用户所享有的专有知识，因此，用户将这些知识反馈给数控机床制造商，能极大地扩充制造商的知识库。这就是资本品用户对于资本品部门的工业创新的重要价值。

大连光洋高档数控机床用户的扩充，有赖于国家产业政策和相关领导的支持。这一点也体现了中国的国家工业创新体系对部门与企业的影响。国家发改委原副主任张国宝回忆："由大连光洋科技股份有限公司为陕西飞机制造公司生产大型运输机制造的五轴数控激光切割机，为我国首次生产这种机床，填补了国产空白。这种机床本来已决定申请进

---

[1]　陈虎访谈记录，2017年5月24日，大连光洋科技集团。
[2]　于德海、汤洪涛访谈记录，2017年5月26日，大连光洋科技集团。

口解决,而我希望由国内研制,经国家发改委国防动员办周建平支持协调留在了国内生产。"[1]这一案例展现了典型的自立自强型工业创新的逻辑,这一点也可以从张国宝在其他场合的论述中得到佐证:"最难的事情是,国内厂家生产出来了设备,在实际工程建设上却无人敢用。事实上,任何参加招投标的企业都必须拥有工程业绩,而首台(套)又没有业绩……为了从根本上解决国产设备的推广难问题,国家发改委……积极推动国家出台鼓励业主采用国产设备的首台(套)政策。"[2]因此,中国政府出台的相关产业政策,注重为装备制造企业与用户之间牵线搭桥,使自立自强型工业创新能在半封锁的市场条件下持续推进。

对于国产高档数控机床来说,最直接的产业政策就是2008年12月24日国务院常务会议原则通过的《高档数控机床与基础制造装备科技重大专项实施方案》,也就是业界习称的"04专项",该重大专项于2009年1月25日正式批复,进入实施阶段。大连光洋2009年承担了该重大专项的"光纤总线开放式全数字高档数控装置"课题,开发出GNC60光纤总线开放式全数字高档数控装置,又于2012年承担"高可靠性光纤总线开放式高档数控系统、精密测量系统、伺服装置和电机技术及产品成套系统工程"课题,开发出GNC61系列光纤总线开放式高档数控系统等系列产品。通过承担"04专项"的课题,大连光洋在高档数控机床全产业链上突破了一系列关键技术,如开发了直线位置测量激光干涉尺,用于机床的全闭环控制,实现了数十吨重龙门工作台0.5微米/1 000毫米的精确运动及0.1微米的运动灵敏度。[3]大连光洋的开放式数控系统具有创新性,一名习惯于使用进口机床的国内用户的技术人员称:"我们看中大连光洋研制的五轴数控机床,其中的一个

[1]　张国宝:《筚路蓝缕——世纪工程决策建设记述》,人民出版社2018年,第522页。
[2]　张国宝:《筚路蓝缕——世纪工程决策建设记述》,第397—398页。
[3]　大连光洋科技集团:《数控系统与机床相辅相成,协同发展》,《国家科技重大专项高档数控机床与基础制造装备》2016年第3期,第29页。

重要原因，就是它的控制软件相对开放，能够让我们结合以往的经验，大展拳脚。"[1] 无可讳言，与追赶对象相比，大连光洋的技术与产品是欠缺成熟度的，因此，它只能以贴近国情的创新来满足用户的需求，在市场与技术的缝隙中开辟生存空间。用阮叁芽的话说："有一部分核心的东西，老外不开放，我们得重新定义高档数控系统。"[2] 自立自强型工业创新的目的终究是为了满足知识流动受限条件下的需求，因此，与亦步亦趋的追赶相比，另辟蹊径的做法只要能满足需求，就可以视为自立自强型工业创新的成功。当然，这种成功是需要用户来检验的。对大连光洋来说尤为重要的是，"04专项"使其能接触到无锡透平叶片有限公司（无锡透平叶片）、无锡航亚科技股份有限公司（无锡航亚）、中国航天科工三院31所（航天科工31所）等关键性的机床用户，反馈回来非常有用的知识，使其工业创新在合理的路线上持续推进。

无锡透平叶片较早成为大连光洋的用户，该公司副总工艺师张家军回忆："2009年，我们公司还没搬到新址，于总（于德海）带着陈虎过来，对五轴机床这一块启动'04专项'、机床设计做一些交流。第一开始的机型科德4200，他们回去以后很快做好，准备试切。我们公司大的叶片S90在那边试切，效果还是不错。按它的机床结构，公司领导比较满意。后来邵总（无锡透平叶片副总经理邵然）看完后感觉效果可以，就到大连去看了一下，就确定后续的合作。后来我们公司做能源大叶片，感觉4200有点小，一定要有大的机型，后来就涉及4400、4600到6600，就共同验证一些机型。"[3] 此处所说的"4200"等是对机型的简称，如"4200"正式的名称是KDW4200FH卧式车铣复合加工中心。实际上，无锡透平叶片能试用大连光洋的机床，离不开原机械工业部部长

[1] 中国航天科工集团三院31所：《军民"联姻"，提升中国"智"造水平》，《国家科技重大专项高档数控机床与基础制造装备》2016年第3期，第50页。
[2] 阮叁芽访谈记录，2018年3月28日，大连光洋科技集团。
[3] 张家军访谈记录，2018年5月9日，无锡透平叶片有限公司。

陆燕荪的协调与撮合。在2009年8月3日KDW4200FH卧式车铣复合加工中心大型叶片加工现场观摩会上,陆燕荪表示:"我为什么来看,我心里也不知道光洋究竟怎么样,你是忽悠呢,还是你是在干实事。我就请几个专家来看看,今天……看了现场,我有信心了。"[1]这表明,在"04专项"启动时,对国产高档数控机床信心不足是种普遍现象。不过,无锡透平叶片当时也面临着进口受限的困难,大连光洋恰好为其解决了难题。据无锡透平叶片管理部副部长吴静称:"我为什么佩服光洋呢,因为光洋里面的东西都是自己做的。我们一开始订发那科系统,日本海关拦下了,因为看我们网站涉及军工。"[2]在与大连光洋的合作中,无锡透平叶片对机床的改进提了宝贵意见,张家军称:"到6600验收时,因为整个设计扩大,加工刚性变差,当时提出意见,感觉还是有问题,于总当场拍板重新制造一台,用了一年,还是不错的。"[3]2011年,无锡透平叶片作为用户牵头承担了"04专项"的课题"透平机械叶片制造应用国产高档数控机床示范工程研究",使用了包括科德产品在内的15台国产机床组成示范生产线,用于制造百万等级核电及超超临界汽轮机大叶片、燃气轮机压气机叶片等,以综合验证国产高档数控机床的技术水平,在与进口设备的加工对比中,找出国产机床的问题,提出改进措施。对科德将"6600"改进后的KTurboM3000五轴叶片铣削加工中心,无锡透平叶片提出的改进建议包括增加夹具与机床之间的快速连接装置、在显示屏上增加顶尖压力值显示功能等,使该机床提高了生产效率并确保加工叶片的质量。[4]从某种意义上说,无锡透平叶片已经

[1]　《KDW4200FH卧式车铣复合加工中心大型叶片加工现场观摩会(座谈会)会议录音》,2009年8月3日。
[2]　吴静访谈记录,2018年5月9日,无锡透平叶片有限公司。
[3]　张家军访谈记录,2018年5月9日,无锡透平叶片有限公司。
[4]　无锡透平叶片有限公司:《实施示范工程,提升国产高档数控机床在透平机械叶片制造中的应用水平》,《国家科技重大专项高档数控机床与基础制造装备》2018年第4期,第36—38页。

参与到了大连光洋的高端数控机床研发过程中，并使研发的产品更适应市场实际需求。无锡航亚是创建于2013年的民营企业，其创始人严奇曾在无锡透平叶片长期担任领导。在2009—2016年间，无锡航亚也和大连光洋一起参与了"04专项"，使用后者的机床加工叶根。严奇称："对进口机床的认识可以对国产提出很多改进。我给老于（于德海）很大的帮助，连机床结构都告诉他们。"[1] 用户反馈的知识是大连光洋制造高档数控机床进展迅速的重要原因。

更具有科技自立自强意义的案例是航天科工31所。[2] 1995年，航天科工31所为满足涡喷发动机研制生产任务，一车间成立了精加组，当时较高档的设备仅有1台数控车削中心，1996年才由全所集资进口了1台五轴加工中心。2003年，该所成立了数控车间，2009年，其数控设备达28台，有机匣、叶轮两条柔性生产线。2013年5月，航天科工31所在"04专项"的牵引下与大连光洋就"国产高端数控机床在军工产品复杂核心零部件上的应用"达成合作意向，其后，双方工程师一起通过对斜流叶轮和铝合金转子的试加工，考察大连光洋数控机床的性能、功能和可靠性。机床安装后，立即搭载航天科工31所长期使用的切削参数和加工程序，结果却差强人意，经过分析，问题被归因为机床控制参数和切削参数不匹配，经过三天的调整才确保了试制件的表面质量满足加工要求。此后，航天科工31所和大连光洋在调试和试制过程中，先后攻克了机床中存在的几何精度、位置精度的测量和调整补偿、数控伺服参数与工艺参数匹配、零件的适应性编程和加工等诸多难题，该所并从数控系统顶层开发的角度，对编程和工艺切削参数提出了21条改进措施。[3] 在2018年的调研中，航天科工31所相关人员也指出了

---

[1] 严奇访谈记录，2018年12月21日，无锡航亚科技股份有限公司。

[2] 航天科工31所涉及军工，本文所用材料均已脱敏，可在该所微信公众号等公开宣传材料上查阅佐证。

[3] 中国航天科工集团三院31所：《军民"联姻"，提升中国"智"造水平》，《国家科技重大专项高档数控机床与基础制造装备》2016年第3期，第50—51页。

他们对大连光洋的知识反馈:"以前用进口机床,型号特别多、杂,购买设备得小批量,和现在比起来,更换零件、调整不方便。科德的机床四年前特别糙,我们科研单位产品型号多,要求千奇百怪,给他们提了特别多的要求,改进很大,结构等完全改变了。"[1] 由此可见,用户给大连光洋提供的是学习的机会,深度参与到了大连光洋知识拓展的过程中,直至与大连光洋在高档数控机床领域协同演化。这种协同演化,也使得企业的自立自强型工业创新,成为整个国家工业创新体系的重要组成部分。

结论

在现实世界中,由于地缘政治的存在,创新很难自由扩散,这使得科技自立自强和产业链自主可控对后发展大国具有高度的战略意义,也使得自立自强型工业创新成为工业创新重要的类型。以高端装备为代表的资本品具有军民两用属性,既是大国所需要的产业制高点,又是后发展国家缺乏比较优势的部门,易被发达国家从地缘政治动机出发"卡脖子"。中国民营企业大连光洋发展高档数控机床的演化史,是一个自立自强型工业创新的成功案例。从该案例出发,能得到的关于自立自强型工业创新的一般启示是:

(一)以自立自强应对受限状态

创新建立在知识的学习与再创造的基础上,知识的流动对创新至关重要。然而,在经济史上,知识的流动一直受到各种限制,例如,冷战时代西方阵营对社会主义国家实施了技术封锁,这种封锁甚至在冷战结束后也一直存在。与刻板印象不同的是,封锁往往不是绝对的与静

---

[1] 调研访谈记录,2018年5月4日,中国航天科工三院31所。

态的,而是相对的与动态的,但半封锁状态与市场比较优势原则结合在一起,反而更易将后发展国家受封锁的部门锁定在依附跟随的演化轨道上,阻碍后发展国家的产业升级。受限的知识流动会限制后发展国家通过贸易满足其经济与战略上的广泛需求,只能依靠自身努力将残缺的知识补充完整,进而满足自身需求,这个过程意味着对新知识的搜寻与创造,从逻辑上说就是一种自立自强型创新。而无论后发展国家面对的是何种程度的受限状态,自立自强型创新都是使自己保留发展潜力的最优策略。

(二)以纵向一体化促进知识流动

自立自强型工业创新从宏观层面说是从外部获取知识受限的后发展国家满足自身需求的一种策略,其目标的实现依赖于具体企业的成功。实际上,在被封锁或半封锁的国家里,相关企业要摆脱依附性的演化轨道,在价值链上攀升,也只能采取微观层面的自立自强型工业创新策略。大连光洋在中国受限的高档数控机床领域里取得了打破"卡脖子"困境的成功,是自立自强型工业创新的一个典范。从演化角度看,大连光洋逐渐构筑出的全产业链模式是其成功的重要原因。全产业链既通过创造内部市场解决了外部市场需求不足的问题,又有利于技术创新。大连光洋对自身发展模式的完整表述是"全产业链、全技术链、全人才链",其本质上就是在复杂产业里实行纵向一体化,促进知识的流动,以打破复杂产业自身所存在的上下游知识壁垒,进而提高搜寻到新知识的成功率。这一经验的启示是,自立自强型工业创新必然涉及系统性的演化,不会是孤立的发展。

(三)以工业文化提升组织创造力

技术创新是工业创新的基本内容,对自立自强型工业创新也不例外。技术创新向来是经济学研究中的"黑箱",因为进行创新的个体所依赖的创造力是难以量化分析的,历史记录亦存在太大的偶然性。不过,工业创新是在企业的组织内部实现的,个体的创造力也需要通过组织转化为工业创新,这就使得组织能够成为解析"黑箱"的一种角度。大连光洋的技术创新主要靠的是技术人员的高强度投入和持续积累取得的,这一过程虽然具有"黑箱"的不可描述性,但可以辨识的是,大连光洋的企业文化是一种由企业家创新意识和技术偏好形成的技术文化,对于技术人员的创新动机与知识学习均具有正面调节作用。这种技术文化就是工业文化的一部分。对于提升企业内部组织的创造力来说,培育工业文化是一种具有可操作性的策略。

(四)构建生产商与用户的协同演化机制

自立自强型工业创新往往集中于后发展国家的资本品部门,这既因为资本品部门是技术创新的核心部门,又因为该部门既缺乏比较优势又容易被发达国家限制知识转移。因此,自立自强型工业创新也往往由大连光洋这样的资本品部门的核心生产商来承担。然而,大连光洋的经验表明,用户对于生产商的知识反馈至关重要,在很多情况下用户所掌握的知识恰恰是生产商在被封锁条件下所难以正常学到的外部知识。于是,构建生产商与用户的协同演化机制,促进知识在两者间有效流动,是自立自强型工业创新的一条有效路径。而生产商与用户所形成的良性互动,也将使企业的自立自强型工业创新成为国家创新体系的重要组成部分。